새 교육

The New Education

새 교육

The New Education

스콧 니어링 지음

우물이 있는 집

아이들에게 맞추는 학교

스콧 니어링은 1883년부터 거의 백 년을 살았다. 일생동안 이상주의적인 진보주의자, 평화주의자, 반전 운동가, 시민권 옹호자였으며, 부인 헬렌 니어링과 함께 단순하며 환경친화적인 삶을 지향하는 운동의 개발에 있어서 중요한 영향력을 지닌 인물이었다. 그는 반전 운동에 대한 대가로 당시 교직을 두 번이나 상실하였고, 제1차 세계대전 기간에도 전쟁에 반대하여 스파이 행위에 관한 법률 위반 혐의로 기소되었다. 이어서 그는 2차 세계대전, 한국전쟁, 그리고 베트남전쟁도 반대하였다. 또한 니어링은 시민권을 옹호하는 운동에도 활발하게 참여하였으며, 75년 이상에 걸쳐서 그의 견해와 이상을 표현한 저술활동을 펼쳤다. 다음은 그가 관심을 가졌던 영역을 짐작해 볼 수 있는 일부 저서들이다.

- Anthracite: An Instance of Natural Resource Monopoly

- Black America (Sourcebooks in Negro History)

- Freedom: Promise and Menace

- Living the Good Life: How to Live Sanely and Simply in a
  Troubled World (헬렌 니어링 공동 집필)

- The Making of a Radical: A Political Autobiography

- Man's Search for the Good Life

- The Maple Sugar Book: Pioneering as a Way of Living in the
  Twentieth Century (헬렌 니어링 공동 집필)

- Oil and the Germs of War

니어링은 또한 진보적인 교육 사상을 연구하고 장려한 교육가였다. 1910년 그가 스물일곱 살이었던 해에 〈레이디스 홈 저널〉(1883년 2월에 Meredith Corporation이 창간한 미국의 가정주부용 월간지)의 청탁으로 공교육에 대한 글을 썼다. 그에 따르면 편집자가 다음과 같은 말을 했다고 한다.

우리는 학교를 다소 신랄하고 파괴적으로 비판했습니다. 이제 우리는 조금 건설적인 글쓰기 작업을 하려고 합니다. 그래서 두 가지를 염두에 두고 있습니다. 첫째는 교육과정을 개편하기 위해서 보편적으로 사용된 방안을 개략적으로 제시하는 건설적인 기사이고, 둘째는 현재 미국 전역에서 진행되고 있는 가장 성공적인 공립학교의 성과를 가독성 있게 소개하는 기획 연재기사입니다. (p.19)

이 잡지의 독자는 2백만 명에 달했으며, 그가 성공적인 공립학교를 찾아보기 위해서 전국을 여행하는 데 필요한 경비를 부담하였다. 니어링이 이 작업을 했던 때가 1910년, 1911년, 그리고 1912년 즉, 제1차 세계대전이 일어나기 이전이자 초기 진보주의 운동이 절정에 달했던 시기이며, 학교 개혁에 대한 존 듀이의 가장 확고한 글이 가장 인기를 끌고 있던 시대였다. 니어링은 자신이 썼던 그 글들을 "한 여행자가 다수의 학교 시스템과 학교로부터 받은 인상을 적은 기록"(p. 20)이라고 하였다. 이 글들을 다듬고, 체계적으로 정리하여, 책으로 엮은 것이 《새 교육》이며, 1915년에 초판이 출간되었다.

니어링이 생각한 "성공적인" 학교는 재학생 모두의 교육적 요구를 해소하기 위해서 노력하는 학교, 평가 중심적이지 않고 학생이 중심이 되는 학교였다. 그는 20세기 초 상당히 많은 공립학교에 대해 "아이들의 복지는 승급 평균과 바꿔치기 당했다"(p. 65)고 말한다. 또한 그는 다음과 같이 말한다.

> 현재의 학교 시스템은 조직이 아이들의 복지를 압도할 만큼 너무 비대해져서 교육학이 가르침의 지위를 빼앗아버렸다. 어찌됐든 이러한 시스템에서 교사는 미리 설계된 교육 내용대로 가르칠 수밖에 없고, 특정한 제도적 이상을 목표로 하는 행정관리들은 시스템의 요건을 충족하는 학교를 만들고자 한다. (p. 62)

니어링은 아이들에게 맞추는 학교, 최대한 가능한 방식으로 모든 아이들에게 전념하는 학교를 옹호한다.

학교를 시스템에 적응시키는 것을 지지하는 교육가들과 학교를 개
조하여 학생들의 요구에 맞게 조정해야 한다고 생각하는 사람들 사이
의 충돌이 빈번하였고, 20세기 초에는 과열되었다가, 현재 21세기 초
에 이르러서도 여전히 가라앉지 않고 있다. 그것은 또한 정치적이었
다. 교육계의 진보주의자는 대체로 정치적 진보주의자들이었으며, 그
들 가운데 존 듀이―당시의 사회활동에서―를 포함한 대다수가 사회
주의와 페미니즘을 옹호하였다. 교육은 그들의 어젠다에서도 중요한
부분이었다. 진보주의자들의 꿈은 학교가 사회를 변화시키고 각자의
교실에서 비판력을 키우고 민주주의를 경험한 젊은 학생들을 개발하
여 민주주의를 사랑하고 사회적, 경제적 정의를 위해 헌신할 어른으로
자라게 하는 것이었다. 이것은 학교가 짊어지기에는 분명 무거운 짐이
었다. 그것이 진보주의자들이 개인주의를 옹호하는 또 다른 진보주의
자들인 자유주의자들, 폭력적인 혁명을 옹호하는 공산주의자들과 기
타 더욱 급진적인 세력들과 스스로를 구분 짓는 방법이었다.

《새 교육》의 전반부 여러 장에는 "아이들에게 맞추는 학교"라는 진
보적인 공립학교들의 개발에 대한 논쟁이 소개되어 있다. 이 부분에서
제1차 세계대전 이전인 20세기 초에 진보적인 교육가들이 생각하고
논의하고 있던 사안에 대하여 명료하게 설명하고 있다. 니어링이 방문
했던 학교들에 대한 묘사와 전국을 여행하면서 사람들과 나누었던 대
화 속에 이러한 사상들이 나타나 있다. 이 부분을 읽으면 진보적인 교
육가들이 진보 교육운동의 초창기에 어떤 활동을 했는지 이해할 수
있다.

또한 니어링은 도시와 농촌지역의 공립학교들이 진보적으로 변모

하는 과정에서 시도했던 갖가지 실험들을 자세히 소개하고 있다. 예컨대 신시내티 전역에서 일어나고 있는 변화에 대한 그의 묘사가 흥미로우면서도, 학군의 재편성과 분권화에 대한 현재의 많은 의견들과 비교해볼만 한 가치가 있다.

그런데 12장 "남부와 새로운 교육"에는 문제의 여지가 있다. 이 장은 남부가 진보적인 교육을 기꺼이 받아들이고 있으며, 학생들이 비판적인 사고를 통해서 농업과 산업을 향상시킬 수 있도록 지원하고 있는데다, 그룹 활동을 통해 배우는 방식에 대한 완전한 찬사로 시작된다. 학생들이 작물의 개선을 실험하고, 기술을 개발하고, 민주주의를 실험하는 데 참여하고 있는 방식에 대하여 아주 흥미진진하게 설명하고 있다. 그러더니 뜻밖의 이야기가 나온다. 니어링이 애틀랜타의 한 백인 사업가에게 인종문제를 언급하였고 그 사업가가 다음과 같이 대답한 것이다. "사람들은 남부의 인종문제를 이야기합니다. 그것은 기성세대 이야깁니다. 우리 젊은 사람들은 산업과 농업의 효율성에 대해서 관심을 가지는 것만큼 인종문제에 대해서는 그다지 크게 신경 쓰지 않습니다. 인종이 같지 않는 한 그 문제는 앞으로도 계속될 것이며, 우리가 신경을 쓴다고 해서 바꿀 수는 없습니다."(p. 290) 남부에서는 그 당시만 하더라도 린치를 가하는 사건이 연간 80건 이상이나 되었다.

분리와 인종차별주의에 대한 이러한 교육적 표현법의 소극성이 이후에도 상당히 더 이어진다. 니어링은 백인들의 비판적이고, 창의적이며, 다채로운 교육적 실천을 묘사한 후에 본문의 318과 319 쪽에서는 다음과 같이 잇고 있다.

　　흑인학교의 교육활동도 흑인 아이들의 산업적 요구에 비슷하게 부합하고 있다. 남녀 아이들 모두 상당한 시간을 산업과 관련된 활동에 할애하고 있다. 흑인들을 위한 이 일의 주목적은 아이들을 가르쳐서 그들에게 열린 산업의 기회에 대비시키는 것이다. 학교는 우수한 대장장이, 목수, 요리사, 재봉사, 세탁부 등 많은 인력을 개발하였다고 보고하고 있다. (pp. 318-319)

　　이것은 교육에서 인종을 하나의 쟁점으로서 맞닥뜨릴 때, 심지어 가장 인도적인 진보주의자들 사이에서도 인종차별적인 속성이 만연하고 있다는 것을 알 수 있다. 진보적인 교육은 힘을 주는 창의적인 가르침, 얽매이지 않는 창조적 발상의 보편화로 특징지어진다. 하지만 모든 아이들이 이러한 유형에 포함되지 못했다. 남부와 인종문제를 언급한다는 것은 니어링과 이 책의 기사가 먼저 실렸던 〈레이디스 홈 저널〉로서는 너무 위험한 도전이었음에 틀림없다.

　　진보주의자들의 사상이 아프리카계 미국인 아이들에게 적용된 때와 방식이 언제인지에 대한 논쟁이 현재에도 진행 중이다. 중요한 것은 현재에는 아프리카계 미국인들의 목소리가 강해졌고, 그들의 이야기가 진보교육이라는 틀 안에서 커다란 역할을 하고 있다는 것이다. 이것은 니어링 자신이 민권운동가가 되고, 혹자의 표현처럼 재교육받지 않고는 상상도 할 수 없었던 새로운 지도자형을 보여준다.

　　이 장은 읽을 만한 가치가 있으며 그가 설명하는 모든 흥미로운 프로그램과 함께 평가할 만하다. 그렇지만 그의 태도와 발상이 인종차별주의적이었다는 것, 어떻게 "보편구제설 신봉자"인 진보주의자조차 온전한 인간이 무엇을 의미하는가에 대한 자신들의 정의에 아프리카계 미국인 아이들을 포함시키지 않게 되었는지를 시사한다는 점은 분명히 해두어야 한다.

궁극적으로, 이 책은 교육과정의 역사에 중요한 보탬이 되며, 지난 시대의 진보주의 교육사상과 현재의 관련성을 재발견하려고 노력하는 모든 교육가들에게도 흥미로울 것이다.

우리는 여전히 학교 개혁을 위해서 노력 중이며 니어링이 《새 교육》의 서문에서 쓴 다음의 것에 동의하지 않을 수 없다.

전반적으로 이 책에는 지역사회의 모든 분야에 있는 진보적인 교육가들을 확실하게 사로잡은 동일한 사상—아이들을 교육한다는—이 전제되어 있다. 학교의 교장은 그가 종사하고 있는 일에서의 전통으로부터 탈피하여 나아가고 있다. 교장은 회초리, "3R", 지상(至上)명령, 그리고 고대의 교육 재판관들이 고안해놓은 체계들의 주최자 자리를 박차고, 어린 학생들의 요구에 따라 학교의 구조를 고치기 위해 열린 마음으로 노력하고 있다. 이 과제는 엄청나게 힘들지만, 이러한 노력을 북돋아주는 열정과 에너지로 보아 뛰어넘을 수 없을 것 같은 장애들조차 충분히 극복할 수 있다. (pp. 20-21)

2007년 2월 허버트 콜

대한민국 교육계의 시대정신을 확인하는 마중물

교육은 생활입니다. 때문에 늘 살아있고 모험을 감행합니다. 보다 성숙한 개인의 성장을 위해, 보다 풍요한 사회의 진보를 위해 자기운동을 합니다. 이를 위해 교육은 교육의 실제를 추동하는 구체적 사유를 필요로 합니다. 그것은 변혁을 위한 교육사상, 교육운동으로 표출됩니다.

교육운동을 전개하는 사유의 힘은 다양합니다. 미국의 경우, 19세기 말에서 20세기 초에 걸쳐 민주화와 사회복지 체계의 개선을 요구하며 정치·사회적 개혁운동이 일어났습니다. 이러한 개혁운동은 1920년대에 대체로 퇴조합니다. 하지만 진보주의Progressivism 교육운동은 그 이후에도 한 세대 정도 지속적으로 번성합니다.

그렇다고 진보주의가 완전한 체계를 갖춘 교육철학이나 사상은 아님니다. 진보주의는 미국철학으로 상징되는 프래그머티즘^{Pragmatism}의 실천양식 중 하나입니다. 프래그머티즘을 완성했다고 평가 받는 존 듀이의 철학을 기반으로 미국에서 전개된 교육운동입니다. 이 운동의 핵심은, 교사중심으로 교육이 이루어지던 전통교육을 비판하고, 아동을 핵심으로 하는 교육으로 무게 중심을 옮기는 것이었습니다. 물론 아동 중심 교육이 이때 처음 등장한 것은 아닙니다. 이미 18세기 유럽에서 싹터 온 교육사조입니다. 유명한 루소, 페스탈로치, 프뢰벨 등과 같은 교육사상가들의 사유를 거쳐, 19세기 후반에 미국으로 건너와 다시 꽃을 피우게 되었던 것이지요.

미국에서 아동중심 교육사상은 만, 버나드, 파커 등에 의해 그 토대가 형성되었습니다. 그것은 존 듀이에 이르러 절정에 이른 후, 진보주의 교육개혁운동으로 힘을 얻었습니다. 특히, 1918년, 듀이의 신봉자들이 진보주의교육협회$^{PEA;\ Progressive\ Education\ Association}$를 결성하여 조직적인 교육개혁운동을 전개하였습니다. 이 협회는 듀이의 프래그머티즘과 킬패트릭의 진보주의 교육사상을 지지하고 보급하였습니다. 그 운동은 전통교육을 비판하고 교육개혁을 전개하면서 약 30여 년 동안 국내외로 퍼져 갔습니다. 그 결과 1920~1930년대에 걸쳐 이 운동은 교육계의 주요한 세력이 되어 미국 교육계를 풍미하였습니다.

진보주의교육협회는 진보주의 교육을 보급하기 위해 7개 항의 강령을 채택하였습니다. 이 강령에는 당시 교육운동의 지향점이 분명하게 드러납니다.

① 아동의 자연스러운 발달; 아동은 외부의 권위에 의하지 않고 자신이 사회적 필요에 의하여 자연스럽게 발달할 자유를 누려야 한다.

② 흥미에 의한 학습; 아동의 흥미와 욕구의 충족이 모든 학습과 활동의 동기가 되어야 한다.

③ 안내자로서의 교사; 교사는 아동의 활동을 고무하고 적절한 정보를 제공하는 안내자가 되어야 한다.

④ 아동에 대한 과학적 이해; 아동의 평가는 지적인 면에 대한 평가뿐만 아니라 아동의 신체적·정신적·도덕적·사회적 특징에 대한 평가를 포함하는 것으로 아동의 발달과 지도에 도움이 되는 것이어야 한다.

⑤ 아동의 신체적 건강; 가장 중시되어야 할 것은 아동의 건강이며, 따라서 학교의 시설, 환경, 인적 조건은 명랑해야 한다.

⑥ 가정과 학교의 협력; 학교는 학부모와 긴밀한 협조관계를 유지하면서 아동의 교육에 힘써야 한다.

⑦ 선구자로서의 학교; 진보주의 학교는 좋은 전통 위에다 새 것을 담는 실험 학교로서 교육개혁운동의 중핵이 되어야 한다.

진보주의 교육운동가들은 아동의 흥미와 욕구, 경험을 존중하는 교육을 강조합니다. 아동의 흥미와 욕구를 충족시키는 학습과 경험의 재구성을 통한 성장이 교육의 목적이 되어야 한다고 봅니다. 그것을 달성하기 위한 선결 조건은 학교의 개혁입니다. 그들은 이렇게 주장합니다. '학교는 아동이 학습하기에 즐거운 곳이 되어야 한다.' '학교는 아동들이 있고 싶어 하는 행복하고도 매력적인 곳으로 조성되어야 한다.' 그것은 다름 아닌 아이들이 스스로 가고 싶어 하는 학교입니다.

교육의 과정과 방법 차원에서도 개혁을 요청합니다. 진보주의 교육 운동가들은 아동이 과학적 방법으로 문제를 해결하는 과정을 교육이라고 봅니다. 아동은 스스로 설정한 가설과 계획에 따라 행동함으로써 학습합니다. 이른바 '행동하는 인간'입니다. 따라서 학교에서는 아동이 문제 해결을 위해 집단 속에서 공동활동을 하는 과제학습법^{project method}을 빈번히 사용합니다. 왜냐하면 과제학습법은 과학적 태도뿐만 아니라 민주적 집단행위를 촉진한다고 보기 때문입니다.

전통교육은 기계적 암기학습이나 암송, 교재중심의 학습을 강조하였습니다. 진보주의 교육운동은 이런 교육적 상황에서 아동을 해방시키려고 하였죠. 그러기에 전통교육의 커리큘럼처럼, 판에 박힌 교과목에 반대하며 대안적 교육과정을 실험하였습니다. 그 핵심에 활동, 경험, 문제해결, 과제학습법 등이 있었습니다. 그러다보니 진보주의 교육은 교과보다는 학습자인 아동에 초점을 두었습니다. 언어적ㆍ문자적 기능보다는 활동과 경험을 강조하였습니다. 경쟁적이고 개인주의적인 개별학습보다는 협동적이고 집단적인 학습활동을 장려하였습니다. 이런 점에서 진보주의 교육운동은 광범위한 미국 교육 체제 내에서 하나의 교육개혁운동이었습니다. 전통교육으로부터 아동의 자유를 촉구한 하나의 교육개혁 사조였습니다.

그러나 교육에서 소홀히 해서는 안 되는 교과나 언어ㆍ문자적 기능, 개별학습 등에 상대적으로 미흡한 점이 있었고, 지나치게 활동, 경험 등을 중시하다보니, 전체적인 교육의 효과 차원에서 회의가 오기도 했습니다. 그 결과 1930년대까지 미국 교육계를 풍미했던 진보주의 교육운동은 1940년대에 이르러 그 영향력을 상실하기 시작하였고, 1950년대에는 상당히 쇠퇴하게 되었습니다.

하지만 우리가 눈여겨보아야 할 것은 '시대정신^{Zeitgeist}'입니다. 19세기 후반에서 20세기 초반의 미국은 교육의 변화를 요청했습니다. 교육개혁을 갈망했습니다. 기존의 교육정신과 시스템으로는 희망을 찾기 어렵다고 판단했기 때문입니다. 이때의 상황을 생생하게 담고 있는 기록이 바로《새 교육^{The New Education}》입니다.

《새 교육》이라는 텍스트는 진보주의 교육개혁의 현장을 생동감 있게 보여줍니다. 왜 진보주의가 교육개혁운동의 핵심 세력으로 등장할 수밖에 없는가? 그 해답이 여기에 있습니다. 스콧 니어링이 기록한 이 책은 100여 년 전의 미국 교육을 다루고 있습니다. 다시 강조하지만, 1910년을 전후하여 그들은 민주화와 사회복지체제의 개선이라는 전환기에 휩싸여 있었습니다. 당시의 지식인들은 어떤 모습의 국가, 정치, 사회, 개인의 미래, 즉 삶의 비전 설정에 심각하게 몰두하고 있었습니다. 시대정신을 탐색하고 있었던 것이죠. 그 역동성과 현장성을 담은 것이 바로 이 기록입니다. 이런 개혁운동이 초석이 되어, 앞에서 언급했던 진보주의 교육운동이 꽃피게 됩니다. 그 운동은—조금 과장하여 말하면—전 세계적으로 영향력을 미치게 됩니다.

21세기 초반의 대한민국 교육현장은 어떠한가요? 지나친 교과, 암기, 입시, 개별학습 등에 매몰되어 있지는 않은가요? 그런 현상을 인정한다면 진보주의 새 교육은 우리 교육에 상당히 의미 있게 다가올 수 있습니다. 저자가 고민하고 있듯이, "진보주의 교육가들을 확실하게 사로잡은 동일한 이상──아이들을 교육한다는 이상"을 실현하기 위해서 말이지요.

이 책에 드러난 사례들 하나하나는 그것이 성공했건 실패했건 소중한 인류의 자산입니다. 우리와 문화가 다른 미국사회의 교육현장이긴 하지만, '아이들을 교육한다는 이상'에 충실하기 위한 방편이라면, 실험과 개혁의 자세와 태도 하나하나를 눈여겨 볼 필요가 있습니다. 왜냐하면 교육은 시간과 공간을 가로지르며, '아이들을 교육한다는 이상'으로, 우리를 불러들이기 때문입니다. 그리고 하나 더 이 기록에 대해 가치를 부여한다면, 저는 이렇게 말하고 싶습니다.

'스콧 니어링의 기록은 현재 대한민국 교육계의 시대정신을 확인하기 위한 마중물로 이용할 수 있다!'

2013. 5.
고려대학교 교육학과 교수 신창호

나는 교육서를 쓸 계획으로 1910년, 1911년 그리고 1912년에 걸쳐서 교육에 관한 상당히 많은 양의 고전적 작품을 다시 읽었다. 또한 현재 잡지와 책의 형식으로 나와 있는 대부분의 자료들도 꼼꼼하게 숙독하였다. 교육적인 시도가 이루어진 모든 영역에서 획기적인 활동을 살펴본 뒤 대학과 대학원에 다니는 동안에 생긴 호기심이 다시 살아났다. 교육에 대하여 건설적으로 쓴 작품이 나올 때가 되었다. 그렇지만 나는 아직 그것에 착수하기 위해 내가 해야 할 일을 분명하게 알 수 없었다. 눈에 띄는 잘못이 있었지만 해결책은 가까이에 준비되어 있고 적용하기도 쉬워보였다. 각성한 여론의 의지가 부족할 뿐이었다. 어떤 방식으로 이 개혁의 일꾼들을 교육 발전이라는 자동차의 동력으로 최대한 활용할 수 있을까?

나는 〈레이디스 홈 저널 *Ladies' Home Journal*〉의 편집자들이 기획 연재물을 제안했을 때에도 여전히 이 어려운 문제에 대한 답을 구하는 중이었다. 그들이 이렇게 말했다.

"우리는 학교를 다소 신랄하고 파괴적으로 비판했습니다. 이제 우리는 조금 건설적인 글쓰기 작업을 하려고 합니다. 그래서 두 가지를 염두에 두고 있습니다. 첫째는 교육과정을 개편하기 위해서 보편적으로 가능한 방안을 개략적으로 제시하는 건설적인 기사이고, 둘째는 현재 미국 전역에서 진행되고 있는 가장 성공적인 공립학교의 성과를 가독성 있게 소개하는 기획 연재기사입니다. 이를 위해서 우리는 당신이 학교들을 방문하고 직접 연구해서 최고의 보고서를 가지고 돌아왔으면 합니다. 당신이 조사와 연구를 완성하면, 그 내용을 바탕으로 한 기사를 모든 독자들이 다 읽고 나서 '우리 학교에도 도입해야 하는 중요한 것들이 있어.'라고 공표할 그런 글을 완성할 것으로 기대하겠습니다."

그것은 내게 기회였다. 천 명의 사람들만이 읽을 책을 쓰는 것 대신에, 2백만 명의 독자들에게 여러 개의 건설적인 기사를 보여줄 수 있게 된 것이다. 이 요청은 뜻밖의 선물이었다. 마침내 완성되자, 기사는 자연스러운 순서로 구성되었다.

먼저 재구성을 제안하는 개략적인 글(3장)이 있었다. 그런 다음에 그러한 재구성을 실시한 학교들에 대한 설명이 이어졌다. 동일한 관점 유지를 위해 일반적인 목표를 가지고 있으면서도 전체를 관통하는 아이디어를 연결하는 정도의 연속 기사가 되었다. 서문과 결론을 얼마간 써서 글 전체를 책의 형식으로 한데 모으는 것보다 더 자연스러운 것이 있겠는가? 기사의 스타일이 다소 바뀌었고, 참고할 만한 자료를 덧붙였다. 그러나 지금 미국 전역에서 이루어지고 있는 가장 진보적인 학교의 성과를 쉽게 설명하여 쓴 기존의 형식은 대체로 견지하였다.

어느 관점에서 보더라도 이 연구는 책이라기보다는 기사의 모음집이다. 그렇지만 기사들이 전달하는 사상에 연속성을 부여하므로 기사들 사이에 충분한 관련성이 있다. 이 글은 결코 교육적이거나 이론적이지 않다. 오히려 이것은 한 여행자가 다수의 학교 시스템과 학교로부터 받은 인상을 적은 기록이다. 기사들은 가장 진보한 학교에서 진행되고 있는 가장 진보적인 활동을 다루었다. 비록 지도적인 교육가들을 대상으로 신중하게 조사한 후에 성공적인 학교들을 선별하였지만, 여기 기록되어 있는 학교들만큼 모든 방면에서 인정받을 가치가 있는 사례들이 많다는 것은 의심할 여지가 없다. 어떤 식으로든지 애초에 기사를 썼던 목적—이러한 도전의 중요성을 이해하고 있는 일반 독자도 글을 읽으면서 자신이 속한 지역사회에 있는 학교에서 즉각적인 가능성을 발견할 수 있도록 교육적으로 성공한 사례를 기록하는 것—을 훼손하지 않았다.

전반적으로 이 책에는 지역사회의 모든 분야에 있는 진보적인 교육가들을 확실하게 사로잡은 동일한 이상—아이들을 교육한다는 이상—이 전제되어 있다. 학교의 교장은 그가 종사하고 있는 일의 전통으로부터 탈피하여 나아가고 있다. 교장은 회초리, '3R'(본문 p. 77 참고), 지상至上명령, 그리고 고대의 교육 재판관들이 고안해놓은 체계들의 주최자 자리를 박차고, 어린 학생들의 요구에 따라 학교의 구조를 고치기 위해 열린 마음으로 노력하고 있다. 이 과제는 엄청나게 힘들지만, 이러한 노력을 북돋아주는 열정과 에너지로 보아 뛰어넘을 수 없을 것 같은 장애들조차 충분히 극복할 수 있다.

| 차례 |

비판정신과 학교

한 고등학교 교장이 며칠 전에 이렇게 말했다.

"모두가 학교교육을 비난하고 있습니다. 책에서도, 인기 대중잡지에서도, 심지어 기술잡지에서도 언급하고 있습니다. 교육관련 논문은 말할 것도 없지요. 모든 사람들이 학교를 세게 후려치고 있는 것 같습니다. 제가 어제 학교에서 4가지의 풍자가 실려 있던 재미있는 종이쪽지 하나를 주웠습니다. 그 가운데에서 특별히 기억하는 이야기는 이렇게 시작합니다."

선생님이 말했다.

"제임스, 토머스가 세 개의 빨간 사과를 가지고 있고 윌리엄이 다섯 개의 노란 사과를 가지고 있다면, 토머스와 윌리엄이 가지고 있는 사과는 모두 몇 개인가요?"

제임스는 의기소침해보였다.

"모르겠어요?"

선생님이 다시 물었다.

"3에 5를 더하면 얼마가 될까요?"

"아, 네, 선생님, 답을 알아요. 그런데 선생님, 저는 공식이 너무 싫어요."

"아마도 이 이야기를 읽는 사람들은 대부분 재미있어 했을 겁니다."
교장이 말을 이었다.

"그것이 사람들의 기억 속에서 공감을 불러일으켰기 때문이겠죠. 누구나 한 번쯤 공식의 압제 앞에 낙담하여 머리를 조아렸으니까요."

이런 식으로 모든 것을 공식화해버리는 학교에 대한 비판이 거세게 일고 있다. 학교와 관련된 정부기관은 이같은 공격 앞에서 속수무책이다. 주와 시 교육감, 교장, 교사, 부모, 재단도 모두 이 비판에 동참하고 있다. 바로 이들에게서 우리는 만족하지 못하는 비판의 원인을 찾아 낼 수 있다.

내부의 쓴 소리

뉴욕 주 교육위원은 학교에 대해서 다음과 같이 쓰고 있다.

학년체계 속에서 아이들의 실력을 평가하는 것이 의미가 없으며 학년이 올라갈 때마다 어떤 실력의 향상이 수반되지 않는다면, 무학년제를 실시하는 학교에서보다 학년제 학교에서의 아이들의 실력이 더 좋을 수가 없다. 처음 두 개 학년 동안에는 오락과 놀이의 비중이 상당히 높다. 3학년과 4학년은 이전 단계에서 학습했을 것으로 여겨지는 교육 내용을 반복한다. 중요하지도 않고 관련도 없는 내용을 너무 많이 가르친다. 이것은 단지 재미있게 하기 위해 장황하게 떠들고, 자신의 요점을 적용할 적절한 사례도 고르지 못할 정도로 무능한, 그래서 합리적이고 이성적인 결론을 도출하지 못하는 처량한 연설가와 같다.

초등교과 과정의 마지막까지 남는 아이들이 단지 3분의 1뿐이라면 학교에 중대한 문제가 있는 것이다. 경제활동에 책임을 지고 있는 사람들, 한 나라의 정치를 이끌어가는 사람들의 과반수가 세상살이에 필요한 것을 초등학교에서 배울 수 없다고 우리한테 얘기한다면, 학교에 중대한 문제가 있는 것이다. 일할 사람을 구할 때 젊은 남녀가 그것에 무지하거나 할 줄을 모르다면, 학교에 분명 중대한 문제가 있는 것이다.

초등학교 전 학년에 걸쳐서 시간과 생산성이 낭비되고 있으며, 비생산적인 활동을 하고 있는 것이다. 학교를 내리 누르고 있는 것들은 정보만 가득한 여러 교과목, 많은 교과서를 필요로 하는 확대된 지식이며, 이것들은 심리학적 이론을 이용하여 다양한 근거로 제공되고 있지만, 교육학적 방법론을 가장 교묘하게 과장한 장황한 설명들뿐이다.

(미국 교육, 앤드류 드레이퍼, Boston: Houghton Mifflin Co., 1909)

미국 연방 교육위원이었던 브라운이 이런 말을 한 적이 있다.

우리는 학생들의 출석률을 일정 수준 이상으로 유지하여 그들이 학교에
더 오래 남을 수 있도록 노력해 왔다. 그렇지만 학교에 등록한 학생들 가운
데 절반이라도 7학년까지 마치게 해주는 도시가 있다면, 그 도시는 여전히
최고의 교육적 성공을 거둔 도시인 것이다.

(학교의 책임, E. E. Brown, U.S. Commissioner of Education. 필라델피아에서 인
쇄된 한 연설문 팸플릿, 1908년)

여기 저명한 교육전문가인 해너스 교수가 동부의 한 지방 교육시설
의 설비에 관한 특징을 설명하여 쓴 글이 있다. 그는 새로 문을 연 두
학교를 이렇게 묘사하고 있다.

메이플 애비뉴 스쿨은 학생과 교직원 수에 비해 너무 작아서, 교장의 집
무실이나 교무실도 없으며, 학교 활동에 적합한 설비가 매우 부족하다. 따
라서 이 건물을 지체 없이 개조하고 필요한 설비를 갖추어야 한다. 체스너
트 스트리트 스쿨은 오래되고, 어둡고, 비좁고, 환기가 잘 안 되며, 난방도
형편없다. 또한 건물의 계단은 협소하고 가파르기 때문에 화재가 발생하면
위험할 것이다. 물론 화재 대피소가 있으며, 화재에 대비한 훈련을 할 때에
는 접근하기에 문제가 없어 보이지만, 실제 상황이 발생할 경우 공포에 질
려 허둥지둥하게 되면 대피로가 심각하게 부적합하며 위험하다. 그런 건물
에서는 교사와 학생들이 각자의 역할과 능력을 제대로 수행하기 어렵다.

고등학교의 사정도 비참할 만큼 초라하다. 건물은 우중충하고, 조명과 환기가 몹시 열악하다. 이러한 문제는 학생들과 교사들의 물리적 복지에 심각한 위협이 되며, 따라서 당연히 개개인의 교육과 학습활동을 저해하고 있다. 또한 학생수에 비해서 공간이 협소한 관계로 매우 북적거린다. 의사소통은 비효율적이며 불편하다. 건물 또한 고등학교 교육의 용도로는 상당히 부적합하다. 일부 집기들은 너무 질이 떨어지며, 물리와 화학 강의실과 실험실은 매우 부족한 실정이며 설비도 거의 갖추어져 있지 않다. 회의실은 너무 작으며, 가구의 상태와 배치도 엉망이다. 교사들을 위한 화장실이 없으며 교무실도 없다. 또한 점심식사를 하기에 알맞은 공간도 없다. 도서관은 매우 혼잡하며, 교장실은 거의 조롱거리 수준이다.

(뉴저지 몬클레어의 공립학교 프로그램 연구에 대한 보고서, 폴 헤너스, 캠브리지, 매사추세츠 pp. 7-8)

학업에 대한 지나친 강요는 놀랄 만큼 일반적이라고 한다.

의사와 교육가들은 오늘날 많은 아이들이 학교에서 과도하게 긴장하여 심각하게 해를 입고 있다고 주장한다. 전 세계적으로 사회가 해야 할 가장 중요한 일 가운데 하나가 아이들의 건상을 해지시 않으면서 교육을 할 수 있는 방법을 강구하는 것이라는 견해가 지배적이다. 우리들이 아이들에게 너무 많은 활동을 요구하는 것이 아닐 수도 있지만, 아이들은 신경 에너지를 경제적으로 사용하지 못하고 있다. 국내외의 연구 결과를 보면 아이들이 현재 할애하고 있는 시간의 절반만 교실에서 보내도, 신경 에너지를 훨씬 적게 소모해도 충분히 학업을 수행할 수 있다는 것을 알 수 있다. 독일의 교육가들과 의사들은 이 점을 근본적으로 개혁할 필요가 있다고 확신한다. 실제로도 우리는 공장 근로자들에게서 얻은 동일한 교훈을 아이들에게서도 발견할 수 있다. 즉, 고도의 긴장감과 긴 작업 시간이 반드시 경제성으로 직결되는 것은 아니며 시간의 낭비일 뿐이라는 것이다.

(국민의 활력에 대한 보고서, 어빙 피셔, 워싱턴 정부 발행, 1909년, p. 76 - 77)

학교는 천편일률적이었다.

공립학교의 교육 내용을 전형화 시키려고 시스템을 구축하는 데 온 힘을 기울였다. 아주 오랫동안 우리들 대부분이 믿어왔던 것처럼 모든 아이들이 그렇게 교육받아야 한다고 오랫동안 확신해왔다. 아직 태어나지도 않은 아이들조차 할아버지 할머니가 했던 동일한 방식을 따르도록 운명지어져 있다.

(개별화 교육의 문제, W. F. Andrew, 에듀케이션, Vol. 26 p. 135, 1905년)

헉슬리와 스펜서

다음은 학교 시스템 내부의 저명한 교육가들이 직면하고 있는 학교에 대한 수많은 비판의 전형이다. 그들은 학교가 세상살이를 대비시키

지 못하며, 아이들의 능력을 개발하기는 커녕 오히려 왜곡시키고 있다
고 경험을 통해 얻어진 확신을 전파하고 있다. 이 신념이 새로운 것은
아니다. 토마스 헉슬리는 수 년 전에 교육이 왜 생활과 관련되지 말아
야 하는지를 물으며 다음과 같이 쓰고 있다.

> 교육 시스템에 산업적 추구가 사고력 향상에 어떤 도움도 주지 않고, 눈
> 과 손도 훈련시키지 않고, 공유하는 최소한의 보편적 진실마저 완전히 무시
> 하는 태도에나 어울릴 법하더라도, 산업적 추구가 없었다면 그 시스템이 불
> 완전하다고 평가를 받는 것이 당연할 것이다.
>
> 그리고 우리에게 부족한 교육과 훈련이 우리 대다수를 위해서 가장 중
> 요한 것임을 고려하면 그 오류는 거의 범죄와 같은 것이다. 그것을 개선하
> 는 데 어떠한 실질적인 어려움도 없다면 더더욱 그러하다.
>
> (진화와 윤리, Evolution and Ethics, T. H. Huxley, 뉴욕, Appleton & Co., 1902년, p. 220)

타일러는《성장과 교육》에서 다른 측면으로 이 문제에 접근하면서
다음과 같은 질문을 던진다.

> 중학교의 여학생들에게 학습과 정신교육이 중요한가 아니면 그 시기에
> 신체의 관리와 운동이 중요한가? 어느 누구도 제대로 알고 있는 것 같지 않
> 지만, 이 문제에 관심을 가지는 사람들도 거의 없다. 인간의 본성은 어떻게
> 이야기하고 있는가?
>
> (성장과 교육, J. M. Tyler, Houghton Mifflin Co., 뉴욕, 1907년, p. 21)

허버트 스펜서는 타일러의 이 질문에 다음과 같이 대답한다.

한 소년이 '교양 있는 신사'가 되기 위해서 가치 있는 지식 획득에 많은 시간을 보내는 동안에, 그리고 한 소녀가 스스로 이브닝 파티에 적합한 사람이 되어가면서도, 정작 그 어느 누구도 모든 책임 중에서 가장 중대한 것―가정의 운영―을 위해서는 단 한 시간도 준비하고 있지 않다. 구두제작이나 집짓기, 배나 기차의 운전을 위해서는 오랫동안 수련하며 실습할 필요가 있다. 하지만 성인으로서의 인간의 몸과 마음을 만들기 위해서는 전혀 준비가 필요하지 않다는 말인가!

(교육, H. Spencer, 뉴욕, Appleton & Co., 1861년, p. 162)

한 가지 사실은 자명하다. 많은 비판과 강한 반대가 존재한다는 것은 그 제도에 약점이 있다고 추정하는 근거가 된다. 특히 그 비판이 학교 종사자들로부터 강하고 신랄하게 일어난다면 더욱 그러하다. 학교 비판에 대한 정도와 심각성은 학교 시스템의 효율성을 유지하는 데에 관심이 있는 사람들에 대한 신중한 고찰을 시사한다.

공공연한 사실

솔직하게 현실을 직시하자. 지방학교들도 미국 교육에 대한 논의에 포함되어야 하므로 그 학교들까지 포함한다면, 학교의 교육수명―즉,

1학년과 8학년 사이에 학교를 그만두는 아이들—은 형편없다. 비율을 두고 말들이 오갈 수도 있겠으나, 그보다는 학교를 중도에 그만두는 일이 일어나고 있다는 것이 중요하다.

미 연방 교육청장은 다음과 같이 쓰고 있다.

학교에 재학 중이어야 할 나이인 5세부터 18세의 아이들 2천5백만 명 가운데, 2천만 명 이하의 아이들만이 재학하고 있으며, 매 학기 당 평균 8개월 20일 미만의 수업일수 가운데 매일 평균 천4백만 명이 출석하고 있다. 공립학교 학생들의 평균 출석일수는 고작 연간 113일, 즉 6개월 미만이다. 전체 학교 학생들의 평균 출석일수는 단 4개월 20일이다. 이 출석률이 13년 간의 학교생활 동안 지속된다고 가정한다면, 각 학생들이 받는 학교 교육은 평균 1,046일, 또는 학교 수업일수로 보아서 5년 10개월이 조금 넘는 시간이 될 것이다. 이 문제에 관한한 정부 차원의 공식적인 통계자료는 없다. 그러나 이 나라에서 절반 이하의 학생들이 6학년을 조금 넘길 때까지만 학교에 다니며, 약 4분의 1 가량의 학생들이 고등학교에 진학하며, 8퍼센트 이하의 아이들이 4년의 고등학교 과정을 완료한다는 것은 상당히 사실적인 추정이다. 그리고 어떠한 형태라도 고등학교 이상의 교육을 받는 학생들은 100명 당 5명 미만이다.

(1911년 연례 보고서, 미국연방교육청, 워싱턴정부 발행, 1912년, Vol. I., p. 12 – 13)

이 중도포기 비율을 고려하면, 학교에 다니는 미국 아이들 대다수가 띄엄띄엄 읽고, 잘 쓰지 못하며, 철자도 많이 틀리고, 가장 간단한 덧셈, 뺄셈조차 겨우 풀 수 있을 정도의 교육만 받는다고 할 수 있다. 어느 모로 보아도 그러한 아이들이 교육을 받았다고도, 교양을 갖추고 있다고도 하기 어렵다.

뉴욕 주 교육감인 드레이퍼 판사의 글은 다음과 같다.

우리는 학교의 무죄를 입증할 수가 없다. 학교는 집에서처럼 아이들의 인생을 낭비하고 있다. 우리 미국의 교육 체계는 가장 밑바닥에서부터 꼭대기까지 아이들의 시간은 거의 고려하지 않는다. 우리는 생산성과 효율성을 위해서 노력하고 있지만 6년만에 마무리되어야 할 초등학교 교육과정이 8년에서 9년이 걸린다. 우리는 중등 교육과정의 아이들이 아이다운 사고를 혼동하며 교육과 직업, 사람과 산업 사이의 균형에서 벗어나도록 그 교육과정을 만들어 놓았다. 뉴욕 주의 초등학교에서는 절반 이하의 아이들만이 그 과정의 마지막까지 남는다. 아이들은 미리 학교에 나와서 준비를 하지도 않으며, 학교에 꼬박꼬박 출석하지도 않는다. 교육과정은 교육학적 방식, 개발, 설명으로만 채워져 있다. 학기가 너무 짧은 반면, 방학은 지나치게 길다. 학교의 교육이 학생들의 나이에 비해서 뒤떨어져 있으면서 그 아이들과 학부모들이 학교에 남을 만한 가치가 있다고 여길 수 있도록 교육하고 있지 않기 때문에, 절반 이상의 아이들이 의무취학 한계 연령인 14세나 15세 즈음에 학교를 그만둔다.

(아이들을 지키기, 앤드류 드레이퍼: 국내 미성년 노동자, 미성년 노동에 대한 제5회 연례회의에서, 시카고, 일리노이, 1909년 1월 21 - 23, 뉴욕, 1909년, pp. 9 - 10)

드레이퍼 판사는 주로 초등학교에 대하여 언급하였다. 그러나 이것은 고등학교에 진학하는 소수의 아이들이 아니라 14세 혹은 그 이전에 학교를 그만두는 수많은 아이들과 관련 있는 것이다. 만약에 이 내용을 믿을 수 없다면, 일하고 있는 아이들을 찾아보고 그 아이들의 지적인 자질이 실제로 어떤지 알아보기 바란다.

한 가지 사실은 명심해 두어야 한다. 학교 시스템은 사회제도이다. 자녀들이 학교를 다닌다는 것은 공교육을 위해서 국민이 내는 세금을 쓴다는 것을 의미한다. 아마도 공립학교 시스템보다 더 지역사회의 이해관계와 밀접한 기관은 없을 것이다.

학교에 대한 통계 중에서 가장 놀라운 것은 초등학교 학생의 비율—18,207, 803명 가운데 17,050,441명—이다. 이 수치에서 세 가지를 추론할 수 있는데, 첫째가 초등학교 아이들의 수. 둘째, 고등학교 재학생의 수. 셋째, 대학과 전문학교 학생들의 수이며, 그 대비는 엄청나다.

그러므로 사실상 교육에 관련된 실질적인 활동은 초등학교에서 이루어져야 한다는 것이 매우 분명하다. 물론 1백만 명이 재학 중인 고등학교와 30만 명 이상이 다니고 있는 대학, 전문대학, 직업전문학교도 교육에 있어서 점점 중요한 요소가 되어가고 있다. 하지만 이러한 고등교육기관과 초등학교의 학생 비율이 7명 대 93명이다. 미국에서 학교에 다니고 있는 학생들 가운데 90퍼센트 이상이 초등학교에 재학 중이라는 기대하지도 못했던 사실에 우리는 충격을 받았다! 이것이 우리 선조가 거의 백 년 전에 보편적인 교육 체계를 확립할 당시에 꿈꾸었을 학교 시스템일까? 수치는 놀라울 정도이지만 교육의 이상은 전혀 보장하지 못하리라고 그들은 예견했을까?

이러한 사실은 도시, 교외, 그리고 지방의 우리들을 무섭게 노려보고 있다. 초만원인 초등학교와 학생들은 거의 없는 고등학교. 따라서 대다수의 미국 아이들을 교육하고자 한다면, 우리는 초등학교로 가야 한다.

공립학교에는 533,606명의 교사들이 있으며, 이들 가운데 5분의 4가량이 여성이다. 이 교사들은 총 1,221,695,730달러의 가치가 있는 267,153개의 학교에서 근무하고 있다. 그리고 해마다 4억5천만 달러를 투입하여 이 교육기구를 유지하며 보강하고 있다.

학교 시스템은 미국인들이 보유하고 있는 가장 큰 자산이다. 학교 자산의 총 가치가 가장 부유한 미국인들 재산의 총 합계보다 더 크다. 해마다 사람들은 파나마 운하나 대륙횡단 철도 시스템을 건설하고도 남을 만큼의 어마어마한 돈을 학교에 쓰고 있다. 따라서 공립학교 시스템이 미국 내에서 가장 큰 규모의 공공투자인 셈이다.

투자를 하는 것과 그 투자에 대한 공정한 대가를 받는 것은 별개의 문제이다. 그럼에도 불구하고 개인 투자가들은 그 공정한 대가에 대한 자신의 권리를 믿고 있다. 그들이 적정한 보상을 받고 있는가? 미국인들은 공교육 시스템에 거의 10억 달러를 투자하였으며, 매해 거의 5억 달러 가까이를 추가로 투입한다. 그들이 기여하는 만큼 거두어들이고 있는가?

교육청 보고를 듣고 교육청장이 약간 놀라서 항의하는 부분에 주목해보자. 첫째, 교사들의 급여가 너무 낮아서 "우수한 본연의 자질과 충분한 학식을 보유한 남녀 교사를 고용하고 그들이 만족스럽게 일할 수 있도록 교육시키고 경험하게 하게 하는 것은 가능하지 않다." 둘째, 학교 건물의 "질이 떨어지고 비위생적이며, 불편하고 보기에도 좋지 않다." 셋째, "수천 개의 학교에서 한 교사가 하루 20~30개 학급을 가르치고 있다." 넷째, "교육과정이 지방 아이들의 관심사, 혹은 지역생활의 필요에 부적합하다." 다섯째, "학교에 다녀야 하는 아이들 가운데 아주 소수만이 실제로 재학 중"이며 "전체 학교 아이들의 연간 평균 학교 출석일수는 4개월 20일"에 불과할 정도로 매우 저조하다. (미국 교육청 보고서, 1911년, p. 12)

이 발언의 수위는 분명 안심할 수 있는 수준이 아니다. 시민들이 자신들의 교육적인 보장—그들의 공립학교 시스템—에 대하여 의문을 제기할 때가 온 것 같다.

우리는 교육의 목적을 완수하였는가?

교육의 목적은 완전한 세상살이이다. 완벽한 교육 시스템은 세상을 살아가는 사람들을 가르쳐서 인생의 모든 양상, 삶에서 파생되는 모든 가능성에 대비하도록 하는 것이다. 따라서 한 사람이 완전하게 살 수 있도록 만들어주는 역할을 수행해야 한다. 그러므로 세상살이를 준비시키지 못하는 교육 시스템은 본연의 임무를 완수하지 못하고 있는 것이다.

이에 대하여 찰스 디킨스의 《고된 시절*Hard times*》 중 "유아 살해"라는 제목의 글에서 독특한 방식으로 묘사한 공립학교는 다음과 같다.

"선생님, 우리는 이 세상에서 오직 사실만을 추구합니다. 오직 사실만을."

강사와 교사는 앞에 있는 작은 그릇들의 기울어진 면을 유심히 살펴보고 나서 그 즉시 정돈을 하고, 그 그릇들이 가득 찰 때까지 엄청난 사실들을 들이부을 준비를 했다. 맥초우컴차일드(학교 교장)는 최선을 다해 시작했다. 그는 40인의 도둑에 나오는 마르기아나처럼 예비수업을 하러 갔다. 그는 앞에 줄지어 있는 모든 그릇들을 하나하나 들여다보며 무엇이 담겨 있는지 살폈다.

말해 봐요, 맥초우컴차일드 씨, 당신의 저장고로부터 각각의 항아리를 가득 채웠을 때, 당신은 숨어 있는 도둑 '팬시(자유로운 공상)'를 바로 죽여버릴 것인지, 아니면 반쯤 불구로 만들고 비틀어버릴 것인지.(《알리바바와 40인의 도둑》에 등장하는 하녀 마르기아나는 항아리에 숨은 39인의 도둑 부하들에게 끓는 물을 부어 모두 죽인다. 이 글에서 디킨스는 교육 관료들의 주요 임무가 아이들의 '공상'과 '상상력', '독창성'을 찾아 제거하는 것이라고 비판한다.)

묘사에 과장이 심한가? 미국의 대도시들 가운데 이러한 유사한 여건에 처해 있는 초등학교가 없을까? 공립학교에 다니는 자녀가 있는 모든 부모들, 학교에 지원하고 있는 모든 납세자들은 그 질문에 대한 직접적이고, 공정하며, 솔직한 대답을 요구할 권리가 있다.

일반대중은 물론이거니와 교육가들 사이에서도 교육에 대한 불안감이 확산되었다. 어디나 학교 일에 만족하지 못하는 정서가 있으며, 학교가 모든 면에서 더욱 효율적으로 활동하는 것을 보려는 진심어린 바람이 어디에나 있다.

학교들의 실패가 성공 사례보다 더 많이 알려져 있다. 그렇지만 분명 성공적인 학교들은 있다. 사실, 미국의 일부 학교 시스템은 대단히 효과적인 일을 하고 있다. 지금 우리에게 필요한 것이 무엇인지 잘 알 수 있을 때까지 실패한 교육 시스템을 그동안 보여 주었다. 그러므로 이제 교육정책에 대하여 긍정적으로 의견을 개진할 때가 무르익었다. 많은 학교들이 성공을 경험하였다. 이제 이들의 성공사례를 읽어야 한다. 효율적인 교육 시스템이 가동 중이다. 보다 성공적인 사례들을 본보기로 성공하지 못했던 시도된 교육 시스템을 개선해야 한다.

사람들은 주어진 여건 때문에 한 곳에서 살고, 한 가지 환경을 보고, 한 종류의 사람들을 만난다. 그래서 그것이 유일한 것이라고 믿게 되었다. 학교는 그러한 편협함의 희생물이다. 비록 교육감들과 교장들, 그리고 일부 학교 교사들은 다른 도시에서 일하는 동료들을 만날 수 있지만, 자녀를 학교에 보내고 있는 부모들은 다른 학교에서 일어나고 있는 사정을 배울 수 있는 기회가 거의 없다. 이 도시가 하나의 교육적인 발상을 발전시킨다면, 저 도시는 또 다른 발상을 전개한다. 두 가지 발상이 모두 광범위하게 고려되어야 하며 마땅히 보편적으로 채택되어야 한다. 더불어 모든 지역사회의 사람들이 그 발상들에 대하

여 충분히 배우지 않는다면 그 가치의 완전한 발현을 가져오지 못할
것이다.

1. 새로운 교육 체계

새로운 체계, 가능한가?

교육을 위한 새로운 체계라는 것이 있을까? 교육의 토대는 실제로 변화할까? 한 시대의 교육 체계가 다음 세대의 교육적 요구에 꼭 부적합하기만 한 것일까? 교육의 발전에 관심과 애정이 있는 사람들이라면 수없이 자문했을 법한 이러한 의문들은 우리 사회의 핵심 명제 중 하나인 변화의 과정에서 자연스럽게 일어난다. 모든 것은 변화한다, 그리고 그것은 현재 진행형이다. 미세한 세포에서부터 조직적으로 가장 진화한 생명체, 위엄에 찬 산맥, 그리고 서 하늘의 태양까지 잠시도 머무르지 않는다. 오늘이 어제와 같지 않듯이, 내일은 반드시 오늘과 다르기 마련이다. 모든 것이 변화하고 있다.

이 대명제를 우리의 일상에서 쉽게 관찰할 수 있다. 비옥하고 정갈하게 가꾸어진 정원을 떠올려보자. 여기저기에서 흙덩어리를 끌어다 갈고 다독여서 땅속의 온기와 습기를 알맞게 유지한다. 그러면 어느 날, 거뭇하고 평평한 땅을 참참이 뚫고 올라온 자그마한 새싹을 보게 된다. 그리고 그 다음 주쯤이면 정원에는 녹색 줄무늬가 생기고 곧 양파, 근대, 상추, 완두콩 등을 기대할 수 있을 것이다. 또 우리가 어렸을 적에 오르던 언덕을 다시 찾아가 보면 어떤가. 그 언덕길을 따라 오르다보면 그 동안 바뀐 것들을 어렵지 않게 알아보리라. 어떤 것들은 해마다 급류처럼 사라진다. 4월이 되면 당신이 아끼던 언덕을 흐르는 물길들이 모여 저지대를 지나 바다로 흘러가는 모습을 보게 될 수도 있다. 그러는 동안 하늘에선 구름이 모습을 바꾸고, 석양은 차츰 이울며, 숲은 헐벗은 언덕을 뒤덮기 시작한다. 이렇게 자연은 우리의 변덕스러운 운명의 연인처럼 그 끝도 없는 전경을 눈앞에 펼쳐 보이는 것이다. 이것을 보고 우리는 진화라는 자연의 위대한 존재 원리를 깨닫게 된다.

사회적 변화

이 변화의 원리가 사회구조에는 또 얼마나 잘 들어맞는가! 어느 한 시대의 절대군주제가 다음 세대에는 준 민주주의semi—democracy로 대체된다. 오늘날에는 여러 산업현장에서 기계가 사람의 자리를 대신하고 있지만, 예전에는 노예들이 이 일을 맡아서 했던 적이 있다. 노예의 소유와 거래의 전 과정을 교회가 직접 관장했던 때도 있었다. 일련의 사람들이 노예제도에 의문을 제기하고 노예의 해방을 위하여 투쟁하다

죽어갔다. 한편에서는 노예제도를 유지해야 한다고 믿는 반면, 다른 편에서는 노예를 기계로 대체하는 것만이 온당하다고 주장했다. 이런 식으로 모든 사회제도는 대대로 변화를 거듭한다. 그리하여 인류가 발전이라고 일컫는 변화가 이루어지는 것이다.

이 진리가 우리 교육의 원자재인 어린 학생들에는 또 얼마나 완벽하게 통하는가! 우리가 지켜보는 가운데 어린아이들은 아이다움을 벗고, 사춘기의 벼랑을 아슬아슬하게 지나, 이미지와 관념으로 가득한 상상과 동화의 세계로 접어들었다가 마침내 어른이 된다. 내 아이가 더 이상 자라지 말고 지금 이대로 남아주었으면 하는 것이 얼마나 헛된 바람이며, 어른이 되더라도 그 사랑스러운 어깨를 짓누르는 부담과 책임이 없는 인생을 살게 해달라고 기도하는 것 또한 얼마나 소용없는 일인가. 우리가 아무리 애원하며 마주하고 있는 이 아이를 영원히 그대로 있기를 바란다고 하더라도 아이는 우리가 걸어온 인생을 똑같이 지나올 것이고, 앞으로 살아나가야 할 인생을 함께 경험할 것이다.

그 어떤 것도 한 시대를 휩쓰는 변화와 혁신의 영향에서 자유로울 수 없다. 탐스럽게 피었던 꽃송이에서 꽃잎이 떨어지고, 푸르디푸른 하늘이 어느새 구름으로 뒤덮인다. 역사에 길이 남아 전해져 온 위대한 업적을 뛰어넘는 또 다른 역사적 사건이 일어나고, 한 시대가 사상 필요로 했던 사회제도는 시간이 흘러 폐기되어야 할 지경에 이른다. 이런 일들은 피할 수 없이 일어나고 또 지나간다. 이렇게 사회제도는 혼란과 고통의 여러 세기를 지나, 더욱 새로워지는 문명사회 곳곳에서 그 쓰임이 점점 사라지게 된다. 교육제도 또한 충분히 합리적인 근거에 바탕을 두고 구성되며 실행되지만, 시대의 흐름에 따라 가치가 변화하고 마침내 본연의 취지마저 퇴색하고 타당성이 약화되기에 이른다. 한때 사람들의 교육적 요구를 해결할 수 있었던 학교가 오늘날에는 시시각각 일어나는 변화에 제대로 부응하지 못하고 있다.

각 시대마다 각기 적합한 제도를 갖추어야한다. 현재를 살아가는 우리는 과거에 나타난 결과를 본보기로 삼아 이어받은 제도를 끊임없이 수정하여야 한다. 이렇게 개선을 거듭한 제도를 다시 미래의 교육적 요구와 필요에 부합하도록 재설계하여 다음 세대에 물려주어야하며, 마찬가지로 이것이 세대와 세대에 걸쳐 전해지도록 해야 한다.

시대에 발맞추기

변화는 때로 가장 진보한 사람조차 속도를 따라가기가 숨 가쁠 만큼 매우 빠르게 진행된다. 그와는 대조적으로, 진보적인 움직임은 아주 오랜 세월동안 제자리걸음만 하면서 완전히 활기를 잃은 듯 보인다. 미래로 향한 발걸음은 전통에 발목 잡히고 현실을 인식하지 못하는 무지와 부패에 가로 막혔다. 가장 급진적인 그룹으로 분류되는 사람들도 19세기 발전의 속도에 발맞추는 것이 버거울 정도였으며 따라서, 많은 사회 주체들이 각각의 소질과 역량에는 전혀 어울리지 않는 이질적인 환경을 수용할 수 밖에 없었다.

이는 다른 어떤 분야보다 교육 체계의 경우에 더욱 확연하다. 교육제도는 개별화된 산업과 정부 불간섭의 시대에 번영하였다가, 지금은 산업의 사회화, 정부의 통제라는 즉흥적인 시스템에 새로이 직면해 있다.

　새로운 교육 체계는 19세기 산업에서 일어난 변혁에서 시작된다. 이때 생활의 주요 무대가 작은 마을에서 도시로 옮아갔으며, 숙련공을 대신하여 기계와 기구를 사용하는 단순 노동자의 고용이 확대되었다. 18세기 사람들은 정치제도를 마련하고 민주주의에 자족했지만, 19세기 사람들은 정부의 역할을 있는 그대로 인정하면서 새로운 산업을 조성하였다. 이제 20세기의 우리들이 선조가 이루어놓은 정치, 산업적인 개가 위에 바로 세워야하는 사회는 19세기 산업, 18세기 정치가 20세기 인류에 가져온 쟁점들의 본질적인 특성을 이해하지 못한다면 결코 성공할 수 없다.

　새로운 세대의 사상이 형성되고 다듬어져서 제 빛을 내게 되는 곳이 학교라고 볼 때, 교육계가 이 변화를 가장 먼저, 그리고 가장 중요하게 인식하기를 바라는 것이 지나친 요구일까? 교육 현장에서 18세기가 아닌 20세기의 언어로 어린 학생들을 가르치기를 기대해서는 안될 일인가?

산업화 이전의 교육방식

　산업이 현대화되기 이전, 경제활동이 여전히 기존의 방식대로 이루어지고 각 가정이 일과 여가의 중심이었던 시절 즉, 버터, 치즈, 오트

밀, 에일(ale, 영국식 맥주), 의류, 각종 도구들, 그리고 주방 기구들을 가정에서 만들어 쓰던 가내수공업의 시대에 프뢰벨 F. Froebel이 쓴 것이 《인간교육Education of Man》이다. 이 책에서 아버지가 자녀를 교육하는 방식을 설명한 부분이 눈에 띈다.

> "아들은 들과 정원, 상점과 회계사무소, 숲과 목초지 등 아버지가 가는 곳이면 어디든 함께한다. 가축을 돌보고 간단한 가구를 만드는 일, 나무를 쪼개고 톱질하고 쌓는 일 즉, 아버지가 하는 일이나 직업에 수반되는 모든 활동을 함께한다."
>
> (*The Education of Man*, F. Froebel, W.N. Halliman 역, New York: D. Appleton & Co. 1909, p. 103)

또한 그는 부모들이 "아이를 지도하는 데 있어 그 부모들의 의무, 특히 아버지들(소년으로 성장해가는 아이가 신뢰할 만한 보살핌과 조언을 해줄 수 있는)의 역할"이라는 과제를 깊이 생각해볼 것을 촉구한다.

그러면서 그는 실례를 길게 나열하며 이러한 간곡한 권고를 담은 서문을 작성하였다. 농장 노동자, 거위를 사육하는 농부, 정원사, 삼림 감독관, 대장장이, 그리고 소매상인들과 수공업자들이 자녀를 교육할 때 실제로 참고할 수 있는 방법들을 제안하였던 것이다. 프뢰벨은 어느 누구나 두세 살 된 자녀를 데리고 나가 자신이 하는 일의 간단한 규칙 정도는 알려줄 수 있을 것이라고 말한다. 현대 미국의 도시에서 생

활하는 노동자의 자녀들과 얼마나 동떨어진 이야기인가! 도시 사람들
이 프뢰벨의 이 주장을 접하고도 자신의 여건에 적용해 보는 것은 엄
두조차 내기 어려울 것이다.

도시 생활과 교육에 대한 새로운 토대

　도시화가 진행됨에 따라서 이전까지는 각 가정에서 해오던 작업이
더이상은 가능하지 않게 되었다. 좁은 집, 공동주택 등으로 주거형태
가 변화하고, 대형 상점이나 공장이 늘어나자 기술자들이 가족들 곁에
서 계속 일을 할 수 없게 되었고, 또한 가장이 집에서 멀리 떨어진 일
터로 출퇴근하게 되면서 프뢰벨이 권고한 것처럼 자녀들에게 '특별한
보살핌과 조언'을 할 수 없게 되었다.
　18세기 말 영국에서 확립되고 19세기 전반에 걸쳐 독일과 미국에
서 그 기반을 확보한 산업체계는 인류생활에 거대한 변혁을 일으켰다.
작업현장이 집안에서 공장으로 옮겨졌으며, 사람들이 경제활동을 목
적으로 하루 10시간에서 12시간가량 집 밖에서 생활하기 시작하였다.
인구가 산업지역을 중심으로 집중되었고, 농장, 거위 떼, 정원, 숲, 그
리고 대장간이 사라졌다. 음식, 의류, 여타 생활필수품들이 가내수공
업의 형태를 벗어나 거대한 공장에서 생산되었다. 도시의 가정이 산
업적인 기능을 상실하고 어른이 부재하게 되자 점점 아이들을 가르칠
기회를 가지기 어려워졌다. 따라서 녹록한 여건에서 자라고 있는 6살

된 아이는 공교육 시스템에 기반을 두는 인생을 기대할 수밖에 없게 되었다.

전원에서 자라는 소년은 아직까지는 너른 들에서 마음껏 뛰어 놀 수 있다. 봄이 되면 꽃이 흐드러지게 피고 아이들의 얼굴에 주근깨가 속속 올라오며, 여름과 가을에는 연날리기, 낚시, 사냥, 덫 놓기를 할 수 있다. 농장에는 가장 기본이 되는 유용한 정보가 풍성하다. 해가 갈수록 시골 아이들은 즐겁게 놀며 더 많이 배우게 된다.

그렇지만 도시 아이가 처해 있는 상황은 사뭇 다르다. 화물기차, 자동차, 그리고 전차가 다니는 거리가 아이들의 놀이터가 되거나, 수백, 수천의 아이들이 공중 놀이터를 이용하기도 한다. 이런 경우에는 심지어 시 조례, 감독관, 경찰, 그리고 여타의 법과 질서를 수호하는 사람들이 이 아이들의 활동을 제한하기도 한다.

공동주택이건 단독주택이건 도시의 가정은 야외활동에서 얻을 수 있었던 성장과 발전의 기회를 제공할 수 없다. 그렇다면 학교 이외의 다른 어느 곳에 그러한 성장과 발전에 대한 책임이 있는가? 프뢰벨이 말한 것처럼, 농장에서 자라는 소년은 아버지로부터 직접 경제활동에 관련된 것들을 배웠다. 한편 도시의 아버지들은 공장이나 사무실에서 일을 하지만, 14세 혹은 16세 이하인 아이들은 그 일터에 들어가는 것조차 법으로 금지되어 있다. 따라서 도시의 각 가정은 그 아이들에게 적절한 놀이와 알맞은 직업훈련을 제공할 기회를 박탈당했다. 이렇게 하여 여가와 교육에 대한 책임이 학교로 옮아가게 된 것이다.

백 년 전에는 모든 산업활동이 사실상 가정과 연결되어 있었다. 방직공, 목수, 모자 제조업자, 구두 수선공, 방앗간 주인이 모두 한 지역에 모여 살았다. 그러다가 산업현장에 증기가 도입되자 기계가 사람의 기능을 대체하였으며, 기술이 없거나 미숙련 노동자들이 숙련공의 자리를 차지하게 되었다. 심지어 어린아이들도 공장으로 몰려들어 실을 잣고, 볼트와 와셔를 생산하고, 리본을 짜고, 빵을 굽고, 기계 부품과 장비를 제작하게 되었다. 가내 수공업에서 공장 제조업으로의 이러한 변화를 세련되게 일컬어 산업혁명이라고 부르게 되었다. 이것은 생계를 꾸리는 기존의 일반적인 방식을 완전히 뒤바꾸었다.

산업상의 대변혁은 현대 생활의 모든 면을 바꾸어 놓았다. 산업 그 자체는 수습기간을 수반하는 도제식 훈련 대신 일정한 수준의 전문화 또는 특수화로 대체 운영되었다. 그것은 자급자족 시절에는 꿈에도 생각하지 못했던 사건이었다. 관리자에서부터 사환, 사장부터 날품팔이 노동자, 사무장에서 속기사에 이르기까지 사람들이 하는 일이 단조로워지고 전문화되었다. 단일 작업장에서 수천, 수만 명의 노동자를 고용하는 대량생산의 산업체계가 갖추어지면서 도시가 성장해 나갔다. 도시가 전원과 다른 것과 마찬가지로 도시의 가정 또한 전원에 있는 가정과 근본적으로 다르다.

현재 농업 현장에서 일어나고 있는 변화도 우리가 알고 있는 19세기 제조업에서의 변화만큼이나 중대하다. 과학이 농업에 적용되면서 기존의 방식이 검증되기 시작하였다. 집중적인 연구와 농업의 전문화가 보편화되었다. 농업에 종사하는 사람들이 농민회보나 농민신문을 등한시 하는 시대가 왔다. 즉 농부로서 성공하려면 훈련된 전문가가 되어야했고, 학교와 대학이 그 훈련과 교육을 담당하는 역할을 해야 했다.

이러한 변화는 어느 하나의 개별적인 요인에서 비롯된 것이 아니다. 그것은 오랜 세월에 걸친 연구, 발견, 그리고 새로운 발명의 결과로 진행된 것이다. 새로운 방식은 과거의 아이디어와 방식을 토대로 형성되어 새로운 발전을 거듭해간다.

문명 세계가 재편되어 재형성됨에 따라 사람들이 변화하는 생활 여건에 조화롭게 응할 수 있도록 하는 새로운 교육 방식이 필요하다. 이것이 교육의 새로운 준거이자 다음 세대를 위한 교육의 기회, 즉 상부 구조를 바탕으로 확립되어야 하는 새로운 토대가 되어야 한다. 교육은 계속해서 변화를 인지하고 새로운 시대의 새로운 요구에 부합하도록 그 제도를 재정비해야 한다.

2. 아이들을 위한 교육

새로운 학교조직

과거 백 년간 산업에서 진행되었던 변화가 교육분야에 끼친 영향은
상당하다. 가내수공업에서 공장의 대량생산체제로 전환되면서 전원
과 마을 중심의 일상에서 벗어나 공업도시를 중심으로 생활하는 시대
가 되었다. 시스템이 전문화되기 시작하면서 교육에 직업훈련에 대한
책임과 의무가 더해지게 되었다. 더욱 중요한 것은 이것이 교육이 당
면한 문제를 크게 증폭시켜서 학교조직의 복잡한 체계가 전체 질서를
유지할 목적으로 고안되었다는 것이다.

변두리나 전원에 있는 학교는 하나 혹은 둘로 이루어진 공간에서
몇 안 되는 아이들을 수용하고 있었다. 훈육 자체의 문제를 떠나서 학
교를 운영하는 데에는 거의 어려움이 없었다. 교장, 교감, 의무출석 규
제, 카드식 색인법, 그리고 서무과 같은 것들은 존재하지 않았다. 학교

는 순전히 개인사업으로, 동네의 식료품점과 매우 흡사하게 교사가 신뢰와 존경으로 이끌어가고 있었다.

그렇지만 도시를 포함한 지역 사회가 성장하면서 학교 조직이 필수적으로 복잡해지기 시작하였다. 감독기관 당 스무 명 남짓하던 학생들이 수백, 수천, 심지어 수십만 명에 이르게 되었다. 따라서 도시는 필연적으로 어떤 특정한 행정조직을 만들 수밖에 없었다.

학교조직의 확대에 비례하여 학급의 크기도 커졌다. 새로 조성되거나 성장하고 있는 도시에서는 인구의 수가 증가하면서 학교조직이 커져갔다. 변두리에서는 여전히 전교생이 20명 남짓한 학교가 일반적이기는 하지만, 미국 도시학교의 초등교과 과정을 조사해 본 결과 교사 한 사람이 책임지고 있는 학생 수가 50~60명, 많게는 70명에 이르렀다. 평균적으로는 교사 한 사람 당 학생 40명 정도의 수준이다.

이를 비난하는 것은 쓸모없는 일이다. 분명한 사실은 학생수의 증가속도가 학교시설의 증대 속도를 훨씬 앞지르고 있다는 것이다. 대다수 도시에서 학교는 그들이 맞닥뜨린 문제를 따라잡지도 못하였다. 결과적으로 학급 규모의 문제를 최소화한 것이 아니라, 행정상의 문제를 확대한 것이다.

루소 대 40명 학급

교사 한 사람이 한 아이를 가르치는 교육(루소의 에밀)으로부터 한 교사가 40명의 아이들을 가르치는 교육현실(미국 도시 초등학교의 평균 학급 크기)에 이르기까지 참으로 고된 역사였다. 루소는 이상일 뿐이다. 우리는 복잡하고, 빠른 속도로 확대되고 있으며, 때때로 거의 위협적이기까지 한 현실에 직면해 있다.

루소의 이상과 교육현실의 차이는 보기보다 훨씬 심각하다. 루소의 이상은 교사가 개별 학생의 성격과 특성을 연구하여 약점을 보완하고 사회적이지 못한 생각을 사회적으로 수용 가능한 방향으로 이끌어 주면서 아이의 개성을 존중하는 것이었다. 그러나 교사가 혼자 40명의 아이들을 책임지고 있는 현대의 도시학교는 그 교사 앞에 끊임없이 유혹을 던져 놓는다. 즉, 학급 전체를 지배적으로 장악하여 각각의 아이가 나머지 다른 모든 아이들과 똑같은 것처럼 하나의 그룹으로 다루는 것이다. 교사가 아이들 40명을 각각 개별화할 수 있고, 모든 아이들의 고유한 특성을 이해할 수 있으며, 교사 자신의 가르침이 그 각각의 아이들에게 완전히 유익하도록 지도할 수 있다면, 그 사람이야말로 가장 이상적인 교육의 대가이다. 교육의 달인이라는 표현이 더 적합할지도 모르겠다. 그러나 역시 40명의 아이들은 불가피하게 한 학급에 모여 단체로 교육을 받는다.

이것이 전부가 아니다. 학교조식이 비대해졌기 때문에 교육환경에 처한 아이들 개개인의 복지는 더더욱 처참해졌다. 루소가 교육받을 개개인을 연구하여 그 결과에 따라 학습에 대한 처방을 내렸다면, 도시학교의 교사는 자신의 학생들에게 가르칠 과목을 선택하고 내용을 결정하는 데 거의 관여할 수 없다. 그것은 교사가 학생들에게 교육적으로 필요한 것을 상세하게 파악하고 있더라도 달라지지 않는다. 그것은 상당부분 몇몇 교육행정가들 즉, 교장, 교육감, 교육위원회 등의 몫이다. 이들의 주요 업무영역은 교육행정이며, 심지어 일부는 가르쳐본 경험이 전혀 없고, 아동심리에 관한 연구는 접해보지도 않았으며, 교과목과 교육 내용을 결정하는 과정에서 부딪히는 문제를 해결할 수 있는 직접적, 실제적, 이론적 지식을 내놓을 수 있는 그 어떠한 직업을 가져본 적도 없다!

이렇게 책임과 권한이 있는 당사자가 쟁점에 대한 직접적인 지식을 갖추고 있지 못하더라도 교육 내용은 세밀하게 설계되어야 한다. 그리고 이 논의에서는 그 설계가 이루어지는 방식이 특히 중요하다. 하지만 교육행정 관리들은 평균적인 아이를 염두에 두고 그 아이에게 필요하다고 여겨지는 내용을 구성한다. 이 논리는 이론적으로는 타당하다. 그러나 여기에 실제적인 결함이 있다. 세상에 평균적인 아이는 존재하지 않는다는 것이다.

그릇된 '평균'

'평균', '보통'은 미국인들에게 솔깃한 표현이다. 신문의 머리기사가 그렇듯이 통계상으로 평균은 그와 동일하게 깊이 와 닿는 욕구가 된다. 머리기사는 한눈에 내용을 알 수 있도록 작성된다. 이 특유한 경우에도 내용은 필연적으로 거짓이다.

평균은 유사한 부류에서 하나를 뽑아내는 것이다. 예를 들어 숫자 3, 4, 8을 평균할 수는 있다. 세 숫자를 더해서 3으로 나누면 평균값 5를 구하게 된다. 이 과정은 수학적으로 말할 것도 없이 정확하다. 왜냐하면 이 평균을 구성하는 3, 4, 8은 정확히 숫자 영역으로 동일하게 분류되기 때문이다. 이 간단한 산수의 전제는 개개의 단위가 동일하다는 것이다. 그러므로 이들을 가지고 평균을 구하는 것이 가능하다.

산수와는 달리 모든 아이들은 서로 다르다. 아이들은 신체적으로, 정신적으로 저마다 다른 특성을 지니고 있다. 아이들 머리카락의 색상과 결조차 각각 차이가 나며, 손과 발의 크기도 다르다. 어떤 아이는 수학을 좋아하지만, 어떤 아이는 미술에, 혹은 둘 다에 흥미를 가지고 있는 아이도 있다. 도덕적 책임과 의무를 중요하게 생각하는 아이들이 있는가 하면, 전혀 반대되는 아이들도 있다. 완전히 동일한 형제나 자매도 없고, 한 학급 안에서 똑같은 두 아이를 찾을 수도 없다. 생물학자들이 정확하게 동일한 두 사람이 존재할 유전적인 가능성을 매우 정밀하게 계산해본 결과, 그 확률이 5셉틸리언(10의 24제곱의 수) 중의 하나라고 한다. 간단히 말해서 거의 희박하다는 것이다.

아동의 다섯 가지 나이

버드 볼드윈 박사의 매우 기발한 보고서에 따르면 아동의 연령을 다섯 가지로 측정할 수 있다고 한다.

1. 생활 연령, 즉 실제 연령

2. 신체 연령

3. 정신 연령

4. 윤리적 연령

5. 학령

같은 날에 태어난 두 아이는 나이가 같다. 당연하다. 그리고 어떤 신체적인 이유로든지 한 아이는 다른 아이보다 더 빨리 자랄 것이다. 따라서 두 아이들은 신체 연령, 또는 성장속도가 같지 않다. 마찬가지로 그들은 정신적, 윤리적 연령에서도 차이를 보인다. 그 결과가 학교에서의 성취, 발달에 드러나 학령이 된다. 같은 날에 태어난 아이들이라도 신체적, 정신적, 도덕적으로 정확히 동일한 속도로 성장하여 학교에서도 완전히 같은 성취도를 기록할 가능성은 거의 없다. 그러므로 학교에 다니는 아이들은 불가피하게 다를 수밖에 없다.

한 학년의 나이 분포

매사추세츠 주 스프링필드 지역의 한 교육감이 1911년에 조사한 자료에는 실제 나이, 학령, 그리고 학교에서의 발달속도의 차이에 대해 효과적으로 설명하고 있다. 다음 표에서 스프링필드의 5학년 학생들을 대상으로 나이와 재학 기간을 나타내는 통계를 확인할 수 있다.

첫 번째 표는 재학 기간과 5학년 전체 학생들의 나이를 보여준다.

원칙대로라면 스프링필드의 아이들은 6세가 되면 학교에 입학하고 한 학년 당 1년의 과정을 완수해야 한다. 스프링필드의 모든 아이들이 이대로 따랐다면, 11세인 1,275명의 아이들이 모두 5학년이어야 한다. 그러나 표에서 볼 수 있듯이 전체의 약 10퍼센트에 해당하는 단 131명의 아이들만이 11세인 5학년이다. 5학년에 재학 중인 1,275명 중에서 학령 5세, 즉 5학년에 해당하는 아이들이 약 31퍼센트 389명이며, 329명 약 26퍼센트의 아이들만이 11세이다.

표1. 스프링필드 학교 학생들의 나이와 재학기간에 따른 학생 수, 스프링필드, 1911년 12월

학년＼나이	5	6	7	8	9	10	11	12	13	14	15	16	17	18	합계
1							1								1
2				2	1	1	1	2	2						9
3				6	38	25	9		1	1					80
4					162	200	63	12	10	3					450
5					17	178	131	47	14	2					389
6					1	11	120	60	29	3					224
7						1	3	46	29	8	1		1		88
8							1	4	17	4	1				28
9										4	1				5
10										1					1
11															
12															
13															
합계				8	219	416	329	171	102	26	3		1		1,275

지역 교육감은 다른 표에서 나이와 학생들의 학업성취 속도에 대해서 분석하고 있다.

표2. 나이와 5학년 학생들의 학업성취 속도, 스프링필드, 1911년 12월

	11세 미만		11세		11세 초과		합계	
	수	%	수	%	수	%	수	%
빠름	435	34	74	6	31	2	540	42
정규속도	195	16	131	10	63	5	389	31
느림	13	1	124	10	209	16	346	27
합계	643	51	329	26	303	23	1,275	100

이 보고서에 따르면 1,275명의 5학년 학생들 중에서 34퍼센트인 435명의 아이들이 11세 미만이면서 학업성취에서 일반적인 속도를 초월했다. 이 아이들은 동급생들보다 뛰어난 셈이다. 하지만 전체의 16퍼센트에 해당하는 209명의 아이들이 동급생보다 나이도 많으면서 부진하여 특별한 주의를 필요로 했다. 지적 발달장애를 겪는 아이들은 거의 2학년 이상 진급하지 못했다. 그러므로 이 자료의 조사대상이 된 그 어떤 아이도 그러한 장애를 겪고 있지 않다는 것을 알 수 있다. 그러나 이들 숫자를 보면 정규 커리큘럼에서는 거의 얻을 게 없는 아이들이 상당수 있다는 것을 알 수 있다. 그들 가운데 110명의 아이들은 이미 12세이며 75명은 13세이다. 직업과 관련한 활동과 같이 아이들의 강력한 관심을 끌 만한 새로운 요소가 생기지 않는 한 이들 대부분은 14세가 되면서 학교를 그만 둘 개연성이 아주 높다.

11세가 지난 아이들에 대한 수치를 보면 31명, 즉 전체의 2퍼센트 정도 되는 아이들은 나이가 조금 많기는 하지만 상대적으로 빠른 시간 안에 5학년에 진급하였다. 반면에 역시 나이가 11세를 초과한 아이들 63명은 정규적으로 한 학년 당 1년씩의 시간을 보내며 5학년이 되

었다. 이렇게 나이를 초과한 학생들에 대해서는 필수과정에서 요구되는 활동을 줄이거나, 또는 행정적으로 융통성을 발휘하여 아이들을 비교적 소규모 학급으로 특별히 나누어서, 한편으로는 그 아이들이 학교에 계속 다닐 수 있게 하고, 다른 한편으로는 학습성취 속도를 끌어올릴 수 있도록 해주어야 옳다. 그렇게 하지 못한다면 많은 아이들이 학교에 남아 9학년을 끝낼 확률이 거의 없고, 고등학교에 진학하는 아이들은 훨씬 적을 것이다. 이렇게 되면 그 4년 동안에 아이들의 나이는 16세에서 18세가 될 것이다. 11세이면서 발달 속도가 느린 124명 역시 특별히 보살펴주어야 하는 아이들이다. 왜냐하면 이 아이들은 한 학년 혹은 두세 학년을 반복했거나, 또는 2~6학기를 유급했고, 실패라는 것을 반복하는 치명적인 습관이 배어버릴 위험이 있기 때문이다. 어쩌면 이미 그런 상태에 있을 수도 있다.

그리고 이 교육감은 각 학교의 교장이 학생 개개인의 역량을 검토하고 이해하기 위해서 반드시 해야 할 의무를 강조한다. 이러한 노력이 없다면 실제적인 교육발전 또한 있을 수 없는 것이다.

이 연구는 알기 쉬우면서 명료하다. 가장 명백한 요소인 나이와 학업성취 속도만을 가지고 어떤 도시학교의 한 학년을 조사하여 변수간의 차이가 아닌 아이들 개개인의 다양성을 보여준 가장 적절한 자료이다. 아이들을 구별하는 미세한 특징들은 아주 다양하지만 일일이 조사하지 않고도 쉽게 추측해 볼 수 있다. 따라서 이것만 놓고 보더라도 '평균적인 아이'를 위한 교육과정을 마련하려는 시도는 분명 소용없는 일이다. 설사 교과목과 교육 내용을 계획한다 하더라도, 정작 수업에

참여하는 많은 아이들 개개인의 필요와 욕구를 충족시키기는 어려울
것이다.

아이가 우선인가, 교과내용이 먼저인가?

　과거의 교육은 평균적인 아이를 먼저 상정해놓고, 그 아이의 교육
적 필요에 알맞은 교육 내용을 설계하였다. 그러나 새로운 교육은 수
학 밖에서 존재하는 이러한 평균이라는 개념의 불합리성을 알고 있
다. 그리고 아이들 개개인이 교육에 대한 필요성, 역량, 장래성, 에너
지, 그리고 의욕 등에서 서로 다르다는 점을 이해하고, 모든 아이들은
개성적인 인격체라는 궁극의 진리를 받아들인다. 산술적인 평균을 구
할 수는 있으나, 아이들의 문제에 그대로 적용하면 이는 실제로 존재
하지 않는 가상일뿐이다. 평균적인 아이는 없으며 앞으로도 결코 나
타나지 않을 것이다. 그러므로 평균적인 아이의 필요에 근거하여 설
계된 학교 시스템은 결국 단 한 명의 교육적 요구에도 부합할 수 없
게 되는 것이다.
　평균적인 아이에게 수학을 가르칠 수는 있다. 역사와 지리도 가능
하겠다. 교육자들이 교과목과 그 내용을 먼저 생각하는 한, 평균적인
아이에 부합하도록 고안한 교육과정은 하나의 가능성일 뿐이다. 그렇
지만 학교가 이렇게 탄생한 교육과정대로 가르치기를 중단하고, 남녀
아이들을 가르치는 일에 착수하는 순간 기존의 절차는 소용을 잃게

된다.

아이들이 수백 그리고 수천 명씩 모여 있는 복잡한 학교조직에서는 행정적인 문제를 교육 기능 그 자체보다 우선하려는 유혹이 너무도 강력하다. 40명의 아이를 책임지고 있는 교사는 학생들을 단지 학급의 구성요소로 여기는 것에 익숙해진다. 교육감과 교장은 '효율성'이라는 경제적 이상을 과도하게 추구하느라, 이 메커니즘의 완성을 위해 다른 모든 것은 희생시켜 버린다. 톱니를 매끄럽게 돌리기 위해, 아이들의 개성은 간단히 묻히고 마는 것이다.

어느 '좋은' 학교의 잔인한 운영 실태

현재의 학교 시스템은 조직이 아이들의 복지를 압도할 만큼 너무 비대해져서 교육학이 가르침의 지위를 빼앗아버렸다. 어찌됐든 이러한 시스템에서 교사는 미리 설계된 교육 내용대로 가르칠 수밖에 없고, 특정한 제도적 이상을 목표로 하는 행정관리들은 시스템의 요건을 충족하는 학교를 만들고자 한다.

챈슬러 박사는 일부 교사들과 교육행정가들이 모두 메커니즘을 지나치게 강조하면서 아이들 개개인의 복지는 충분히 강조하지 않는 경향을 잘 설명하고 있다. 그는 노스이스트의 한 도시에서 직접 조사하여 쓴 글을 통해서 현 상황을 다음과 같이 설명하였다.

내가 확실히 말할 수 있는 것은 좋은 학교에 대한 집착을 갖고 아이들의 시험 점수를 좋게 만들기 위해 초중등 과정의 교사들이 수백 명의 아이들을 조직적이며, 의도적으로 희생시켰다는 것이다. 그들은 좋은 학교를 만들려는 열망이 너무 강해서 평균 20퍼센트 가량의 아이들을 한 학년 낮게 배치하였다. 일부에서는 35퍼센트를 넘기도 한다.

일부 교사들과 교육감들은 학교가 순전히 아이들을 개발하는 기구라는 것을 깨닫지 못하고 있다. 또한 사람이 마땅히 누려야할 복지에 기여하는 기능으로 볼 때 이 기구 자체는 본질적으로 가치가 없는 것이라는 사실을 알지 못하고 있다. 이런 학교는 사람의 정신과 신체에 실제로 해를 입힐 수 있다. 이 기구의 운영자가 과목마다 75퍼센트의 아이들만 구하면서, 평균 16세가 될 때까지도 다른 아이들을 초등교과 과정에 묶어두기만 하는 것은 그 아이들의 영혼을 해치는 일이다.

(*Sacrificing Children*, W.E. Chancellor, Journal of Education, Vol.77, pp. 564–565, 1913년 5월 22일)

챈슬러 박사는 시스템에 아이들을 희생시키는 교육행정가들의 폐단을 계속해서 통렬하게 비판하였다.

여기에 사람들이 선험적으로 충분히 공감할 만한 이야기가 있다. 어느 날 한 친구가 찾아와 걱정 가득한 얼굴로 건강이 좋지 않은 딸 이야기를 들려주었다.

"아이가 병이 없는데도 많이 쇠약해졌어. 요 며칠 동안 통 먹질 못해. 식욕을 완전히 잃었어. 공기가 맑은 시골에서 좀 쉬는 게 좋을 텐데."

12살인 이 아이는 매우 사랑스러워서 누구라도 그 부모를 부러워했다. 그래서 우리가 한 달 가량 그 아이를 돌보면서 숙제도 봐주겠다고 했다. 그 친구도 우리의 제안을 즉시 받아들였는데, 이틀 후에 다시 와서는 그럴 수 없게 되었다고 말했다. 그리고 다음과 같은 사정을 들려주었다.

"학교에서 허락해주지 않아. 교장에게 딸아이가 시골에서 휴양을 하는 동안 공부를 도와줄 수 있는 사람이 있으니 여러모로 큰 도움이 될 것이라고 말했지. 마침 그 학교는 학급이 너무 커서 가을에 다시 학교로 돌아갈 수 있을 것 같았어. 그래서 교장에게 그렇게 해줄 수 있냐고 물었더니 이렇게 말하는 거야. '그렇게는 못합니다. 선생님이 요청하신 대로 처리하게 되면 학교 운영에 심각하게 지장을 받게 됩니다.'"

아이들—교육 활동의 목적

아마도 우리의 어조가 차분하지 못한 면이 있었을 것이다. 그러나 우리는 미국의 모든 교육자와 부모가 새겨듣고 쓸 때까지 반복할 어떤 이야기를 그 친구에게 들려주었다.

교육의 유일한 목적은 아이들을 돕고 가르쳐서 세상살이에 준비시키는 것이다.

우리는 왜 십억 달러나 쏟아 부으며 이 나라에 학교 시스템을 만들었을까? 교사에게 월급을 주고, 학교 건물을 새로 짓고, 교과서 수백만 부를 찍어내려고 했을까? 분명 이 모두는 학교를 위해 꼭 필요한 일이다. 그러나 이것은 정원을 꾸미기 위해 비료와 씨앗이 필요한 것처럼 학교를 유지하기 위한 수단에 불과하다. 정원은 나무와 꽃을 키우기 위해서 가꾼다. 미국인들이 그렇게도 자부심을 가지고 있는 학교 시스템이란 결국 아이들의 교육을 위해 존재하는 것이다.

"당연한 얘길!" "다 알고 있는 걸 새삼스럽게." 이렇게 생각할 것이다.

정말 그럴까? 그렇다면 왜 내 친구가 딸아이의 건강문제와 학교행정의 혼란 중에서 하나를 선택해야 할 사정에 처하게 되었을까? 또한 왜 챈슬러 박사는 '아이들의 복지는 승급 평균과 바꿔치기 당했다'라고 이야기한 것일까? 진실은 우리 사회가 교육의 목적이 학교 시스템의 완성이라는 믿음을 여전히 받아들이고 있다는 것이다. 이러하니 우리는 "교육의 목적은 아이들이 완전한 인생을 준비할 수 있도록 하는 것이다." 라고 하는 허버트 스펜서를 인용할 수 있는 처지가 되지 못하는 것이다.

교육은 아이들이 삶을 영위하도록 돕고 준비시키기 위한 목적아래 존재한다. 이 기능을 효과적으로 수행하기 위해서는 아이들에게 매우 효과적인 서비스를 제공할 학교행정과 조직에 많은 공을 들여야만 한다.

모든 면이 닮아 있고, 필요한 것조차 정확히 일치하는 아이들은 이 세상 어디에도 존재하지 않는다. 하지만 모든 아이들이 공통적으로 필요로 하는 특정한 요소는 있다. 분명 아이들 개개인에게 필요한 것을 논의하는 것은 불가능하다. 그 '필요'도 추상적인 개념일 뿐이기 때문이다. 단지 아이들에게 필요한 것을 분석하고, 그것을 현실에 반영할 수 있을 만하게 가려내고 분류하는 것은 가능하다. 모든 장미가 같지 않듯이 모든 아이들이 서로 다르다는 것은 진리이다. 그러나 어느 장미든 꽃잎과 가시가 있다.

마찬가지로 또래들과 뛰어놀고, 그 속에서 생활하며 성장하고, 미래에 어떤 일을 할 기대를 품고 있는 모든 아이들이 공통적으로 필요한 것은 있다. 이것을 더욱 구체적으로 설명하자면 다음과 같을 수 있겠다.

1. 학교는 아이들이 살아 나갈 수 있도록 도와주고 준비시키기 위해 존재한다.
2. 그 삶이란 다음 세 가지의 필요성과 관련되며, 그것을 이해하고 현실적으로 풀어내는 것이 학교의 의무이다.
   - 아이가 물리적인 의미의 한 인간이기 때문에 필요로 하는 것
   - 아이가 처해진 상황 때문에 필요로 하는 것
   - 아이가 앞으로의 인생에서 원하는 일들 때문에 필요로 하는 것

다음 장에서 이 세 가지 필요성을 너욱 깊이 분석해 보겠다.

3. 학교를 아이들에게 맞추기

아이의 성장─아이 인생의 주요한 요소

먼저, 아이들은 여타의 생명체와 마찬가지로 스스로 드러내는 활동을 통해서 자연스럽게 발전하기 때문에 특정한 필요를 느낀다. 아이들의 성장이란 신체, 심리, 정신이 자라는 것이다.

6세까지 아이들의 몸은 매우 빠르게 자라며, 이 6년의 기간 동안에는 현명하게도 정신적인 성장을 위한 어떠한 시도도 하지 않는다. 다음 6~7년 동안 즉, 6세부터 12, 13세까지 신체적인 성장은 조금 둔화되고, 이제 정신적인 성장기를 보내게 되며, 동시에 학교생활을 시작하게 된다.

그러다가 인종이나 개개인마다 차이가 있기는 하겠지만 일반적으로 모든 아이들은 12~14세 사이에 사춘기에 접어든다. 인생에 있어서 새로운 가치와 격돌하고, 인간관계가 더욱 돈독해지며, 감정의 거대한 물결이 아이의 내면에서 깊고 강하게 소용돌이친다. 그것은 인간의 가장 극적인 경험 중 하나가 아이의 인생에 등장하기 때문인데, 바로 성에 대해서 인식하기 시작하는 것이다.

이렇게 성에 눈을 뜨게 되는 시기에 남자아이의 인생에는 엄청난 변화가 일어난다. 그러나 여자아이의 삶에서 일어나는 변화는 훨씬 중대하다. 따라서 이때는 남녀를 막론하고 급격한 신체적 성장과 심오한 정신적 스트레스를 겪는다. 이 시기에는 몸 안의 에너지가 오로지 성적인 기능의 발달에만 집중되므로 다른 어떤 것보다 과도한 정신적 스트레스를 피해야 하는 시기이기도 하다. 그러나 우리는 이 시기에 아이들을 학교로 보내 깨어있는 대부분의 시간 동안에 혹독한 지적 활동을 하도록 강요하고 있다.

아이들의 건강이 우선이다

우리는 아이들을 위해서 가장 이상적인 체계를 생각해 낼 수 있었음에도 그 아이들을 계획적으로 지독하게 괴롭혀왔다. 만약에 우리가 생리학을 연구하여 아이들이 신체적인 성상을 위해서 최대의 에너지를, 정신적인 스트레스를 해소할 가장 위안이 되는 존재를 필요로 하는 때를 알고 나서도 아이의 건강을 망가뜨릴 교육과정을 마련한 것이라면, 우리는 학교 시스템을 바로 잡았어야 옳다. 아이들이 14세가 될 때까지는 비교적 평이하게 초등교과 과정을 운영하고, 그런 다음

아이의 인생에서 가장 중요한 시기에는 새로운 학교 시스템에서 이전 까지 접하지 못했던 새롭고 관념적인 교과를 공부할 수 있도록 해주 어야 했다.

아이들이 어떤 것을 습득하기 전에 먼저 갖추어야 할 것이 무엇인 가? 건강이다! 우리는 건강이 전부라고 강조하는 동시에 강력히 촉구 한다. 그러나 이러한 외침과는 달리, 아이들이 급속하게 성장하는 시 기에, 정신적으로 심오한 시련을 거치는 그때에, 암울하게 반복되는 '공부, 공부, 공부, 공부' 소리만 들릴 뿐이다.

아이들의 복지를 물리적으로 고려할 때, 고등교과 과정은 그들의 분별력을 흐리도록 가장 잘 계산된 정확한 지점인 14세에서 18세에 놓여 있어 아이들이 앞으로 살아가면서 짊어질 부담과 압박감을 견뎌 낼 수 없게 한다.

우리는 아이들의 신체적인 여건을 무시할 수 없다. 그러므로 학교 의 가장 중요한 의무는 아이들의 신체적인 발달에 대해서 잘 이해하 고, 그들에게 합당한 주의를 기울이는 것이다. 따라서 모든 학교는 아 이들이 나이에 따라 정상적으로 자랄 수 있도록 체육활동이나 몸을 직접 활용하는 훈련을 충분히 계획하고 운영해야 한다.

그리고 모든 아이들에게 건강을 지키는 원리 중 하나인 '위생'교육 을 실시해야 한다. 우리의 몸이 항상 정상적인 상태는 아니기 때문에, 모든 아이들이 스스로 몸을 관리할 수 있는 올바른 아이디어를 가지 고 있어야 한다.

무엇보다 중요한 것은 학교에서 아이들에게 성과 관련된 위생학을 가르치는 것이다. 이는 성에 대한 인식이 높아지는 것이 아이의 인생에서 일어나는 가장 중요한 변화 가운데 하나이기 때문이다.

'성 위생학을 꼭 학교에서 가르쳐야 하나?'라는 생각이 들 수도 있다. 대답은 '확실히 그렇다'이다. 만약에 이것이 가정 교육과 학교 교육을 놓고 선택하는 문제라면, 그 역할이 가정에 있다는 것은 망설일 여지도 없다. 그러나 대부분의 가정에서 성에 관한 문제를 함께 얘기하는 것을 꺼리고, 현실적으로 아이들은 신뢰할 수 없는 곳에서 성지식을 수집하고 있다. 따라서 교육의 담당 주체를 선택하는 문제가 아니라 신뢰할 수 없는 경로로 이루어지는 성에 대한 왜곡된 이해와 학교에서 교육하는 과학으로서의 성을 선택하는 문제가 되는 것이다.

성장의 수단이 되는 놀이

아이들의 신체와 더불어 정신도 자란다. 기억력이 발달하며, 이해력이 향상되고, 정신력도 강해진다. 시, 노래, 그리고 수식을 학습하면서 암기를 하면 기억력 향상에 도움이 되며, 모든 학습, 그 중에서도 특히 수리를 공부하면 이해력과 지능을 높일 수 있다

신체와 정신의 발달에 더해 아이들은 영혼의 성장도 경험한다. 아이들은 인간으로서의 공감대를 개발하며 미학 영역에 관심을 가지게 된다. 이러한 욕구를 해소할 수 있도록 학교에서는 아이들에게 문학과 예술을 가르쳐야 한다. 이들 영역을 가르칠 때는 내용을 단순화하며,

특히 초등 교육과정에 있는 아이들이 어렵게 느끼지 않도록 더욱 주의를 기울여야 한다. 아이들이 이해하기 쉽게 가르치기만 한다면 문학의 고귀함과 예술의 아름다움에 반응을 보이지 않을 아이는 거의 없다.

아이들의 신체, 정신, 영혼은 모두 성장한다. 이들 세 부분은 똑같이 성스러운 것이다. 모든 아이들은 튼튼한 몸, 활기찬 정신, 아름답고 건강한 영혼을 지녀야 한다. 감히 아이들의 정신과 영혼을 희생시키면서 신체를 개발해서는 안 될 것이며, 영혼과 신체의 성장을 훼손하면서 정신을 함양하는 일도 없어야 할 것이다. 그런데 이러한 경향이 보편화되어버린 미국의 교육현실이 걱정스러울 따름이다.

이렇게 중요한 각각의 성장을 독립적으로 보장할 수 있는 가장 중요한 수단이 바로 '놀이'이다. 프뢰벨에 따르면 '놀이'는 아이들의 남은 인생동안 필요한 모든 싹을 품고 있다. 표출을 통해서만 성장할 수 있다. 근육질의 서커스단원을 보는 것만으로 근육을 키울 수는 없으며 실제로 운동을 해야 한다. 아이들이 표출해낼 수 있는 최고의 수단은 놀이이다. 그러므로 놀이는 아이들이 튼튼하게 자랄 수 있는 방법이 되는 것이다.

막 태어난 유아기 아이들은 마냥 놀기만 한다. 아이들이 장난하며 노는 광경은 흡사 강아지들이 노는 모습과 같다. 벅찰 만큼 발랄한 생기가 넘쳐난다. 아이들이 남는 에너지를 발산하는 이 '퍼피 플레이puppy play' 단계에서 가장 필요한 것이 뛰어 놀 장소이다. 따라서 학교가 운동장을 갖추어 아이들의 이 필요를 채워주어야 한다.

아이들은 자라면서 더욱 발달된 형태의 놀이로 관심을 돌린다. 혼자서 마냥 장난치며 잘 뛰어노는 대신에 또래들과 끼리끼리 어울린다. 이 또래집단에서 아이들은 처음으로 친구들끼리 서로 지켜야 할 의무에 대한 개념을 가지게 되며, 이것이 아이가 어렴풋하게나마 처음으로 인식하게 되는 사회의식이다. 아이들은 가정이나 학교에서 종속적인 지위에 있지만, 또래집단이나 단체에서는 전혀 그렇지 않다. 그들만의 세계에서 민주주의를 배우는 것이다. 또래문화는 도덕적인 가치도 지닌다. 각각의 아이들이 공정한 역할을 해야 하는데, 그렇지 않은 아이는 나머지 친구들에게 가차 없이 외면을 당한다. 이렇게 하여 아이들은 다수의 결정에 따라 행동하는 법을 배운다. 아이들이 가능한 한 속박 받지 않고 자유로이 놀이를 즐겨야한다면, 학교는 새로운 게임을 제안하고, 운동회를 조직하고, 학급대항 경기를 열고, 다른 형식으로 게임이나 단체놀이를 장려해야 할 의무가 있다.

아이의 생활에서는 놀이가 다른 형태, 이를테면 창의적인 작업으로 나타나기도 한다. 남자아이는 수레와 집을 짓고, 여자아이는 요리를 하고 인형을 만든다. 유아기의 '퍼피 플레이'가 이내 인간이 이루어 놓은 모든 것을 파악한 창의적인 활동의 형태로 진화한다. 우리는 심고, 짓고, 계획하고, 만들고자 한다. 이것이 우리가 안에서 밖으로 표출하려는 창의력이다. 그러므로 짜임새를 제대로 갖춘 학교라면 단순한 수공예 교육이라도 실시하여 아이들이 자신들의 아이디어를 구체적인 결과물로 만들어 낼 수 있을 만큼은 능숙하게 훈련받을 수 있도록 해야 한다.

성장을 놀이의 예술로 설명하였다. 어른들은 놀이를 대단치 않게 생각하는 경향이 있다. 놀이는 대부분 아이들이 즐기는 것이기 때문이다. 하지만 어른 여러분, 여러분의 딸아이가, 손녀가, 조카가 인형놀이를 할 때에는 여러분이 흉내도 낼 수 없을 만큼 정직하고, 진지하고, 성의를 다한다. 아이들에게 놀이만큼 필요한 활동은 없으며, 아이와 같은 열정을 가지고 자유롭게 '즐길' 수 없다면 어느 누구도 자신의 분야에서 성공하지 못한다.

아이가 반드시 배워야 하는 것들

아이가 살아있는 존재라는 측면에서 필요한 것들에 대해서는 여기까지 하고, 다른 필요 요소로 관심을 옮겨보자. 아이가 이 지구상에서 다양한 사람들과 더불어 살아가야 하기 때문에 필요한 것들이 있다. 아이는 어디서 무엇을 하며 살아가든지 항상 특정한 주변 환경에 직면해야 한다. 그 중에서 가장 먼저 사람들을 들 수 있다. 로빈슨 크루소가 아닌 이상 모든 사람들은 다른 사람들과 무관하게 살 수 없다. 심지어 크루소에게도 그의 친구 프라이데이가 있었다.

싫든 좋든 사람들과 어울려 살아갈 수밖에 없기 때문에, 학교는 쓰고 말하는 수단인 언어를 가르쳐서 아이들이 자기 생각을 다른 사람에게 표현하는 법을 배우고, 다른 사람들의 생각을 이해할 수 있도록 해야 한다. 언어를 더 잘 할수록 서로를 더욱 분명히 이해할 수 있게 된다.

아이들이 타인의 권리를 올바르게 존중할 수 있도록, 학교는 간단하게 의미를 전달할 수 있는 이야기 같은 수단을 통해서 윤리를 가르쳐야 한다. 교사는 사람들이 서로 어울려 살아가는 법과 서로의 권리가 어떤 식으로 존중되어야 하는지를 가르쳐야 한다.

복잡하지 않은 심리학 강의도 필요한데, 초등 교육과정의 고학년들을 대상으로 해도 좋을 것이지만 모든 고등학생들에게는 필수적이다. 이것은 아이들이 다른 사람의 심리가 어떻게 작용하는지 알 수 있도록 하는 데 목적이 있다.

한편 동시대를 살아가고 있는 사람들 말고도 과거에 살았던 사람들이 있다. 그들이 있었고, 그들이 이루어 놓은 것들 때문에 오늘날 우리가 살아갈 수 있으므로, 아이들은 자신이 살고 있는 고장과 국가의 역사에 대하여 정확하게 알고 있어야 한다.

다음으로, 아이들은 사람들과 더불어 그들이 이루어 놓은 가정, 학교, 지역, 산업체계 같은 제도와 맞닥뜨리게 된다. 아이들이 성인이 되면 모두 이러한 여러 가지 제도권 안에서 이루어지는 활동에 참여하게 될 것이다. 그러므로 아이들에게 그 제도와 기구들에 대해서 가르쳐야 한다. 특히 아이가 12살 정도만 되어도 자기 주변에서 일어나는 일들에 관심을 가지기 때문에, 초등교과 과정의 마지막 2년 동안에 윤리교육을 실시하면 매우 성공적일 것이다. 고등학교에서는 이 윤리강의를 사회와 산업의 문제와 관련지어 더욱 깊이 있게 운영할 수 있다.

아이에게 가장 보편적이면서 가장 넓은 환경은 아이 자신과 모두 관련되어 있다. 한 세계에서 아이는 물론 아주 작은 세상에 살고 있다. 그러나 아이가 느끼는 그 세계는 매우 거대하다. 그리고 그것에 대한 지식은 지리를 공부하여 얻을 수 있다. 갠지스 강 유역이 아니라 자신이 살고 있는 마을에 대한 지리를 시작으로 주변 지역, 국가, 그리고 세계의 지리 순서로 잇따라 학습하는 것이 좋다.

아이들 주변에는 어느 곳에서나 식물과 동물이 존재한다. 아이가 자연을 공부하면 그 동식물에 대한 지적 호기심을 가질 수 있게 된다. 아이가 성장함에 따라 자연에 대한 학습을 지질학, 식물학, 동물학으로 세분화할 수 있다. 또한 천문학, 화학, 물리학에서도 자연의 힘을 검증할 수는 있겠지만, 초등교과 과정에 도입하기에는 너무 어려울 것이므로 적어도 고등학생이 된 이후에 접하도록 해야 할 것이다.

한편 초등학교에서 고등학교에 이르기까지 모든 학교에서 포함해야할 교육과정이 있는데, 이를테면 아이들이 미래의 생계 활동에 대비할 수 있도록 하는 강의들이다. 아이들이 성장하고 동시에 세상살이의 방법을 훈련하면 인간 존재의 제3의 기능 즉, 경제활동을 할 수 있게 된다. 모든 인간은 생계를 위한 활동을 해야 한다, 그리고 아이들이 그 일에 대비하도록 하는 것이 교육의 의무 가운데 하나이다.

우선 현대사회가 발전하여 모든 사람들은 수입이 생기는 거래나 직업을 가져야 한다. 그렇기 때문에 이름은 조금씩 다를 수 있겠으나 사실상 동일한 내용으로 거래나 직업에 관한 교육을 실시하는 것이 학교의 의무이다. 어떤 아이라도 소득이 발생하는 일에서 충분히 숙련되기 전에 학교를 떠나게 두어서는 안 된다. 교육의 내용과 방식은 아이들의 주변 환경에 적합하게 바뀌어야겠지만, 그 원칙은 절대적이며 확고해야 한다.

나아가 사람이 평생 한 가지 일에만 종사해서는 안 되기도 하지만, 직업을 바꾸기도 하기 때문에, 학교는 여가시간을 활용할 만한 취미 혹은 부수적인 직업을 제안하는 데에도 목표를 두어야 한다. 공작, 농업, 미술, 윤리 등의 교육을 통해서 다양한 사람들이 남는 시간에 할 일을 각자 찾을 수 있도록 해야 한다.

마지막으로 사회의 주요 의무 중 하나가 점점 더 가치를 높여나가는 동시에 건강한 인적 자원을 양성해내는 것이므로, 모든 사람이 부모 교육을 포함한 철저한 가정관리 교육을 받은 후에 학교를 떠나도록 해야 한다. 여기에는 생물학, 위생학, 화학, 영양학, 심리학, 간호학 등이 포함된다. 비록 초등학교 교과 과정에서는 가장 기초적인 부분만 다룰 수 있다하더라도, 미래에 가정을 꾸리고 부모가 될 모든 아이들에게는 반드시 필요한 교육이다.

아이들의 요구를 충족시키기 위해 반드시 해야 하는 것들

지금까지 아이들이 가지고 있는 교육적 요구를 제대로 설명한 것이라면, 학교는 성장과 놀이 그리고 사람, 제도, 사물과 개념에 대한 지식 교육 마지막으로 미래의 생계 활동에 대한 대비, 이 모든 것을 조직적으로 통합하여 제공할 수 있어야 한다.

이 교과목들은 모든 아이들에게 실제로 유익하도록 학년마다 고르게 분포되어야 한다. 고등학교는 초등교육의 연장이다. 아이들이 고등학생이 되면 전문적인 과정을 배우기 시작하는데, 이는 사춘기 이전의 아이들이 그것을 접하는 것이 바람직하지 않기 때문이다. 그러나 현실적으로는 많은 곳에서 거의 모든 아이들이 고등 교육과정에 진입하기도 전에 학교를 그만두기 때문에, 초등학교에서도 그 일부를 다루어야 한다. 또한 아이들이 반드시 알아 두어야 할 것들도 있다. 그렇다면 미국의 어린 학생들 4분의 3이 그렇듯, 만약 아이가 14세에 학교를 그만둘 것이라면, 학교에 다니는 8학년 동안에 그 내용을 배우도록 해주어야 한다. 만약에 아이가 고등학교에 진학한다면, 초등학교에서 시작한 학습을 심화하고 완성할 기회를 가질 수 있게 되는 것이다. 이러한 교육의 기본 원칙은 충분히 유연하여 미국 어느 지역사회에도 적절하게 들어맞을 것이다.

작은 마을과 교육활동

이 원리를 약 3천 명의 주민이 거주하고 있는 전형적인 공업지역인 광산마을에 적용해 보겠다.

이 마을에서는 아이들의 90퍼센트 이상이 14세 혹은 그 이전에 학교를 그만둔다. 따라서 아이들이 받는 학교 교육은 모두 6세부터 14세 사이에 이루어져야 한다.

아이들이 평생 지속할 활동은 마을의 전통과 관습에 따라 정해진다.

대다수의 남자아이들은 광산이나 작업장으로 가고, 사실상 모든 여자아이들은 집에서 가사를 돕다가 결혼하여 부모를 떠난다. 몇몇 아이들이 가게와 공장에서 일을 하기도 한다.

이곳에서의 삶은 매우 단순하다. 주민들이 살고 있는 집들은 띄엄띄엄 떨어져 있어서 아이들이 뛰어 놀 공간은 충분하고도 남을 만큼 넓다. 집에서 일을 해야 하지만 가정교육은 거의 받지 못한다. 마을 전체가 형편없는 일들을 마찬가지의 방식으로 익히고 있다.

사정이 이런 지역에서는 거의 모든 교육활동이 초등학교에서 완성되어야 한다. 고등학교가 있다 하더라도 매우 소수의 아이들만이 관심을 가질 것이다.

이런 곳의 초등학교에서는 어린아이들에게는 놀이를, 조금 더 큰 아이들에게는 스포츠를 할 수 있도록 해주어야 하며, 몸을 튼튼하게 하기 위한 충분한 체육시간을 확보하고, 심리학, 개인위생, 성 위생학에 대하여 세심하게 가르쳐야 한다. 저학년 아이들에게는 간단한 공작 실습을 시키고, 읽기와 쓰기를 철저히 연습하게 하며, 산수의 기초, 해당 지역의 지리적 여건을 중심으로 한 지리교육, 윤리학과 역사 특히 미국의 역사, 영미 문학에 대한 철저한 이해, 드로잉, 회화, 조각 등 미술에 대한 최소한의 기본적인 강의, 현장학습을 더한 포괄적인 자연 학습체계를 갖추고 있어야 한다.

그리고 이 강의들은 남자아이와 여자아이들에게 공통적으로 필요하다. 이와 더불어 탄광지역의 남자아이들은 지리학, 특히 광산이 위치하고 있는 지역의 광물학을 꼼꼼하게 공부해야 한다. 광물의 채굴, 선별, 작업장에서 필요한 기술적인 훈련과 가족의 먹을거리를 재배하는 좋은 텃밭을 가꿀 수 있도록 농업기술 교육도 충분히 받아야한다. 이런 지역에서는 밭을 일구는 일 또한 남자가 해야 할 주요한 일들 가운데 하나이기 때문이다.

이렇게 학교가 남자아이들에게 특별한 교육을 하는 것과 마찬가지로, 여자아이들에게는 가정관리와 관련한 포괄적인 교육을 실시해야 한다. 특히 계획적인 소비와 위생, 영양학, 심리학, 간호학을 아우르는 부모되기 교육을 강조한다.

전형적인 광산마을이라는 배경과 이에 부합하는 교육과정아래 남자아이들은 교육받고 훈련된 노동자로, 여자아이들은 교육과 훈련을 거친 어머니로 성장할 가능성이 크다. 이러한 교육 내용이 아이를 상원의원으로 양성하는 데 초점을 둔 것이 아님은 확실하지만, 그렇다고 해서 이것이 결점이 될 수는 없다. 믿기 힘들겠지만, 실제로 대다수의 이곳 아이들이 광부나 기술자, 주부가 될 것이기 때문이다. 그러므로 여기에서 중요한 것은, 그 아이들이 훌륭한 광부가 될 것인가, 아닌가 하는 것이다. 미국 상원의원직은 그 아이들에게 터럭만큼의 관심거리도 되지 못한다.

그러나 항상 그렇듯이 여기에도 예외는 있게 마련이다. 만약 학업을 계속하고자 하는 아이가 있다면 교사는 바로 지금 하고 있듯이 그 아이에게 맞는 교육 내용을 구성한다.

지금까지 요약한 교육 체계를 현실화하려면 교사들에게 부가적으로 연수를 실시하고, 학교 기구와 설비를 갖추기 위한 경비도 더 많이 확보해야 하는 어려움이 있다. 그렇지만 이 모두가 우리 지역사회를 이끌어갈 아이들을 효과적으로 훈련시키기 위한 것이다.

광산마을이 안고 있는 교육상의 문제는 특히 해결하기 쉽다. 지역사회의 규모가 작고, 아이들이 장차 가질 수 있는 직업의 종류가 두 가지—광산업, 주부—뿐이기 때문이다.

농업지역의 상황도 이와 크게 다르지 않다는 것을 알 수 있다. 차이가 있다면, 남자아이들이 광산업 대신 농업에 종사하게 되고, 여자아이들은 농장 일을 도우면서 닭과 돼지 등의 가축을 돌보고 가끔은 우유를 짜는 일도 하게 된다는 것 정도이다. 이러한 농업지역에서도 교육과 학습에 대한 동일한 밑그림을 적용할 수 있다. 단지 여자아이들은 가정생활과 양육에 대비한 학습이 필요한 반면, 남자아이들에게는 주로 토양의 비옥도, 과수 재배, 낙농업, 시판용 채소밭, 그리고 여타의 농업문제와 관련한 직업교육을 실시해야 한다는 정도의 차이만 있을 뿐이다.

특히 뉴욕 주에 있는 많은 농업고등학교들이 방금 언급했던 대로 교육을 실시하고 있으며, 그 결과가 주목한 만큼 성공적이다. 대부분의 시골 아이들은 고등학교에 진학하지 않는다. 또한 진학하지 않는 아이들의 수가 증가하고 있지만, 그렇기 때문에 반드시 초등 교육과정을 이와 같이 재편해야 한다.

공업지역의 교육문제

광산마을과 농경지역이 공업지역과 도시로 대체되면, 학교문제는 굉장히 복잡해진다. 그도 그럴 것이 좁은 지역으로 많은 사람들이 몰려들고 사람들이 추구하는 직업의 종류가 셀 수 없을 정도로 다양해지기 때문이다. 지역사회의 규모가 커지고, 인구밀도가 높아지며, 따라서 직업의 종류도 다양해지는 것이다. 그렇지만 않다면 교육에 관한 고민은 상당 부분 일치하지만 말이다.

우선 동네 아이들에게 가장 절실해 보이는 것이 뛰어 놀 장소이다. 따라서 이러한 지역의 초등학교가 해야 할 가장 기본적인 의무가 아이들이 놀 수 있는 곳을 제공하는 것이다. 인구가 많지 않으면서 밀도가 낮은 지역에서는 전혀 고려할 필요가 없는 사항이다. 도시에서는 학교가 아이들을 위한 운동장과 체육관을 갖추는 것보다 더욱 긴요하게 할 일은 없다. 체육관과 놀이공간을 확보하지 않고 학교시설을 짓는 행태는 비난받아 마땅하다. 그것은 아이가 평범하고 정상적인 성인으로 자랄 기회를 박탈하는 것이기 때문이다.

한편 직업의 문제와 관련해서 도시 학교들이 안고 있는 교육의 고민을 해결하기 위해서 최근의 사례들을 참고할 만하겠다. 독일에서는 이미 정착되었고, 최근 들어 미국의 몇몇 도시들이 시도하고 있는 '보습'학교라는 것이 있다. 아이들이 14세에 학교를 그만두는 것을 방관하지 않고, 18세가 될 때까지 학교수업의 일부를 병행하도록 하는 '보습' 시스템을 도입하는 것이다.

즉, 아이가 초등교과 과정의 마지막 학기에 이르면, 4년제의 고등학교 과정에 진학하거나 마찬가지로 4년제인 '보습' 교육과정을 선택할 수 있게 한다(당시 일반적인 미국의 교육과정으로 유치원 포함 13년제인 초등부터 고등 교육과정 중에서 처음 8년을 초등, 이후 4년간은 고등학교 과정에 해당한다).

예를 들어 목수가 되기로 결정한 아이가 있다면, 그는 일주일에 40시간은 작업장에서 도제생활을 하고 14시간은 학교에 등교하여 기계 제도, 제작, 재질 시험, 그리고 목수 일에 관련된 다른 과목들을 배운다. 아이가 학교에서 공부하는 시간은 작업장의 근무시간으로 인정된다.

이렇게 4년을 보내고 18세가 된 아이는 목수로서의 기술과 경력을 가지고 있으면서 학교에서 일과 직접적으로 관련이 있는 '보습'과정을 이수하여 이론을 겸비하게 된다. 따라서 소득이 있는 직업과 교육이 결합되어 한 사람의 숙련된 기술자를 낳게 된다.

교외지역의 학교문제는 탄광마을, 농촌, 공업 중심지역이나 도시의 학교문제와는 매우 다르다. 아이들이 뛰어놀 공간이 있고, 좋은 가정, 그리고 고등학교와 나아가 대학에 진학할 수 있는 기회를 가지고 있다. 10명 중에서 7, 8명의 아이들이 고등학교에 진학하기 때문에 초등교과 과정은 고등학교 교육을 위한 예비학교의 역할을 할 수 있게 된다.

도시 교외지역의 초등학교에서는 교과목을 전문화할 필요가 거의 없다. 고등학교는 일반 교과목과 두세 가지의 특별 강의를 혼합 편성하여 필수적인 특정 교육을 모두 다룰 수 있다.

아이가 필요로 하는 것부터

공업지역, 도시, 그리고 교외의 고등학교는 전문적인 교육을 실시해야 하는 곳으로 인식되고 있다. 그렇다면 직업훈련 학교도 성공할 수는 있다. 그러나 이들 교육기관들이 '기술적'이라는 특성상 그 효율성이 항상 제한적일 수밖에 없는데, 바로 이런 점에서 '보습' 교육을 실시하는 고등학교들이 일반적으로 더 낫다고 본다. 고등학교는 별개의 조직이 아니라 학교라는 시스템 전체를 이루는 한 부분이다. 그러므로 고등학교에서는 아이들이 초등교과 단계에서 배운 것을 이어서 더욱 발전적으로 확장하여 학습할 수 있도록 해주어야 한다. 그러나 여전히 초등교육과 고등학교 교육의 목표는 동일하다. 아이들이 잘 살아갈 수 있도록 준비시키기!

학교가 아이들에게 제공하는 모든 것들은 아이들이 필요로 하는 것이다. 이 요구들 가운데 특정한 사항들은 모든 아이들이 공통적으로 가진 것이므로, 모든 학교가 유사한 교육을 실시하여야 한다. 지역사회의 규모와 특성에 따라 교육에 대한 요구가 다양할 수 있겠으나 전체 교육 내용 중에서 학교들끼리 유사하거나 공통적인 부분은 있게 마련이다.

4. 초등교육계의 진보적인 분위기

유치원

미국의 초등교육계에 번지고 있는 진보적인 분위를 이 한 장에 모두 옮길 수는 없다. 그렇지만 가장 전형적이면서 가장 성공적인 교육혁명의 사례들을 몇몇의 대표적인 예를 통해서 설명해볼 수 있을 것 같다. 현재 초등학교 시스템의 맨 아래에는 유치원이 있다. 예전만큼은 아니더라도, 유치원에서 학교생활을 시작하는 아이들이 적지 않다. 게임, 노래, 운동 등을 하면서 유치원을 다닌 아이들은 즐겁게 학교생활에 진입하게 된다. 개리 시(미시건 호의 항구도시)의 유치부 아이들은 살아있는 자연을 접한다. 꽃, 나뭇잎, 풀, 이끼, 과일, 나비, 나방, 새들이 종종 교실에 등장한다. 이곳의 아이들은 신기한 것으로 가득한 자연을 탐구하기 위해서 나들이를 나가거나, 사람들이 모이는 광장, 공원, 들판으로 소풍을 간다.

신시내티의 유치원생들은 도시공원에 튤립을 심고 농장을 견학하여 그곳에서 자라고 있는 동물들을 만나보는 기회를 가지기도 한다. 유치원 아이들은 노래, 견학, 놀이, 가꾸기, 만들기를 하면서 다양한 방면에서 삶을 접하고 있다. 아마도 다른 많은 도시에서 신시내티를 따라 초등학교 저학년의 어린 아이들에게 유치원 정신과 유치원 활동을 소개할 것이다. 그 6살 된 아이들에게 개념은 아무 의미 없는 관념일 뿐이다.

3R 바꾸기

기껏해야 몇몇의 아이들만이 유치원을 경험한다. 심지어 조직적인 유치원 시스템을 자랑하는 일부 도시에서조차 유치원에 다니는 아이들은 많지 않다. 그렇지만 사실상 모든 아이들이 초등학교에 입학하기 때문에 초등교육에 대한 연구에서 초점에 두어야 할 것은 바로 초등학교이다.

초등학교 교육이 읽기, 쓰기, 산수만으로도 충분했던 때는 지났다. 유치원에서처럼 초등교과 과정에서도 살아있는 학습이 이루어져야 한다. 유치원처럼 초등학교도 아이들의 교육적 욕구를 해소해주어야 한다. 도처에서 학교들이 철자법, 셈법, 문법을 가르치던 예전 방식에서 탈피하여 어떤 내용이든지 아이들이 필요로 하는 것들을 가르치려고 노력하고 있다. 3R(Three R's, 읽기, 쓰기, 셈)은 더 이상 충분하지 않다. 아이들은 세상살이의 하나부터 열까지 빠짐없이 배우기를 원한다.

예를 들면 지리를 가르치던 방식의 변화를 비교해보자. 예전에는 아이들에게 먼저 곶, 반도, 대륙, 자오선, 무역경로, 강, 경계, 지역별 생산물을 가르쳤다. 그러나 지금은 아이들이 현재 살고 있는 지역에 대해서 배우는 것으로 지리공부를 시작한다. 한 예로, 뉴어크Newark(뉴저지 주의 도시)의 모든 교실에는 이 도시의 커다란 지도가 붙어 있다. 이 완벽한 지도 외에도 아이들에게 작은 지도 묶음을 나누어 주는데, 이 작은 지도 하나하나에는 아이들도 잘 알고 있는 광장, 가게, 공공건물 등이 표시되어 있다. 그리고 이 간단한 것부터 시작해서, 아이들은 주변 거리와 건물들을 채워 나간다. 뉴어크에서는 3학년이 되면 지리수업을 하는데 학교 부지와 학교가 있는 구역에 대한 설명으로 시작한다. 우리가 이미 알고 있는 지역에 대한 것보다 더 이해하기 쉬운 지리학습이 있을까? 보르네오(말레이 제도에 있는 세계에서 세 번째로 큰 섬)와 발루치스탄(파키스탄 남서부 지역의 주)이라는 이름은 여행을 다녀온 사람들을 제외하고는 대부분의 사람들에게는 관념일 뿐이다. 그러나 어떤 아이가 학교 건물과 그 주변을 에워싼 빨간 벽돌과 흉해진 철제 담장을 알아보지 못하겠는가? 지리학습은 모두 집 주변, 자신의 고장에서부터 시작해야 한다.

뉴어크 초등학교의 아이들은 유럽과 오스트랄라시아(오스트레일리아, 뉴질랜드, 서남 태평양 제도를 포함하는 지역으로, 오세아니아와 같은 뜻으로도 사용된다)에 대해서 배우면서 동시에 그 아이들이 친근하게 느끼는 공터, 골목, 광장, 거리, 운동장의 지리적 배경에 대해서 배우게 된다.

아이들에게 이렇게 구체적으로 지리를 가르치면 아무리 이해력이 뒤떨어지는 아이라도 분명히 이해할 수 있게 된다.

즐거운 수학

초등학교 수학의 통과, 실패 시스템 때문에 아이들은 덧셈, 뺄셈 그리고 철조망 같은 구구단 표 안에 갇혀 버렸다. 급기야는 모든 아이들이 "곱셈은 짜증이고, 나눗셈은 그 두 배로 나빠, 비례법은 당혹 그 자체, 그리고 연습 때문에 미쳐버릴 것 같아."라고 확신에 차서 말하기에 이르렀다.

하지만 이제 연산은 생활에서 출발한다. 개리의 교사들은 아이들을 두 편으로 나누어 게임을 한다. 아이들 중 일부는 게임을 하고, 나머지 아이들은 득점을 기록한다. 게임에서 이기고 싶은 강한 흥분과 충동 때문에 이 아이들이 점수를 계산하면서 무의식적으로 덧셈을 익히게 된다. 아이들이 일에 진출하면 계속 현실적인 문제와 맞닥뜨린다. 바닥공사를 하기 위해서 방의 크기를 재고, 시멘트 포장을 하기 전에 학교 보도를 측정한다. 인디애나폴리스의 한 교사가 자연수업에 필요한 콜드 프레임(씨앗을 발아시키거나 작은 식물을 추위로부터 보호하기 위한 작은 틀)과 온상을 구하고 있었다. 그러자 수학수업에서 아이들이 크기를 정하고, 드로잉 반에서 제도를, 7학년과 8학년 남자아이들이 구덩이를 파고 온상을 만들었다.

인디애나폴리스 지역 고학년의 수학수업은 매우 구체적이다. 물건에 대한 가격과 설명이 주어지고, 아이들은 고기, 식료품, 가정용품을 구입하는 것과 관련된 문제를 풀이한다. 가정 난방비와 전기요금, 가구의 구입과 설치 경비, 건축, 다양한 생산시설의 비용관리, 시립병원 운영, 인디애나폴리스의 조세, 포장도로에 대한 견적과 공사, 그리고 일반적으로 공공사업과 개인사업을 수행할 때 반드시 수반되는 수학 문제도 역시 아이들이 계산하여 해결하는 소재에 해당된다.

수학은 실생활에 연결될 때 생명력을 가진다. 수학을 잘 익히면, 그 자체가 어린 시절 경험의 일부가 되고, 어른이 되어서는 지식의 토대가 된다.

영어수업 모델

학교에서 가르치는 과목들 중에서 영어가 단연 가장 실용적이다. 일상생활에서 가장 빈번하게 사용할 것이기 때문이다. 우리가 물건을 사고 팔 때, 대화할 때, 쓸 때, 좋아할 때, 그리고 반항할 때에도 영어로 한다. 영어는 그것을 모국어로 사용하는 지역에서 살아가는 데 있어서 무언가를 손쉽게 이룰 수 있는 방편이다. 어떤 영어수업은 어른들에게도 대단히 흥미로울 것이다.

아이들이 시, 우화, 소설을 짓고 있는 3, 4학년 교실을 지켜보는 것보다 더 즐거운 일이 있을까 싶다. 반복되는 영어수업의 단조롭고 무미건조함은 더 이상 없다. 아이들이 시를 지어 쓸 만큼 모두 의욕적이고 열렬했다.

할로윈 전에 교사가 아이들에게 그림 하나를 나누어 주면서, 그것을 보고 시를 지어 보게 하였다. 그것은 한 마녀가 고양이를 옆구리에 끼고 빗자루를 타고 달을 향해 날아가고 있는 그림이었다. 한 여덟 살의 소년은 다음과 같이 써냈다.

늙은 마녀가 있었네
하늘로 날아올랐네,
달을 향해
저 높이 빛나고 있었네.

또 다른 아이의 시는 작시법의 관점에서 다소 나아 보였다.

마녀의 고양이는 그녀의 모자만큼 검었다,
그 모자만큼 까만 고양이.
무척 현명해 보이는 노란 눈을 가진 고양이
나무 너머로 높이 날아올랐다.

여기 아홉살 반이 된 도로시 홀보다 더 훌륭한 작품을 완성할 수 있는 어른이 얼마나 될까?

달빛 사람들

별들이 반짝이고,

대지는 덮인 눈으로 하얗게 빛날 때,

우리는 막 깨어나고 있다

어슴푸레 떠오르는 아침을 기다리는 새

작은 달빛 사람들이

여기저기서 춤을 추네

하얀 눈 카펫 위

여기저기서 춤을 추네

이 학급의 아이들에게 라일리(미국의 시인)의 〈픽시 요정〉을 가르친 후에 아이들에게 시인이 이 시를 썼던 정황을 써보게 하였다. 아이들이 상상한 그 정황이라는 것은 나비에 대한 꿈에서부터 옥수수 밭에 이르기까지 다양했다.

같은 주의 뉴턴 시 7, 8학년 아이들은 책을 만든다. 선생님과 의논해가며 아이들이 직접 고른 제목들 중에는, 〈한 소년이 뉴욕에서 살아가는 이야기〉, 〈요정 이야기 모음〉, 〈우주선에 관한 책〉, 〈기숙학교 생활 이야기〉 같은 것들이 있다. 일단 제목을 정하고 나면 아이들은 개략적인 이야기의 윤곽을 잡고 본격적인 작업을 시작한다. 매주 이야기를 써 덧붙이고, 삽화를 그려 넣고, 수채물감으로 책의 가장자리 부분을 장식하고, 표지를 예쁘게 꾸미고 나면 마침내 1년 영어수업의 결과물을 완성한다. 이 책은 아이들이 직접 지어, 그림을 그리고, 장식하여, 표지를 꾸미고, 엮은 것이다. 이 대단히 흥미로운 작업에서 여러분이 어린 시절에 겪었던 끔찍한 영작문과 맞춤법 수업이 엿보이는가?

한 남자아이가 있었다. 8학년이 되도록 습관적으로 학교에 잘 나오지 않았던 그 아이가, 새에 관한 책을 쓰기로 결심하였다. 아이는 이 과제를 진행할수록 점점 더 몰입하게 되었다. 이른 봄 소년은 새를 관찰하기 위해서 날마다 새벽 4시 30분에 광장, 공원, 들판으로 나갔다. 아이는 자신의 책을 쓰는 일에 점점 몰입하게 되었으며, 동시에 다른 과목을 담당하는 교사들은 소년이 다른 과목들에도 흥미를 보이기 시작한 것을 알아차렸다. 그의 학교생활이 전반적으로 개선된 것이다. 그리고 5월의 어느 날 소년은 교사회의에 앞서 〈뉴턴 시의 새들에 관하여〉를 삽화와 함께 발표했다. 아이는 매우 흡족스러워 했다. 이 아이는 채 1년도 안 되는 시간 안에 한 분야에 대한 호기심만으로 스스로 활력을 찾았다.

스폴딩 교육감에 따르면, "그 아이가 교사들 앞에서 발표를 할 당시 대부분의 교사들보다도 더 깊이 있는 지식을 보여주었다."고 한다. 두려운 구문론, 어구의 해부, 문장분석, 단락분석, 글의 구조, 문법의 형성 등 몸서리쳐지는 기억을 가지고 있는 분들이라면 나와 함께 인디애나폴리스의 7학년 영어수업에 들어가 보았어야 한다. 교사는 교실 뒤편에 앉아 있었다. 반 아이들이 모두 몸을 앞으로 기울인 채 귀 기울이고 있는 것은 허름한 차림새에 무례하게 보이는 소년이 엉성한 자세를 하고 문법적으로 바르지 않은 문장들을 더듬거리며 이어서 하고 있었다.

"에서는 사슴고기를 좇아 나갔고 제이콥의 어머니는 염소 고기를 사슴고기 냄새가 날 때까지 요리를 했다. 그리고 난 다음에 제이콥이 사슴고기를 먹었다. 내 말은 이삭에게는 염소 고기이고, 이삭은 그것이 에서가 아니었다고 말할 수 없었다. 왜냐면" 소년은 2~3분가량 이야기를 계속했다. 이야기를 마쳤을 때, 아이는 같은 반 친구들을 침울하게 바라보며 서 있었다.

"자, 여러분? 어때요? 이 이야기에 대해서 의견을 말하고 싶은 사람 있나요?"

하우스 선생님이 물었다. 그러자 반 전체의 4분의 3 가량의 아이들이 일어났다.

"네, 에드워드."

사내아이답게 생긴 에드워드가 방금 이야기를 마친 그 소년에게 조용히 말했다.

"폴, 네 목소리가 잘 들리지 않았어. 그러니까 목소리를 더 높이거나 낮추면서 강약을 조절해야 할 것 같아."

에드워드와 같은 의견이있던지, 아이들 몇몇은 그 아이와 함께 나시 않았다.

"자, 메리."

선생님이 다시 다음 학생을 지목했다.

"폴, 문법 실수를 많이 했어. 마침표를 제대로 하지 않아서 이야기를 이해하기 힘들었어.”

한 명씩, 진심에서 우러나온 유익한 비평을 내놓았다. 아이들이 의견을 모두 발표하자, 하우스 선생님이 말했다.

“폴, 참 잘했어요. 이번이 처음이었지?”

“네, 선생님.”

“그래요, 폴. 매우 잘했어요, 그런데 폴…….”

선생님은 신중하고 꼼꼼하게 폴의 실수를 정리해주었고, 앞으로 그 실수들을 반복하지 않을 수 있도록 일일이 바로 잡아 주었다.

인디애나폴리스에서는 전체 학년의 모든 학생들이 일정한 형식의 말하기 수업을 한다. 아이들이 7, 8학년이 되면 이 구술수업은 상당히 그럴 듯한 형식을 취한다. 아이들은 이솝 우화를 시작으로, 요정 이야기, 성경 속 이야기, 그리스 신화, 스칸디나비아 신화, 동물 이야기, 그 외에도 교사가 적절하다고 판단하는 모든 종류의 이야기를 한다. 아이들 각자 특정한 장르에서 재미있다고 생각하는 어떤 주제든지 선택할 수 있다.

날마다 영어 작문시간도 있다. 월요일은 작성한 편지를 놓고 함께 비평하는 날이며, 화요일은 작문하는 날, 수요일에는 학생들 각자가 저널에 실을 이야기를 기록하고, 목요일은 작문한 것을 검토하고 수정하기 위해 정해둔 날이며, 금요일에는 다음 월요일 수업을 위해서 편지를 쓴다. 작문의 주제는 가능하다면 아이들이 공부하는 다른 과목의 수업을 참고하여 고르고 있다.

오리지널 동화

이 과제는 아이들의 관심을 자아내기 위해서 마련된 것이다. 시의적절하게도 할로윈에 도로시 모리슨이라는 소녀가 "어떻게 마녀가 검은 고양이를 포로로 만들었을까"라는 주제를 선택했다. 여기 12살의 소녀가 지어낸 매력적인 요정이야기를 읽어 보시라.

예전에는 마녀가 한밤중에 빗자루를 타고 다닐 때 곁에서 으르렁대는 까만 고양이는 없었다. 저 사악한 자는 항상 어떻게 하면 착하고 어린 여자아이를 꾀어 데려갈까 하고 항상 일을 꾸미고 계략을 세우고 있었다.

같은 시기에 한 아름다운 요정이 살고 있었는데, 이 요정은 사악한 마법사의 음모로 아무 이유 없이 죽음에 처해지게 되었다. 이 착한 요정, 아일린은 결국 오랜 친구인 달님에게 가기 위해서 새로 변신하여 감옥의 작은 창으로 빠져나가기로 결심했다.

그녀는 곧 그렇게 했다. 그리고 친구의 집에 도착하자 요정의 모습으로 돌아갔다. 그러고는 친구인 달님에게 마법사의 마수에서 자신을 안전하게 보호해달라고 애원했다.

그는 최선을 다해 요정을 보호할 것을 약속했다.

다음 할로윈이 되자 마녀 크로노가 빗자루를 타고 달까지 날아 올라가 아일린을 알아보고는 외쳤다.

"오호라, 이제야 찾았군, 착하고 어린 아가씨를."

아일린은 놀라서 달님의 손을 와락 움켜잡았다. 그때 크로노가 그녀를 잡아챘다. 그러나 아일린은 재빨리 새로 변신하여 마녀가 잡을 수 없을 만큼 멀리 날아가 버렸다.

　마녀는 아일린을 향해 주먹을 휘두르면서 중얼거렸다,

　"널 잡고야 말겠어."

　마녀는 그녀의 가마솥으로 돌아갔고, 아일린은 다시 달님에게로 돌아왔다. 달님은 크로노가 아일린을 노리고 있으니 각별히 조심해야 한다고 그녀에게 단단히 일러두었다. 그러나 그녀는 이 충고를 귀담아 듣지 않았다. 그도 그럴 것이 요정인 자신의 능력이 크로노보다 한 수 위라고 생각했기 때문이다. 그러나 그렇지 않았다. 크로노가 그녀보다 더 큰 힘을 가지고 있었던 것이다. 어느 날 아일린이 달님의 무릎에 앉아 그가 하늘에서 기상하는 이야기를 듣고 있을 때, 순식간에 그녀의 손과 발이 모두 묶여버렸고, 달이 그녀를 도울 겨를도 없이 미약한 힘마저 빼앗겨버렸다.

　크로노는 아일린을 으르렁대는 검은 고양이로 바꾸어 놓았고, 지금은 할로윈 때마다 함께 빗자루를 타고 다니며 소리 없이 활짝 웃는 잭 오 랜턴(할로윈 때에 집 앞에 두는 호박초롱으로 호박에 얼굴 모양의 구멍을 뚫어 그 안에 촛불을 꽂는 등)에게 자신이 아일린을 잡은 무용담을 들려줄 때에도 항상 그 곁을 지키고 있다.

　달님이 아일린을 무척 사랑했기 때문에 크로노는 요정의 사진을 그에게 주었다. 그리고 달님은 그것을 늘 가까이에 두는데 지금도 우리가 달을 올려다보면 아일린의 사진을 볼 수 있다. 그러니까 우리는 그 검은 고양이가 사나워 보일지라도 사실 매우 선한 마음을 가지고 있다는 것을 기억해야한다.

까마귀와 허수아비

옥수수 싹이 틀 즈음에 '까마귀와 허수아비'라는 주제가 주어졌는데, 한 아일랜드계 아이가 다음과 같이 상상력을 마음껏 펼쳐 보였다.

까마귀에 관련된 이야기를 써야 해서, 나는 동물원에 가서 그들 중 한 마리를 인터뷰 해보기로 했다. 그래서 동물원에 도착해 각종 동물들이 생활하는 몇몇의 우리를 지나 새장이 있는 곳에 다다랐다. 여기서 독방에 앉아 있던 까마귀를 만났다. 그 까마귀의 체구는 큰 편이었고 칠흑 같이 새까만 깃털은 햇빛을 받아 번들거리고 있었다.

나는 그에게 고개 숙여 인사를 하고, 나의 용건을 설명한 다음 이야기 하나를 청했다. 까마귀 씨는 머리를 한쪽으로 젖히면서 몇 초간 찬찬히 살폈다. 그러고 나서 나에게 윙크를 하는 것이었다. '음, 얘야,' 걸걸한 소리를 내며 그가 말했다. '바로 찾아왔구나. 그런데 내가 점심 먹을 때가 가까웠으니 간단히 끝내야겠다.'

'먼저, 나는 네가 들어 봤음직한 말썽꾸러기 야생 까마귀 무리의 대장이었단다. 우리 구역에 우리가 자주 찾아가던 농장이 있었어. 주인은 동네에서도 유명한 실러스 윔플이라는 불만투성이 수전노였단다. 그는 혼자 살고, 성작지도 혼자 가꾸었어. 우리는 먹이를 찾기도 하고 지분거리기도 할 겸 가끔씩 그곳으로 날아가 노인이 새로 심은 씨앗을 파내고 막 올라온 파란 싹을 야금야금 쪼아 먹었지. 나중에는 감자를 할퀴어 대기도 했어. 그가 아무리 야단을 치고 고함을 질러도 우리는 조금도 겁내지 않았어. 그러던 어느 날, 내 친구 하나가 퍼드덕거리며 와서는 실러스가 일꾼을 한 명 데리고 있더라는 소식을 전해주었단다. 그 말을 듣고도 나는 웃으면서, "그래? 농장에 다른 사람이 있다면, 분명 실러스가 죽은 거야."라고 말했어. 그리고 우리는 사실을 알아보러 훌쩍 날아갔지. 분명히 작은 감자 밭 끄트머리에 한 사람이 있었어. 그래서 한참동안 그곳에서 지켜보고 있었는데, 그는 실러스가 하는 것처럼 움직이거나 소리를 내지 않는 거야. 그저 가만히 서있을 뿐이었지. 내가 조금 더 가까이에서 보려고 내려갔더니, 바로 그때 실러스가 진입로에 모습을 드러냈어. 그리고 웃으며 소리쳤지. "이제야 널 쫓아버릴 비장의 무기를 준비했다. 이 허수아비가 더 이상은 너희들이 가까이 와서 나를 귀찮게 하지 못하게 해줄 거야." 그는 계속해서 득의만만하게 웃었어. 그렇지만 나는 바로 빈틈을 발견했지. 나는 그 허수아비 뒤로 날아가 그 머리에 쓰고 있는 모자를 쳐서 떨어뜨려 버렸어. 그게 끝이야. 그건 그저 허수아비일 뿐이었어. 그리고 내 친구들에게로 돌아가서 그대로 알려주었어. 그 날 저녁이 되기도 전에 우리들은 다 같이 날아가서 그 허수아비를 갈기갈기 흩뜨려 놓았어. 그런데 그 다음날 나는 운이 없게도 발을 덫에 헛디디고 말았고 결국은 죽을 때까지 여기 새장 안에 갇히는 신세가 되어버렸단다.'

그때 사육사가 먹을 것을 가지고 왔기에, 나는 작별 인사를 하고 돌아왔다.

이 수업에서 영어는 살아있다. 아이들은 각자 흥미를 가지고 열심히 이야기를 지어서 열정적으로 작품을 읽는다. 이 문학이라는 과목을 잘못 다루면 아이들은 금세 질색하게 되는 데도 말이다.

수업을 일상생활과 연결 짓는다면, 오래된 커리큘럼에 따른 전통적인 수업방식도 흥미로워질 수 있을 것이다. 가장 짜증스러운 공부라도 재미있는 요소는 갖고 있게 마련이다. 그러므로 3R, 즉 영어의 기본기에 대한 교육도 현재의 흐름에 맞게 바뀔 수 있다.

학교와 집

몇몇 도시에서는 미래지향적인 관점에서 더욱 중대한 일을 하고 있는데, 그것은 여자아이들을 미래에 하게 될 주요한 일 즉, 가정관리를 잘할 수 있도록 훈련시키는 것이다. 인디애나폴리스와 프로비던스에서 시도 중인 이른바 홈 스쿨이 가장 대표적이다. 인디애나폴리스 교육위원회는 한 학교 근처의 밀집지역 내에 있는 허름한 집 몇 채를 사들였다. 남학생들이 그 집들을 수리하여 양탄자가게, 청소용품 제작소, 신발가게 등으로 바꾸었다. 이들 가게에서 재학생들이 거래와 교환을 직접 경험하였다. 또 다른 집은 그 지역의 견본주택으로 만들어서 학교의 가정과학부를 두었다. 이 집의 관리는 여학생들의 몫이었으며, 하루씩 그곳에 묵기도 하였다. 아이들은 그곳에서의 실습을 통해서 가정관리의 기술을 익혔다.

에이너 윌는 트로브리지 의사가 운영하고 있는 로드아일랜드 주 프로비던스의 홈 스쿨은 미국 전역의 관심을 끌었다. 교육위원회에서 6백 달러를 승인받아 학교가 있는 윌러드 애비뉴의 집을 새롭게 개조하고 가구와 비품을 갖추었다.

홈 스쿨에서의 수업을 선택한 여학생들은—이 과목은 완전히 선택사항이다―월요일과 화요일 혹은 수요일과 목요일에 들른다. 수업시간은 4시에서 6시, 또는 7시 30분에서 9시 30분까지이며 금요일에는 누구든지 방문할 수 있다. 낮에는 중학교에 다니는 아이들이, 그리고 저녁에는 공장이나 작업장에서 일하는 아이들이 온다. 주간 수업에는 75명이나 대기 명단에 이름을 올리고 있는 것을 보니 인기를 짐작할 수 있겠다.

"우리는 이곳을 아이들이 실제로 살고 있는 집처럼 운영하려고 합니다."

트로브리지 여사가 세련되게 꾸며진 집을 직접 보여주면서 설명하였다.

"기술고등학교에 다니고 있는 여자아이들이 집안의 색조를 결정하고 패턴을 골라 자재를 직접 구입했죠. 우리는 보기에도 좋지만 내구성이 뛰어난 자재를 구하려고 노력했습니다."

그들은 요리, 살림, 바느질, 이 세 가지 작업을 모두 돌아가면서 하고 있다. 한 아이가 오후 내내 요리를 했다면, 다음에는 바느질, 그리고 그 다음날에는 살림을 하는 식이다. 그러므로 모든 아이들이 이곳에서 보내는 오후마다 한 과목씩 공부하게 된다. 요리시간에는 아침, 점심, 저녁을 잇달아 실습해보는데, 그때마다 직접 메뉴를 정하고 요리도 한다. 그래서 거의 매일 식사가 제공되는 셈이다. 이때 홀 서빙은 살림수업에 참여하는 아이들이 담당한다. 또한 이 수업에는 청소, 재봉틀 손질, 설거지, 다림질 등등이 포함되어 있다. 이 수업의 일부로 개인위생과 가정청결에 대해서도 철저하게 점검한다. 바느질수업을 할 때에는 아이들이 각자 집에서 수선거리를 가져온다. 어떤 때에는 교사가 아이들에게 책을 읽어 주는 동안 아이들은 스타킹을 깁는다. 어떤 아이들은 속옷이나 드레스를 만들기도 한다. 바느질에 서툰 초보자들은 이 홈 스쿨에서 사용할 테이블 덮개, 냅킨, 수건, 먼지막이 덮개 등등의 단 처리를 하는 것부터 시작한다. 한 학급당 규모를 10명에서 15명 정도로 제한해서 개인지도가 가능하도록 한 것도 눈에 띈다.

"아니, 아니에요."

트로브리지 선생님이 강하게 부정한다.

"우리는 교과 과정이나 그 비슷한 것도 없어요. 대신에 여기 오는 아이들만큼이나 많은 강의가 있지요. 모든 여자아이들이 각각 고민과 문제를 안고 있으며 우리는 그것들을 해결하고자 합니다."

정원으로 활용하고 있는 뒤뜰에서는 푸성귀를 재배하고 있는데, 아이들이 여기서 수확한 것들로 요리하고 통조림으로 가공한다. 이 푸성귀들이 아이들이 내놓는 과일 통조림, 젤리, 잼, 피클과 함께 학교의 훌륭한 수입원이 되었다. 작년에만 교육감에게 15달러 이상을 돌려주었다고 한다.

이 홈 스쿨의 최대의 걸작은 위층에 있는 방이다. 여학생들이 직접 벽지를 골라 바르고 페인트칠을 했다.

"그리고 그 직업을 원한 아이들 가운데 둘은 자기 집도 똑같이 꾸몄답니다."

트로브리지 선생님은 행복한 듯 말했다.

"이만하면 시작치고는 꽤 훌륭하지 않나요?"

홈 스쿨은 그곳에 오는 아이들의 눈높이에서 그들이 이해하는 대로

'피할 길 없는 인생의 현실'을 다루면서 집안의 문제에 천착한다. 그리고 어느 학교라도 이보다 더 잘 해낼 수는 없을 것 같다.

새로운 영역의 발견

최근 몇 년 동안 일어난 여러 가지 중대한 혁신으로 인하여 공립학교의 임무와 역할이 확대되었다. 그 중에서도 가장 지대한 영향을 가져올 일은 바로 학교에서 실시하는 신체검사일 것이다. 전문가가 직접 모든 초등학생들의 신체발달과 건강상태를 빈틈없이 검사하는 것이다. 이 제도를 시행함으로써 아이들 개개인의 건강과 관련된 문제를 바로 잡을 수 있으며, 학교 내의 전염병 확산과 감염의 위험을 최소한으로 관리할 수 있다.

신체검사에 이어, 지능이 정상 이하인 것으로 진단받은 아이들을 특수반이나 특수학교에 배정하기 시작하였다. 그리고 이 아이들을 지도할 수 있도록 특수교육을 받은 교사들이 학교에 상주하면서 틈틈이 신체활동을 하도록 하고 각각의 아이들에게 적합한 지능개발 교육을 실시한다. 실 짜기, 목공예, 접기, 그리고 그 밖의 단순작업이 이 아이들이 주목하는 분야이다. 완벽한 교과 과정의 통제아래 숨이 턱턱 막히는 일반학교와는 달리, 특수학교는 아이들 개개인의 필요성을 연구하고 그 개별적인 욕구를 충족시킬 수 있는 교육과정을 갖추기 위해서 노력한다. 비록 특수학교가 고질적으로 나쁜 습관이 배어 제멋대로

인 아이들을 위한 곳이었지만, 그 참 가치는 지적인 면에서 특별한 어려움을 겪고 있는 아이들을 돌보고 성장시키는 데에 있다.

빈혈이 있거나 결핵 증상이 있는 아이들에게는 야외학교가 최적이다. 스프링필드에 특별한 학교가 설립되었다. 프로비던스에서는 오래된 건물을 활용하였다. 여기서 두드러지는 점은 그 어떤 경우에도 창문에 유리창이 보이지 않는다는 점이다. 학교는 모자와 군용담요를 지급하고, 오전과 오후에 한 번씩 우유를 나누어 준다. 그리고 정오에는 소박하고 영양가 있는 식사를 제공한다. 이렇게 몇 개월 동안 반복하면 대부분의 아이들에게서 엄청난 효과가 나타난다. 비록 건강한 아이들이 그리 환대받는 곳은 아닐지라도, 아픈 아이들에게는 신선한 공기와 완벽에 가까운 영양공급이 명약인 듯하다.

이러한 옥외 학교는 오픈 윈도(시 스루 윈도라고도 하며 바깥에서 건물의 내부가 들여다보이는 것을 말한다) 클래스의 확산에 기여하였다. 이 오픈 윈도 클래스에 대한 단 하나의 불만이라면, 아이들이 너무 활동적이라는 점이다. 멋지지 않은가! 아이들이 학교에서 생활하는 동안 몸 안에 산소를 충분히 공급할 수 있어서 생기를 발산하는 것이다. 이것은 이산화탄소로 가득하고 창문이 닫힌 교실에서 말썽을 피우는 아이들을 긴정시키기만 하면 되는 비교적 너그러운 학급운영에 익숙한 교사들에게는 분명 고통스러운 환경으로 비쳐질 것이다.

몇몇 도시에서는 몸에 좋은 학교 급식을 원가에 제공하여 영양부족 문제를 완화하기 위해 노력 중이다. 버팔로를 선두로 시카고, 필라델피아 그리고 다른 여러 도시들이 이 운동에 동참하고 있다. 시카고 내

학교 전체에서 '오천 명의 아이들이 으레 굶주리고 있는' 한편, '나머지 만 명의 아이들은 영양부족 상태이다'라는 시카고 교육위원회의 보고를 기억한다면, 어떤 조치가 필요한 때라는 것에 동의할 것이다.

오늘날 가장 활발하게 전개되고 있는 교육운동 가운데 하나가 아이들이 학교수업 이외의 시간에 할 만한 일과 자유롭게 지낼 만한 장소를 마련하는 것이다. 특히 운동장의 확보를 강조하며 이를 실천하고 있는 시카고와 학교 정원을 담당하는 별도의 부서를 운영하는 필라델피아가 이 두 분야에서 선두에 있다. 그리고 이들 분야는 또한 장차 미국 도시지역 어린 학생들의 복지에 중대한 영향을 끼치게 된다.

학교와 지역공동체

학교는 학령기 아이들의 교육에 긴요한 사안들을 실천하는 것에 만족하지 않고, 지역사회에도 깊은 관심을 보이고 있다. 우선 낮에 학교에 다닐 수 없는 사람들을 위한 수단 중에 하나인 야간학교를 들 수 있다. 현재 모든 진보적인 도시에는 야간학교가 있으며 퇴근 후에 등교하는 학생들은 모두 정규과정 학생들과 동일한 시설과 비품을 사용한다. 기계, 요리용 기구, 지도, 칠판 등이 모두 두 가지 임무를 겸하는 셈이다. 특히 외국인 밀집지역의 야간학교에는 추종자들이 많다. 그들은 언어와 새로운 생활양식을 배우려는 강한 의지를 가지고 있다. 비록 수업 중에 조는 사람도 있지만, 이것만으로 그들이 배우고자 하는 자세가 자발적이지도, 적극적이지도 않다고 말할 수 있겠는가?

공개강의가 공교육의 수단으로 점점 더 많이 활용되고 있다. 그 중심이라 할 수 있는 뉴욕에서는 교육위원회가 도시 전체의 공립학교 건물을 활용하여 강의를 운영할 수 있도록 매우 공을 들인 조직을 설립하였다. 또한 현재 거의 모든 첨단도시들이 지역 내의 학교나 도서관 시스템과 연계하여 공개강의를 실시하고 있다. 강의의 주제는 사상의 모든 영역을 망라하며, 학교를 포함한 도시 전역에 광고하여 가능한 한 많은 사람들이 알 수 있게 한다.

지역사회에 영향을 미치는 학교의 모든 움직임을 '학교 시설의 폭넓은 활용'이라는 구호 안에 집약할 수 있을 것 같다. 개리 시처럼 학교를 낮에는 물론 밤에도 개방해서는 안 되는 이유가 있을까? 왜 부모들이 학교로 모여 들어 필라델피아의 어머니들과 아버지들처럼 넓은 의미의 '가정과 학교 리그'를 편성하면 안 되는가? 로체스터에서 그러하듯이 지역사회의 정서와 여론이 학교를 중심으로 구체화되지 말아야하는 이유가 있는가? 여름에 아이들이 길에서 놀게 두는 것이 더 나은가, 미니애폴리스와 세인트 폴에서처럼 학교 운동장과 놀이터에서 뛰어놀 수 있도록 하는 것이 더 바람직한가?

학교시설에 수십억 달러가 투입되었다. 그러면 해마다 이 시설이 사회 전반에 조금씩 더 폭넓게 기능하여 제 값을 해낼 수 있도록 해야 한다.

오래된 자물쇠를 위한 새로운 열쇠

진보적인 교육자들은 전통적인 과목을 가르치는 방법론만을 바꾸는 것에 만족하지 않았다. 더욱 중요한 것은, 아이들이 보다 더 넓은 영역을 경험할 수 있도록 하기 위해서 새로운 교육과정을 도입하였다는 것이다. 그들은 초등 교육과정의 질을 높이기 위해서는 위생, 자연학습, 윤리, 공작수업, 가정학 등이 필요하다고 판단하였다.

생리학이라면 근육과 뼈, 질병의 증상, 그리고 기타 유사한 영역을 다루는 학문인데, 20세기 교육현장에서의 생리학은 우리의 신체는 아끼고 보살펴야할 가치가 있으며, 모든 아이들이 훗날 자랑스러워하게 될 소중한 대상이라는 사실을 가르치는 데 목적을 두고 있다. 인디애나폴리스에서는 자연학습과 초등과학을 시작으로, 위생학 강의 초반에는 기본적인 건강관리를 먼저 강조한 다음, 7, 8학년 아이들을 위한 수업에서는 공중보건, 개인과 공공위생 등등을 다룬다. 즉, 자연과 자연의 작용을 통하여 아이들이 개인과 지역사회의 일상생활에 대한 생리학과 위생학의 법칙을 이해할 수 있도록 교육과정을 설계한 것이다.

모든 진보한 교육 시스템에서는 자연학습, 초등과학, 원예학, 그리고 학교 정원이 작게라도 각각 고유의 지위와 가치를 확보하였다. 생명이 있는 것이 자라는 것을 지켜보는 것도 교육이며, 계절의 변화와 그 의의에도 교육적 가치가 충분하다. 이 모두 벽돌과 시멘트로 포장된 도로에서는 결코 배울 수 없는 것들이다.

아이들에게 개인과 사회생활의 관계를 가르치기 위한 시도가 산발적으로 일어나고 있다. 인디애나폴리스의 7, 8학년에 재학 중인 모든 아이들은 시청을 견학하고, 상하수도, 전력, 보건, 소방을 책임지는 부서와 경찰서도 방문한다. 또한 공장견학을 통해 기업과 개인의 관계를 배우게 하는 한편, 신문, 잡지, 책을 읽고 그것에 대해서 토론하는 수업을 통해서 사회에 대한 개념을 계발토록 한다. 아이들이지만 선거가 다가오면 정치에 대한 토론을 벌이고, 파업과 노동문제에 대해서 언급하기를 주저하지 않으며, 때때로 여성 참정권을 다루기도 한다(미국에서 연방정부에 의해 여성 참정권이 인정된 때는 1920년으로, 이 책의 내용을 엮은 후 10여 년 뒤의 일이다).

심지어 아이들에게 가족 전체를 부양할 정도로 충분한 수입을 올릴 수 있는 방법을 제안해보게도 한다.

가정학과 초등 공작수업이 보편화되었으므로 이들에 대한 어떠한 논의도 불필요하게 되었다. 그렇지만 일각에서는 더욱 깊이 있는 교육이 이루어지기도 한다. 개리, 인디애나폴리스, 신시내티 등지에서는 7, 8학년의 여자아이들이 직접 옷을 만들고, 요리를 하여 교사나 다른 친구들의 식사를 책임진다. 다른 한편으로는 고학년인 남자아이들이 가구, 썰매, 기중기, 다리, 통신기구 등을 만들고 있다. 의자에 등자리를 세공하는 일, 실을 짜는 일, 그리고 점토 모형을 제작하는 일 등이 남녀 아이들의 공작수업에 공통적으로 널리 활용된다.

매사추세츠 주의 피츠버그는 중등과정인 7, 8학년에 해당하는 실용 기술학교를 개발했다. 이 학교에는 상업, 실용기술, 가정기술, 문학 등의 강의가 개설되어 있다. 일반학교 7, 8학년의 정규 교육과정에 속하는 문학, 작문, 철자법, 수학, 지리, 역사, 그리고 과학은 사교댄스, 체육, 음악으로 대체되었다. 게다가 상업강의는 타자기 사용, 속기, 회계, 상업수학, 디자인을 포함하며, 실용기술은 디자인, 설계, 프린팅, 제작, 수선을, 가정 기술은 요리, 바느질, 살림법, 가정관리 기술로 이루어져 있다. 그리고 문학강의를 반으로 나누어 현대언어 그리고 수공예와 가정학으로 운영하고 있다.

피츠버그에서는 아이들이 약 12세인 6학년말 즈음에 일반 중등과정 대신 이 실용 기술학교를 선택할 수 있다. 그리고 그 결과는 놀라웠다. 실용 교육과정은 14세 혹은 8학년말 즈음에 학교를 그만둘 가능성이 큰 아이들을 위해서 계획된 것이었지만, 이상하리만치 다양한 아이들이 이 학교로 몰려들었다. 의사와 변호사의 자녀, 부유한 사업가의 아이들, 대입 수험생, 그리고 1,2년 후에 학교를 그만두어야 하는 아이들까지 모두 입학허가를 받으려고 아우성이다. 이 기술학교가 하루 5시간—일반학교의 정규 수업시간—이 아닌 6시간 수업임에도 불구하고 2년 통합 출석률이 기숙학교의 출석률을 넘어섰다. 또한 이 응용과정을 마치고 고등학교에 진학하는 아이들이 일반 정규과정을 거치고 진학한 아이들에 비해서 조금도 뒤떨어지지 않는다.

새로운 교육은 다양한 계층의 아이들, 개개인의 교육적 필요와 요구를 만족시킨다고 판단되는 어떠한 영역의 학문이라도 수용하여 개발하므로 전통적인 방식의 교육보다 더욱 폭이 넓다. 오늘날 지식과 양식의 창고는 지난 세대의 교육 관계자들은 거의 상상도 하지 못했던 교육의 열쇠로 문이 열리게 되었다.

학교와 일터

최소한 지금 이 순간에도 상당수의 아이들이 중등교과 과정을 완료했든 그렇지 않든 간에 14살이 되면 학교를 떠나야 하는 상황에 처해 있다. 그 아이들에게 있어 교육의 문제를 다음과 같은 의문으로 집약할 수 있을 것 같다.

"아이들이 세상살이에 준비되어 있어야 마땅한가, 그 반대인가?"

남자아이들은 장차 상점과 공장으로 들어가고 여자아이들은 결혼하여 가정을 돌본다. 이 아이들이 자라 건실한 노동자와 가정주부가 될 것인가? 그 해답은 상당 부분 학교에 있다.

오하이오는 이 문제에 대한 해법으로 보습학교법이라는 것을 제시하였다. 이것은 독일의 보습학교 제도를 모델로 삼아 더욱 포괄적으로 개편한 제도이다. 이 법령에 따르면 "어느 학군이라도 정규직업을 가지고 있는 14세 이상의 청소년들을 교육하기 위한 시간제 주간학교를 설립하는 경우에, 해당 교육위원회는 초등 교육과정의 8학년까지 성공적으로 끝내지 못한 어린 학생들이 16세가 될 때까지 학교 교육을 지속하도록 강제할 수 있는 권한을 지닌다. 따라서 연령과 학교교육 증서로 상기 내용을 인증받고 있으면서 동시에 정규직으로 일하고 있는 청소년들은 학기동안 아침 8시부터 저녁 5시 사이에 주당 8시간을 초과하지 않는 범위 안에서 학교에 출석하도록 해야 한다.”

클리블랜드와 신시내티가 이 보습학교법에 의거하여 학교를 설립하였다. 클리블랜드에서는 자율적으로, 신시내티에서는 의무교육으로 지정하였다. 두 도시의 14~16세 아이들은 공장 근무 중이더라도 주당 4시간씩 학교에 다닐 것이다.

그 정도로는 어림도 없다 생각할 수도 있다. 하지만 이것은 단지 시작일 뿐이다. 이 보습학교의 아이들은 정규 강의, 예술, 제도와 설계, 작업장 훈련, 모자제작, 의상제작, 가정관리학 중에서 선택하여 배울 수 있다. 연속 강의가 가능한 곳도 있다. 그러므로 이 시스템은 매우 훌륭히 자리 잡았다고 할 수 있겠다.

매사추세츠 직업학교 역시 남다른 의미를 가지고 있다. 이 학교는 중학교를 마친 후에 곧바로 산업현장으로 진출하려는 남자아이들에게 기술훈련을 실시할 목적으로 설립되었다.

매사추세츠 법에 따라, 직업훈련 국장의 인가로 설립된 모든 직업학교 운영경비의 절반을 주 정부가 지원한다. 맥너리 씨가 관리하고 있는 스프링필드 스쿨은 공장건물의 한 층에 입주해 있다. 따라서 14세 미만의 아이들이 올 확률이 높지는 않지만, 그는 아이들이 가능하다면 정규과정의 7학년까지는 마친 후에 이 학교에 오도록 권고한다. 이 학교는 ‘직업’ 계획에 따라 운영되고 있는데, 패턴제작, 가구세공, 목수 일, 기계공작업 등을 교육하고 있다. 즉, 선반을 완성하기 위해서 주축을 세우는 것처럼 구체적인 일감을 아이에게 배정하면, 이 일을 맡은 아이가 직접 설계하고, 구체적인 사양을 정리하고, 필요한 자재와 도구를 주문하여, 일을 완료하기까지 전체 과정에 소요되는 예산을 산정한 후에 실제로 주축을 제작한다. 그런 다음에 자신이 작업에 실제로 사용한 비용을 합산하여 최초의 예상치와 비교해본다. 이렇게 맡은 임무마다 전체 공정과 점검을 끝낸 후에야 새로운 과제로 옮겨갈 수 있다.

"처음에 우리는 '반나절 작업장 계획'으로 운영했어요."

맥너리 선생이 설명한다.

"그러나 그 일정한 계획표를 따르면 아이들이 너무 방해를 받는 겁니다. 결국 잘 되지 않았지요. 그래서 아이들이 각자 필요에 따라 스스로 판단하고 시간을 나누어 활용하게 했죠. 아이가 설계하고 예산을 기획할 일이 있으면 그렇게 하고, 실제로 선반제작을 할 때가 되면 자발적으로 그 일로 넘어가는 거죠. 물론 이렇게 하면 학교의 일률적인 시스템은 깨질 수밖에 없습니다. 하지만 아이들 개개인에게는 최선의 방안입니다."

일주일에 하루씩 모든 남학생들과 교사들이 모여 그들이 진행 중인 작업에 관한 회의를 열고 서로에게 조언을 한다.

맥너리 씨의 학교에 오는 남자아이들은 아마도 14세에 정규학교를 그만 둘 이이들이디. 많은 남지사이들이 전통저인 하업에 자절은 겪고 이곳으로 오지만, 이 '학업 부적응 학생' 가운데 상당수의 아이들이 새로운 학교에서는 감탄할 정도로 성공을 거둔다. 이렇게 공장작업 훈련을 하는 2년 동안에, 아이들은 장차 직업에서 중요한 역할을 할 수 있는 교육을 받는 것이다. 한 감독관의 평가를 빌리자면, "직업 훈련의 측면에서 볼 때, 아이들이 그 학교에 다니는 2년이 다른 어떤 작업장에서 보내는 3년보다 더 가치 있다."는 것이다.

이상은 학교와 공장을 직결하여, 활용 가능한 기술을 훈련시키고, 소년들이 세상에 뛰어들 수 있도록 하기 위해서 여러 도시들이 시도 중인 수많은 사례들 중 일부를 소개해 보았다.

학습을 위한 절반의 기회

학교가 도움이 될 만한 다른 방안들도 있다. 그 한 예로 숙제가 있다. 숙제를 위한 숙제를 없앤다면, 아이들에게 읽고 공부할 절반의 기회를 줄 수도 있을 것이다.

어느 날, 지저분한 뒷골목을 지나다가 후미진 곳에 있는 한 가정의 창 안을 우연히 들여다보게 되었다. 집 앞에는 식료품 가게가 있었다. 우연히 들여다 본 방은 평범한 거실이었는데, 한쪽에는 조리용 난로가, 바닥에는 어린 아이들과 버려진 쓰레기가 함께 어지러이 뒹굴고 있었다. 그리고 창문 바로 아래에는 한 소녀가 저녁이 차려진 식탁 위에 책을 펴놓고 숙제인 듯한 곱셈 문제를 풀고 있었다. 한편 그 집과 멀지 않은 곳에서는 한 가족이 방이 세 개인 집에서 연료비 걱정을 하지 않고 살고 있다. 이 형편이 넉넉한 가정의 아이는 조용한 방에서 문제에 몰두하고 있으며, 거의 어려움 없이 숙제를 해결하고 있다.

동네마다 아이들이 찾아갈 수 있는 밝고, 환기가 잘 되며, 조용한 장소는 단 한 곳, 학교 뿐이다. 그런데 왜 그 학교는 아이들을 위해 문을 열어 두지 않는 것인가?

"정말, 학교를 개방하지 못하는 이유가 뭘까?"

뉴저지 뉴어크의 학교 관계자들이 자문해 보았다. 그리고 그들이 얻은 해답을 행동으로 옮기는 조치를 취하였다. 도시의 밀집지역 내에 위치한 학교들을 일주일에 4일간 7시에서 9시까지 개방했다.

이 저녁 학습반에는 관리감독을 하는 지도교사가 상주하고 있으며 아이라면 누구라도 올 수 있게 하였다. 시립도서관은 소장 중인 책을 한 번에 40권씩 두 달간 빌려주며 협조해주었다. 매일 저녁마다 아이들이 참고서나 도서관 책을 들고 이 저녁 학습반으로 모여들어 각자의 집에서는 할 수 없는 일들을 하였다. 학교에 달리 어떤 존립 목적이 필요한가?

여름에 찾아오는 사탄 좌절시키기

저녁에 학습교실을 운영하는 것과 동일한 효과를 거두었던 다른 프로젝트가 바로 여름에 학교를 개방한 것이었다. 농부들은 추수의 수확을 하는 동안에 자녀들의 일손이 필요했다. 그러나 도시의 거리에서까지 아이들을 필요로 하는 것은 아니었으며, 그것은 연중 어느 때이거나 마찬가지였다. 나태하게 지내며 지나친 장난을 일삼다 보면 길거리의 아이들과 어울리게 되고 청소년 범죄에 빠지게 될 위험성은 더 커졌다. 상황이 이럴진대 왜 여름방학동안 학교는 방관만 하고 있는가, 왜?

여름학교 형식이 그 해결책이 될 수 있다. 대부분의 경우에 여름학교 프로그램은 아이들의 흥미를 유도할 수 있도록 계획된다. 따라서 놀이, 이야기, 정원 가꾸기, 다양한 공작활동, 견학, 그리고 이와 유사한 활동에 의존하여 아이들의 지속적인 관심을 끌어낸다.

인디애나폴리스, 우스터, 개리와 같은 몇몇 도시에서는 아이들이 학업을 보충하거나 특별히 관심 있는 분야의 공부를 할 수 있는 여름학교를 확립하였다.

여름 학교는 아이들이 부족한 학습을 보완하여 돌아오는 정규 학기에는 정상적으로 수업에 참여할 수 있도록 기회를 주는 방안으로서, 그리고, 일반적으로는 도시 아이들이 여름 방학을 유용하게 보내도록 하는 수단으로서 자리매김 하였다.

뉴어크는 기존의 교육현장보다 더욱 급진적인 시도를 주저하지 않았는데, 일부 학교를 1년 내내 쉬지 않고 운영한 것이었다. 이민자 주거지역에 위치한 학교의 교장인 에드가 피트킨이 이 생각을 가장 먼저 실천했다. 6월, 정규 학기가 끝나는 주에, 피트킨 교장은 돌아오는 월요일부터 학교가 다시 시작된다고 학교 전체에 알렸다. 그리고 그 월요일이 되었다. 걱정스럽게 출근하던 그는 학교 주변이 유독 한적한 것 같다 생각했다. 학교에 아무도 안 나왔으면 어쩌지! 그렇지만 종이 울리자 재학생 2천 명 중 70퍼센트가 넘는 아이들이 제자리에 있었다. 그 여름의 출석률은 92퍼센트나 되었고 승급자는 95퍼센트에 달했다.

여름 3개월 동안에는 정확히 두 과목만 가르쳤다.

"자 보세요, 총명하고 의욕에 찬 아이들이 모두 학교로 다시 나와서 보람찬 여름을 보냈어요. 아이들이 자발적으로 참여한 만큼 결과가 좋을 수밖에요. 출석을 관리 감독하지 않았지만 아이들은 결석하지 않았습니다. 또한 매우 질서 정연했어요. 아주 더운 날에는 교실의 유리창을 모두 열어 젖혔고 심지어 2층에는 4개의 강의실이 붙어 있는데도 어떤 잡음도 없이 모두들 부지런히 공부했습니다."

피트킨 교장이 말했다. 이 학교는 연간 단위로 일정을 운영했다. 만약에 아이들이 1년에 세 학기가 아니라 네 학기를 완료한다면, 그 아이들은 1학년에서 8학년까지 걸리는 시간을 3분의 1만큼 단축할 수 있게 되고, 그렇게 되면 그들에게도 학교에게도 이득이 된다. 그런데 이것은 12개월 동안 쉼 없이 학업을 모두 소화할 수 있는 아이들에게 해당될 수 있는 기회이므로, 학습 진행속도가 상대적으로 조금 더 느린 아이들은 페이스를 더욱 완만하게 조절할 필요가 있다.

아이들은 전인全人

학교가 전인 교육을 목표로 하기까지는 갈 길이 멀다. 그렇지만 인디애나 주 개리에서 이러한 시도가 이루어지고 있다. 그곳에서는 미국 어느 지역보다 더욱 꾸준하게 학교 당국이 전인교육을 위해 힘쓰고 있다. 공작수업과 가정관리학을 개설하고 있는 학교, 학교 정원과 운동장을 갖춘 학교, 또한 공원과 광장에서 자연학습을 진행하는 학교는 많지만, 내가 방문한 그 어떤 곳에서도 이곳만큼 정신과 신체, 손과 머리, 그리고 일과 오락을 하나의 완전한 시스템에 통합하기 위해서 의식적으로 노력하는 학교를 발견하지 못했다.

믿지 못할 수도 있겠지만, 먼저 식물학과 체육처럼 특수한 분야를 지도하는 전문가를 영입하자 성과가 나타났다. 이어서 학년제를 없애고 모든 아이들이 각자가 공부하는 과목에서 준비가 되면 승급하게 했다. 셋째, 학교를 아침, 오후, 그리고 저녁 사실상 1년 내내 개방했다. 마지막으로 아이들 각자가 흥미를 느낄 수 있는 학습과정을 전개했다. 이렇게 하여 그러한 결과를 이루어 냈다. 이 '흥미'라는 주제는 다른 어떤 정신보다 개리 스쿨의 교육이념을 더 잘 압축하여 보여준다. 이 시스템은 학교를 흥미진진한 곳으로 만들어서 아이들이 다른 어떤 곳보다 학교에 있는 것을 더 좋아하게하는 데 목적이 있다.

이런 것이 가능하냐고? 존 프레너의 사례를 소개해 보겠다. 존은 개리 스쿨 5학년에 재학 중인 평범한 아이이다. 존의 수업 일과는 아침 8시 30분부터 오후 4시까지 읽기, 쓰기, 지리 등의 정규강의와 놀이, 자연학습, 공작, 그리고 특별활동이 동일한 비중으로 구성되어 있다. 존의 학교 생활은 다음과 같다.

제1교시—운동장, 전문강사의 지도 아래 게임, 스포츠와 체조

제2교시—자연학습, 초등과학, 그리고 자연지리

제3,4교시—읽기, 쓰기, 철자법, 언어

점심

제5교시—운동장(제1교시와 동일)

제6교시—드로잉과 공작

제7, 8교시—역사, 정치 지리학, 산수

이 일정표에 따라 존은 운동을 하고, 두뇌와 손을 사용하였으며, 아이의 어느 한 부분도 지루해질 틈 없이 번갈아가며 활동했다.

그 다음 주에 존은 드로잉 대신 음악과 문학을 공부할 것이다. 그리고 다시 다음 주에는 공작시간 대신 놀이를 하는 프로그램이 짜여져 있다. 네 가지 특별 활동인 드로잉과 공작, 음악과 문학, 자연학습과 과학, 그리고 놀이와 게임을 규칙적으로 돌아가면서 한다. 그렇지만 날마다 이 네 가지 특별활동과 네 가지의 정규학습을 고르게 수행하도록 되어 있다.

이 일정표가 언뜻 복잡해 보일 수도 있겠지만 실제로는 매우 간단하다. 체육교사는 체육관에 상주하며 드로잉 지도교사는 항상 미술실에 있다. 정규수업에서는 학급당 40명의 아이들이 가능하지만, 과학과 공작수업을 할 때에는 이 학급을 둘로 나눈다. 강의에 따라 매 수업시간 혹은 두 시간마다 아이들이 교실을 이동한다. 이 시스템에 따르면 아이들이 날마다 각기 다른 선생님들을 찾아 옮겨 다녀야 하지만, 한편으로는 그들이 동일한 한 명의 교사와 함께 해당 과목을 12년 동안 전공하듯이 습득할 수 있다.

한편 우리의 꼬마 존은 언어에 재간이 있는 반면, 산수에는 약하다. 그래서 언어영역에서는 즉시 한 단계 승급하며, 산수는 아마 바로 아래

수업으로 배정받을 것이다. 어쩌면 존은 다른 교사의 지도아래 산수 특별학습을 하게 될 수도 있다. 이 시스템에서는 교사들이 각자의 전공에 관한한 전문가로서의 권한을 가지고 수업을 학생들에게 맞게 구성할 수 있기 때문에 이토록 유연하게 학제를 운영하는 것이 가능하다.

더욱 훌륭한 점은 만약 존이 정규수업만으로 산수를 수료하지 못한다면, 토요일, 야간, 혹은 여름의 자율학습에 참여할 수 있다. 학교는 이 아이가 모든 과목에서 학업을 지속할 수 있도록 생각해 낼 수 있는 모든 기회를 제공하며, 만약 학습에 어려움을 겪는 과목들이 있다면, 그 아이가 성공적으로 그 과정을 진행할 수 있도록 가능한 노력을 다하면서 동시에 그에게 열려있는 영역에서는 장애 없이 학업을 지속할 수 있게 한다.

개리 시 학교의 아이들은 존 프레너와 같은 한계와 가능성을 모두 가지고 있다. 하지만 개리 시의 학교들은 이러한 한계를 극복할 수 있도록 해주고 가능성을 열어준다. 존 프레너와 같은 아이가 완전한 성인으로 성장할 수 있는 곳이 세계 어느 한 곳에 존재하고 있다면 그곳은 바로 개리 스쿨이라는 사실을 믿게 하기 위해서 최선을 다한다.

승급제도의 혁신

전통 방식의 교육을 이야기할 때 자주 반복되는 불평이 경직된 승급제도에 관한 것이었다. 즉, 1년에 한 번, 자동으로 정확하게 학년 진급을 하게 되는데, 양에게는 "한 칸 더 높이", 염소에게는 "그 자리에서 1년 더!"라고 말하며 염소와 양을 분리하는 식이라면 적절한 비유가 될지 모르겠다.

양에게 이 시스템은 최소한 그 한 번은 꽤 정당했다. 그렇지만 염소에게는 비극 그 자체였다. 6개의 영역 가운데 한 과목에서만 실패한 아이는 6개 모두 성공하지 못한 아이들과 함께 1년을 되풀이해야 했다.

새로운 교육은 이러한 현실을 놓고 몇 가지 처방을 내린다. 가장 널리 알려진 방안 가운데 하나가 승급을 1년에 두 차례 실시하는 것이다. 이것만으로도 상당한 위안이 되는데, 매사추세츠 주 스프링필드에서는 각 학년을 상급반, 정규반, 실력 다지기반(학습력이 더딘 반)의 세 단계로 나누어 운영하면서 이 승급제도를 더욱 더 개선하였다. 교사는 이 각각의 수업을 구분하여 운영하며, 승급하는 때가 되면 특별한 소질을 나타낸 아이들은 다음 단계로 나아갈 수 있게 한다. 그 사이 아이들은 동일한 강의 안에서도 한 반에서 또 다른 반으로 계속해서 이동했다.

승급제도의 기계적인 특징을 덜고자 가장 일반적으로 실현 가능한 계획을 시도하고 있는 곳이 인디애나폴리스이며, 개리에서는 더욱더 열성적으로 학년제 대신 교과별 승급제를 도입하였다. 인디애나폴리스에서 6학년이 되는 아이는 8학년을 마칠 때까지 동일한 교사의 영어를 공부한다. 아이가 영어를 잘 하면 그 아이는 빨리 승급한다. 또, 영어에 약한 아이는 교사로부터 특별 지도를 받는다. 개별 과목별로 교사가 학생들의 역량을 파악하고 나면, 연속적으로 오랜 기간에 걸쳐서 그 아이들이 고유하게 필요로 하는 도움을 맞춤 제공할 수 있게 된다.

개리에서는 이 교과별 승급 개념이 학교 시스템 전반에 뿌리 내리고 있다. 한 예로, 에머슨 스쿨에서는 8학년 영어수업을 듣는 아이들이 자연학습이나 역사에서는 고등학교 과정의 강의를 수강한다. 이 교과별 교육 체계가 인디애나폴리스, 개리에서 강화되었고, 다른 많은 도시에서는 오후 교실, 주말 강의, 그리고 여름학교 등에서 운영하고 있다. 이곳에서는 아이가 어느 특정 분야에 특별히 더 관심이 있거나, 부족하다고 느껴 공부를 보강하고 싶어 한다면, 여유 시간을 활용해서 스스로 만족할 때까지 공부할 수 있다.

매사추세츠 주 피츠버그와 뉴턴, 그리고 로드아일랜드의 프로비던스에서는 아이들을 더욱 세심하게 개별화하고 있다. 영어를 잘 하지 못해서 어려움을 겪고 있는 이민자의 자녀들과 어떤 수준의 영어수업에도 잘 적응하지 못하는 아이들을 한데 모아 학년과 등급을 구분하지 않는 특별반에 배정한다. 이 학급은 학교에 입학할 당시에 영어를 하지 못했던 독일, 러시아, 그리스, 프랑스, 이탈리아, 폴란드 등지에서 온 8세에서 15세까지의 다양한 50명의 아이들로 구성되어 있다. 이 학급에서 공부하던 아이들이 어느 특정한 학급에 적합한 수준에 이르면 그들을 즉시 이동시킨다.

특수한 경우에 해당하는 아이들과 그 학습을 담당할 목적으로 각 학교마다 상주하고 있는 '시간제 교사들'이 있어 이 무학년, 무등급 학급을 지원할 수 있다. 어떤 이유에서건 특정 과목에서 학업을 계속할 수 없는 아이들은 이 교사들에게 인계된다. 그러므로 아이들 개개인의 사정에 맞는 개별적인 보살핌이 가능하다.

초등학교를 위한 주변의 모든 손길

교육현장의 이러한 진보적인 움직임은 개별적인 성공 사례들이 아니다. 그러한 움직임들은 아이들의 실생활 속의 흥미를 반영한 통합 시스템에 하나로 결합될 수 있다. 교육적인 내용을 호기심과 실제 경험을 통해서 아이들이 습득하도록 만들어 주어 기존의 일반적인 교육 과정과 새로운 방식을 서로 융합하는 것이 가능하다.

이러한 가능성을 가장 잘 보여주고 있는 곳이 인디애나폴리스의 초등학교들이다. 아주 평범한 지역구에 위치한 52번 학교의 사례를 들어보겠다. 이곳 아이들은 넘칠 만큼 부유하지도 너무 가난하지도 않은 가정에서 자라며 '보통 사람들'로 일컬어지는 대다수의 사람들과 마찬가지로 비슷한 이점과 불리한 점을 모두 지니고 있다.

1학년부터 3학년까지의 모든 아이들은 3R 학습과 더불어 매일 30분 동안 종이를 재고, 접고, 자르고, 엮는 것을 배운다. 4학년과 5학년들에게는 매주 한 시간 반 동안 간단한 엮기, 재단, 라피아야자 섬유작업, 바느질, 바구니 세공 등의 작업을 위한 시간이 구성되어 있고, 6학년에서도 비슷한 작업을 매주 4시간 반 동안 수행한다. 7학년과 8학년 아이들은 학교 시간표의 3분의 1에 해당하는 시간동안 미술작업, 제본, 도자기 작업, 담요와 깔개 짜기, 등나무의자 만들기, 요리, 바느질, 프린팅 등을 하느라 바쁘게 보낸다.

"어떻게 그렇게 할 수 있죠?"

전통적인 시스템을 옹호하는 분들이 의문을 가질 수도 있다.

"어떻게 필수과목들을 전체 수업의 3분의 2시간 동안에 다 배울 수 있나요? 이미 죽을 만큼 빡빡하지 않나요?"

그렇다, 아이들은 기존 수업을 수행하기 위해서도 매우 바쁘다. 하지만 위의 방식이 가능하다는 증거가 있다. 배운 지식을 나머지 3분의 1시간 동안 응용하는 아이들은 전체 아이들만큼 혹은 그들보다 더 월등한 학업성과를 나타낸다는 사실이다. 하지만 더 중요한 것이 있다. 그것은 이 학습과정에서는 균형 잡힌 통합교육이 가능하기 때문에 가치가 있는 것이다.

학교생활은 유기적인 하나의 장치 같은 것이다. 각각의 부문이 서로 이가 잘 물려서 작동해야 한다. 철자법 교육은 교실은 물론 인쇄하는 작업장에서 조판을 할 때에도 이루어진다. 아이들은 작문한 글을 교정 받고 수정하면서 문법 공부를 하게 된다. 미술부에서 디자인한 의상을 재봉수업 시간에 완성한다. 제도실에서는 목공일과 철 공사를 하기 위한 평면도를 마련하고, 바구니와 도자기를 디자인한다. 영어수업 시간에는 통조림을 만들거나 세공하는 일의 어려움을 글로 써서 다 같이 토론한다. 수학문제는 학교 전체의 문제이다. 6학년 아이들 각자는 지출한 내역과 영수증을 꼼꼼히 기록하여 일주일에 두 번씩 정산한다. 목공수업에 참여하는 남학생들은 자재 주문서를 작성하며, 다른 반의 아이가 필요한 계산을 마무리해서 주문서를 완성한다. 의상 제작과 요리에 필요한 재료를 구입하는 비용 또한 철저하게 계산하는데, 이것들 모두 산술문제가 된다. 고학년 남자아이들에게는 작업마다 필요한 물품의 양과 가격, 그리고 예상 소요시간이 표시되어 있는 상품견본 카드를 나누어 주고 보관하게 한다. 이것 또한 연산학습의 기초가 된다. 이들 전체 영역이 윤리학 수업에 결합되며, 이 강의에서는 산업적, 정치적, 사회적 문제들과 이 문제들이 아이들과 지역사회에 미치는 영향과 그 관계를 다룬다.

무엇보다도 아이들이 이야기하고 판단하여, 설계하고 제작하는 물건들은 가치가 있다. 7학년과 8학년에 재학 중인 여자아이들은 직접 만든 옷을 입고 뽐내며, 일부 교사들이 직접 비용을 지불하고 사먹을 수 있는 점심을 요리한다. 아이들이 만든 바구니를 집으로 가져가서 실제로 사용한다. 또한 아이들은 해마다 80여 개의 등나무 의자를 직접 짠다. 제본소에서는 잡지, 노래악보, 엄선한 문학작품을 책으로 묶는다. 남자아이들은 썰매와 손수레, 외투걸이, 우산꽂이, 테이블과 스툴을 만든다. 그들은 학교에 설치할 찬장과 선반을 제작하고 여학생들의 조각보를 걸어둘 액자를 만든다.

천 조각을 엮어서 카펫을 만들어 판매하기도 한다. 인쇄소에서는 학교에서 사용하는 모든 문구류를 찍어낸다. 또한 여학생들이 가지고 와서 가득 쌓아둔 저장 용기마다 '보존처리한 복숭아'라는 라벨을 붙여 두었는데, 이것은 남학생들이 찍은 것이다.

1912년 6월, 학교 전체에 있어서 아주 대단한 일이 일어났다. 상급반 아이들이 출판에 대해서 연구하면서 제본소를 견학하여 책을 제본하고 글자를 찍어내는 모습을 직접 관찰하였다. 그러고는 그들이 배운 것을 복습하는 의미에서 직접 작성하고 엮어서 다음과 같은 제목의 책을 찍어냈다.

책에 관한 책

8학년 A반 지음

6월

28쪽 분량의 이 책은 표지가 세련되게 장식되어 있으며 아이들이 재미를 위해서 할애한 세 개의 하프톤 컷이 들어가 있다. 헤이즐 앨머의 《책의 역사》, 아델 와이즈의 《책의 인쇄》, 그리고 루스 킹글맨의 《제본의 기술》, 이 세 수필과 졸업식 프로그램, 시와 격언 모음도 실려 있다.

나아가 아이들은 견학했던 제본소를 운영하는 찰스 북월터를 졸업식 연사로 초청하였다. 그는 기꺼이 참석하여 인상적인 연설을 하였으나 14살 아이들이 이루어 놓은 성과물을 보고 크게 놀라워했다.

각 학년에는 특별학습 과목이 있다. 올해 8학년 A반 남학생들은 격언을 공부하고 있으며, 8학년 B반 남학생들은 제재목을, 8학년 A반 여학생들은 모직물과 견직물을 조사하고 있고, 8학년 B반 여학생들은 목화와 아마섬유에 대해서 공부 중이다. 이 '학습'은 매우 큰 의미를 지닌다. 이 아이들은 각각 자신들의 주제를 놓고 토론하고, 그 주제에 관한 보고서를 작성하고, 책을 읽으며, 이와 관련한 문제를 해결할 뿐만 아니라, 공장을 견학하여 처음부터 마지막까지의 전 과정을 학습한다.

핀과 관련한 문제가 떠오르자, 지도교사는 핀 제조에 대한 안내 책자가 있으면 좋겠다고 생각했다. 그래서 아이들에게 핀 제조업자한테 직접 편지를 써 볼 것을 제안했다. 다음은 아이들이 작성한 것들 중에서 선택하여 실제로 발송한 편지이다.

수신: 아메리칸 핀 컴퍼니

참조: 워터버리, 코네티컷

친애하는 사장님, 귀하께서 친절하게도 저희에게 보내주신 제품의 팸플릿을 보자마자 이 편지를 쓰기로 결심하였습니다. 다름이 아니라 핀의 제조에 대해 설명되어 있는 팸플릿을 저희에게 보내주시면 매우 감사하겠습니다.

저희는 모두 8학년으로 1월이 되면 세상으로 나가게 됩니다. 그렇다면 귀사의 핀 제조공정 전체가 세계로 뻗어 나가게 될 것입니다.

우리들은 핀을 만드는 것에 관해서 더 많이 알고자하는 열의로 가득하며, 귀사의 제조공정에 매우 관심이 있습니다.

인디애나폴리스, 인디애나, 1912년 10월 11일

52번 학교 대표

루스 해리슨 올림

아메리칸 핀 컴퍼니에서 요청받은 팸플릿 20세트를 즉시 보냈다는 말을 굳이 할 필요가 있을까?

정규학급 교사들이 생각과 행동이 병행하는 이 학교에서 교육활동을 책임지고 있으며, 그것도 아주 잘 해내고 있다. 교사들은 제자들만큼 열의가 넘친다. 그들은 4년간 시도해본 결과 확신할 수 있었다. 학교를 방문했던 날, 나는 20명의 여학생들이 분주하게 바느질을 하고 있던 교실로 걸어 들어갔다. 완벽하게 질서 정연했고 바쁘지 않은 이는 단 한 사람도 없었다. 그런데 교사는 그 어디에서도 보이지 않았다. 잠시 뒤에 학교장이 설명했다.

"담당 교사는 지금 교무회의가 있어서 여기에 없습니다. 그 선생님은 아이들을 믿고 자리를 비우셨고, 아이들은 그들의 명예를 걸고 수업을 꾸려갑니다. 그 결과가 여기 보시는 대로입니다."

나는 내가 목격한 것에 깜짝 놀랐다. 왜 놀랐을까? 이것은 어른의 경우라고 해도 나이가 들어서 노인이 되었을 때나 겪어볼 수 있을 만큼 보기 힘든 생각과 행동을 조화롭게 하고 어떤 흥미로운 사실에 완전하게 결합하는 방법을 통해서 얻게된 전형적인 결과물이기 때문이다. 우리는 이런 학교 밖에서는 조화롭고 열정적인 인생을 잘 개척해낼 수는 없는 것인가? 우리 인간은 아직까지도 엉겅퀴에서 열매를 거두어들이지 못했다. 그러나 그토록 간절히 원했던 무화과는 무화과나무에서 몇 번이고 잡아 따내지 않았던가!

개척로에서 포장도로까지

이와 유사한 성공 사례들을 나열하자면 이 책 한권으로는 턱없이 부족할 테지만, 내가 전달하고자 하는 요점은 분명해졌다고 생각한다. 이 단순명료한 문제에 관한한 우리가 어떻게 뜻이 다를 수 있을까? 교육은 3R에서부터 시작하여 꿈꾸는 대로 조심스럽게 앞으로 나아간 몇몇 사람들이 개척한 길을 따라서 발전하고 있다. 때때로 그들은 그 발자취를 되짚어가기도 하고, 좌절하고, 그때까지 이루어 놓은 크지 않은 성과에서 손을 떼기도 했다. 그렇지만 그 새로운 길이 서서히 열렸고, 더욱 분명해졌다. 결국에는 교육과 일상생활의 직접 연결이 가능하였던 것이다.

서서히 이 진실의 빛이 사람들의 마음속에 비쳐들었다. 그들 앞에 그 길이 차츰차츰 열렸다. 사람들은 차례차례 가장 열악한 좁은 길을 잇고, 길을 바로 잡으며, 덤불을 잘라내고, 늪을 메우며 그 길을 걸어갔다. 그리고 마침내 비웃음을 사던 선구자가 탐구한 그 길을 바라보았다, 더 이상 오솔길이 아닌 넓은 포장도로를. 다른 많은 사람들은 그 길을 따라 가서 성공을 거두었다. 3R은 단지 적절한 초등 교육과정의 시작에 불과하다. 여러분들도 각자 살고 있는 지역에서 그 지역 교사들과 함께 여러분의 초등학교에 생명력을 불어넣을 수 있다. 여러분이 직접 아이들이 머리와 손을 함께 활용하도록 가르치고, 각자의 학교에 더 깊은 관심과 세상살이에 대해 너 큰 세계관을 가지는 방법을 제시할 수 있다.

5. 고등학교, 세상살이에 발맞추기

고등학교의 책임

"아이들이 고등학생 나이가 되면 중학교 과정을 마쳤는지 여부와는 무관하게 고등학교 환경에 있어야 한다."

스폴딩 박사의 주장이다.

"고등학교 교육과정이 그 아이들이 필요로 하는 교육과는 거리가 있을 수도 있다. 아니, 훨씬 더 동떨어져 있을지도 모른다. 고등학교가 오늘날의 14세와 15세 학생들의 교육적 욕구에 더 신속하게 대응할수록, 그만큼 더 빨리 지역사회에 대한 그 진정한 역할과 지위를 차지할 수 있게 될 것이다."

매사추세츠 주 뉴턴의 학교 시스템을 책임지는 직책을 맡을 정도의 명망을 쌓아온 사람이 주장한 것처럼, 이러한 목소리는 가장 진보적인 미국 고등학교들의 태도를 시사하고 있다.

고등학교는 대학에 대비한 훈련장이 아니며 고전적 학습의 창고도 아니다. 고등교육 기관일지라도 초등학교와 전혀 다르지 않다. 이것은 6기통 자동차와 4기통 차량의 차이 정도이다. 물론 고등학교 학습내용이 훨씬 더 복잡하지만, 초등학교가 그렇듯 고등학교 역시 근본적으로는 아이들이 유익하고 효율적인 인생을 살아갈 수 있게 하기 위한 유일한 목적을 위해 존재한다.

가능성 실험하기

아이들이 7학년이나 8학년 즈음이면 한 과목 혹은 여러 과목에서 실패를 경험했을 확률이 높다. 또래보다 나이가 많거나 잘 어울리지 못하고 겉도는 아이들은 흥미를 잃고 낙담하다가 14살이 되면 학교를 그만두고 일터로 나가거나 아무것도 하지 않고 빈둥거리기에 이른다. 다른 도시들에서와 같이 뉴턴에도 그러한 아이들이 상당히 많았는데, 스폴딩 박사가 그 아이들을 고등학교에 들이기로 마음먹었다. 그는 생각했다.

"거기에서는 아이들이 또래들과 어울려 있으면서, 새로운 분야를 접하고 참 재미를 찾을 수 있을 것이다."

물론, "그 아이들이 이미 초등학교, 중학교에서 그랬듯이 고등학교 학습과정에서도 낙제할 것이다."라는 회의론자도 많았다.

그렇지만 조용하고 온화하게 미소 짓는 스폴딩 박사는 그의 소신대로 시험에 들어갔다. 그는 뉴턴 스쿨의 7, 8학년 아이들 가운데에서 곧 15세 이상이 될 아이들을 선발하였다. 전체 70명 중에서 여자아이들이 40명, 남자아이들은 30명이었으며, 이들은 입학시험도 없이 모두 고등학교로 진학했다. 스폴딩 박사는 열변을 이어갔다.

"이 청소년들은 1년 또는 기껏해야 2년 뒤에는 영원히 학교를 떠날 아이들이었습니다. 그래서 나는 최소한 그 기간 동안만이라도 이 아이들이 고등학교를 경험해 보아야 한다고 판단했습니다. 그 아이들이 수공작업은 정규 고등학교 교사들과 함께, 그리고 공부를 할 때에는 3명의 유능한 초등학교 교사들에게 맡겨서 아이들이 잘 해나갈 수 있도록 보살피게 했습니다. 제가 그 초등학교 교사들에게 이렇게 당부했지요.

'이 아이들 대부분은 학교생활 내내 실패를 반복해서 습관적으로 실패에 익숙해졌습니다. 우리가 이들을 우리 학교에서 내보내어 인생에서 비슷한 실패를 반복하기를 바라지 않는다면, 우리는 아이들이 성공할 수 있도록 가르쳐야 합니다. 모든 아이들을 각각 장점과 적성을 중심으로 파악하여, 그 아이들이 해낼 수 있는 과제를 주고 성취감을 맛보게 해줍시다.'

우리는 아이들이 주당 20시간의 기술훈련(제도, 설계, 공장 일, 요리, 바느질)과 10시간의 학업(영어, 수학, 윤리, 그리고 위생학)을 병행하게 하였습니다. 작업장 운영에 드는 비용, 재료의 구매, 그리고 간단한 회계를 해야 하기 때문에 저절로 수학공부가 되지요. 그러한 것들이 아마도 아이들의 세상살이에서 가장 필요한 기술일 겁니다. 남학생들이 윤리학에 깊이 빠져들면 우리는 아이들이 원하는 만큼 빠르게 그리고 더 심오하게 탐구할 수 있도록 하였습니다. 여자아이들과는 위생학, 의상 그리고 아이들이 관심을 기울이는 다른 여러 분야에 대해서 토론하였습니다.

그 아이들은 입학 당시만 해도 잠시도 가만히 있지 못하고 행동이 거칠었습니다. 여자아이들은 저속하게 차려입고 값싼 장신구로 한껏 멋을 부렸지요. 그러나 크리스마스 즈음에 이 학생들은 어느 모로 보나 다른 고등학교의 학생들과 조금도 다르지 않았습니다. 아이들 모두 정갈하게 머리를 빗어 정리하고 다녔어요. 남자아이들은 더욱 깔끔해졌고 여자아이들도 제대로 갖추어 입었습니다.”

70명의 아이들 대부분이 1년을 채웠다. 여학생 40명 중에서 27명, 남학생 30명 중에서 17명이 다음 가을학기에 정규 고등학교로 진학하였다. 즉, 이 44명의 아이들은 정규학교의 8학년 학생들이 완수하는 학업의 5분의 2만큼만 공부하고도 이전에 7학년 혹은 8학년에 함께 다녔던 친구들과 경쟁할 수 있게 되었다.

버려지다시피 했던 이 아이들이 1년간의 특별한 보살핌을 받은 후에 정규 고등학교 입학생으로서 학업을 제대로 수행할 수 있었을까? 첫 번째 분기가 지난 후 조사해보니 고등학교 전체 학생 800명 가운데 54퍼센트의 학생들이 1인낭 한 교과목에서 낙제하였다 그렇지만 이 특별학교에서 진학한 27명의 여학생들 중에서는 17퍼센트, 그리고 전체의 3분의 1만큼의 아이들이 낙제한 기록이 있었다. 한편 남자아이들은 훨씬 더 훌륭한 성과를 보였다. 전체 17명 중에서 단 한 사람만이 단 한 과목에서만 낙제하였다.

성공하는 습관

스폴딩 박사의 결론은 다음과 같았다.

"우리는 아이들에게 그들이 좋아하고, 할 수 있는 것을 주었을 뿐입니다. 아이들이 몇 차례 성공하였고, 성공하는 습관을 익혔으며, 학교를 좋아하는 법을 알게 되었고, 정규 고등학교에 진학하여, 마침내 그곳에서도 성공을 거두었습니다."

새로운 시도가 효과를 거두는 방식을 설명하기 위해서 제임스 롤리의 경우를 예로 들어보고자 한다. 제임스는 심각한 곤경에 처해 있었다. 법원이 몇 번이나 그 아이의 무단결석과 비행을 눈감아 주었지만, 제임스는 번번이 그 기회를 날려버렸다. 그리하여 마침내 그를 철저하게 관리해주는 주립 교정학교에 들어가야만 했다.

"제임스를 위해서는 이렇게 하는 것이 장기적으로 봤을 때 최선입니다."

판사는 덧붙였다.

"이 아이가 거친 생활을 계속할수록 지역사회에서 그의 자리를 조금씩 잃게 됩니다. 이것이 제임스의 마지막 기회입니다."

그렇지만 한 가닥 희망이 있었다. 제임스가 살고 있는 보스턴 인근에 뉴턴 기술고등학교가 있었다. 이것을 생각해낸 제임스의 보호감찰관이 판사에게 제안하여 그에게 한 번 더 기회를 주기로 하였다. 이번에는 뉴턴 기술고등학교에서였다. 판사 역시 주도적으로 그 제안에 동의하며 음울한 8학년 낙오자였던 제임스가 뉴턴 기술고등학교의 특별

전학생반으로 들어갔다.

제임스에 대한 이야기를 조금 하자면, 그 아이의 인생은 시작부터 좋지 않았다. 제임스의 어머니는 그가 어렸을 때 돌아가셨고, 무관심하기 짝이 없는 아버지는 어린 제임스를 고모에게 맡겨버렸다. 고모는 제임스가 하고 싶은 대로 하게 두어서 그를 버릇없게 만들었고, 그런 후에는 너무 모순되게도 그가 버릇이 없어서 미워했다. 제임스는 이렇게 마음이 편치도 않고 뜻이 맞지도 않는 환경에서 자랐기 때문에 완전히 통제 불가능한 아이가 되어 버렸다. 그는 극도로 무례하였으며, 거칠고, 다루기 힘들었다.

제임스와 함께 생활하던 기숙사 사람들도 그의 끊임없는 무단결석에 질려버렸고, 급기야 그는 보스턴 인근의 농장으로 보내졌다. 그곳에서도 아이는 불만에 가득 차서 반항하였다. 제임스는 보스턴으로 도망치기 일쑤였다. 그는 멈추지 않고 나쁜 상태와 더 나쁜 상태를 오갔다. 부랑자들과 어울리고 그 사람들이 말하고 행동하는 방식을 배웠으며, 헤매고 돌아다니기를 좋아하고, 규칙적인 패턴과 관리감독에 대한 혐오감을 주저 없이 표출하였다. 소년법원에서 구금을 명령받고 보스턴 외곽에 있는 한 가정으로 가게 되었지만, 제임스는 또다시 도망쳐 나와서 보스턴의 옛 친구들 무리로 돌아갔다. 이 시점에서 법원이 그를 교정학교에 보내기로 결정한 것이었다. 이번에도 마찬가지였다. 어떤 친절한 사람들이 그의 후견인을 자처하며, 뉴턴에 집을 구해주고, 뉴턴 기술고등학교의 특별 전학생반에서 새로이 인생을 시작할 수 있게 해주었던 것이다. 시험 삼아 제임스를 정규 고등학교의 신입생으로 전학시켜 보았더니, 그는 교육에 대한 관심을 갱신하였고 고등학교에서 자신의 길을 개척해 나갈 가능성을 보였다.

제임스는 뉴턴 기술고등학교에서 매우 잘 적응하고 있다. 비록 그 아이가 정규 고등학교 학습과정 전체를 좋아하는 것은 아니지만, 그는 교과 과정 전체를 소화하고 있으며 수업에 끝까지 최선을 다하고 있다. 이전에는 학교가 제임스의 흥미를 조금도 끌지 못했지만—오히려 제임스는 학교를 지독하게도 싫어했다—뉴턴의 학교는 그에게 다양한 과목을 접하게 해 그가 흥미로운 점을 발견할 수 있도록 해주었다. 그 이후로 제임스는 그 과목들을 계속해서 공부하였다.

여전히 많은 도시의 모든 학교들이 제임스와 같은 아이들에게는 문을 굳게 닫고 있다. 그와 같은 아이들이 기존의 학교 시스템에는 맞지 않기 때문이다. 그러나 뉴턴 시 교육감은 학교가 그런 아이들의 교육적 필요와 요구에 부합할 수 있도록 변화해야 한다고 믿는다. 그것이 이론일 뿐이라고? 글쎄, 어느 한 관점에서는 말도 안되는 것이겠지만, 그렇다 하더라도 이것이야말로 진정한 교육의 정신이다.

상부상조의 정신

이 특별한 승급정책의 결과로 뉴턴의 초등학교, 중학교에는 동급생들보다 나이가 많은 아이들은 사실상 없다. 뉴턴 고등학교에는 소외감을 느끼는 아이들 대신, 엄밀히 말하면 준비가 되어 있는 것은 아니지만 자신들이 성장해 나갈 수 있는 새로운 기회를 찾아서 해마다 오는 60~70명의 자랑할 만한 아이들이 있다. 고등학교에 온 이후에, 전체에서 3분의 2 정도의 아이들이 이미 예전에 한차례 이상 질린 적이 있는 공부를 계속하고자 하는 충분한 의욕을 발견한다.

뉴턴 고등학교는 사회에 이행해야 할 책임감을 통감하고 아이들이 고등학교 학업을 할 수 있게 하기 위해서 온 힘을 다한다. 인쇄 교사가 스무 명 남짓한 자신의 제자들을 가리켰다.

"이 아이들 가운데 셋만이 토요일과 방과 후에 일하지 않습니다. 아이들이 일을 하지 않았다면 여기 올 수 없었습니다. 저기 힌니라는 아이는 일주일에 3일은 종일, 그리고 한 번은 반나절 동안 빵집에서 일했습니다. 그래서 우리가 오후와 토요일에 일하고 3달러를 받을 수 있는 일자리를 구해 주었습니다. 저 키가 껑충하니 큰 친구는 수업 이외의 시간을 활용해서 약국에서 일하며 받는 주급 6달러로 스스로 고등학교를 마칠 수 있게 될 것입니다."

이에 스폴딩 박사가 덧붙였다.

"우리는 아이들이 이곳으로 올 수 있도록 하기 위해서 우리의 모든 역량을 다하고자 합니다. 만약에 부모가 그렇게 할 수 없는 형편이라면, 아이늘이 학교생활에 지장을 받지 않으면서 할 수 있을 만한 일을 우리가 주선합니다."

이는 아주 추진력이 넘치는 일이다. 그렇지 않은가? 그리고 그 결과는? 지난 8년 동안 뉴턴 스쿨 재학생 중에서 14세 이상인 아이들의 수는 14세 미만의 아이들보다 세 배나 빠르게 증가하였다. 학교 당국은 뉴턴 시 학생들의 4분의 1이 고등학교에 진학한 지금도 교육계의 고속도로뿐만 아니라 샛길까지 샅샅이 뒤졌다.

초등학교와 손잡기

뉴턴에서 이룬 성과가 비공식적이라면, 캘리포니아의 버클리와 로스앤젤레스, 인디애나의 에반스빌, 오하이오의 데이턴 등 여러 진보적인 교육 거점도시에 속속 들어선 중학교 기구가 보여준 결과는 더욱 공식적으로 달성된 것이다. 이 '중학교' 조치에 따라 아이의 학교생활을 세 단계로 나누면, 1학년에서 6학년까지는 초등과정, 중학교 과정인 7학년부터 9학년, 그리고 엄밀한 의미의 고등학교 과정인 10학년부터 12학년까지이다. 틀림없이 공백이 생긴다면, 이전처럼 학교를 그만 두고 싶은 유혹이 몹시 강한 14세가 아닌, 초등학교와 고등학교 사이, 그러니까 12세와 15세에 오게 된다. 그리고 또한 중학교에서 학년제와 교과별 승급제도를 통합하였기 때문에 학년제에서 과목별 체제로 이동하는 것이 더욱 뚜렷하게 용이해졌으며, 차츰 학년제보다 과목별 체계를 선택하는 아이들이 우세하게 되었다.

하지만 많은 교육자들이 초등학교와 고등학교 사이의 모든 영역을 완전히 철폐하고 12년제의 공립학교를 설립해야 한다고 주장하고 있다. 중학교의 인기가 대단하지만, 혁신 교육가들의 훨씬 더 획기적인 프로그램에 가려져서 그 기능과 성과는 무색하게 되었다. 한편 학년이 아닌 교과목별로 승급하는 방식과 더불어 이 공립학교 계획은 기계적인 승급제도와 초등학교와 고등학교 사이의 공백을 대체하여 모든 학생들 즉, 유치원 이후부터 대학 신입생에 이르기까지 누구나 교육적인 욕구를 쉽고 자연스럽게 해소하면서 한 단계씩 학습을 이어나갈 수 있게 한다.

인디애나 주 개리의 워트 교육감은 에머슨 스쿨에 12년제 교육과정을 확립했다. 1학년부터 12학년까지 학제가 매우 잘 정리되어 있어서 절반의 교과목들을 8학년(초급중등 교과 과정의 마지막) 때 학습한다면 나머지 절반은 9학년(고등학교 1학년) 때에 수강할 수 있다. 워트 씨는 더욱 더 완벽한 화합을 유도하기 위해서 2학년 학생들의 초등학교 교실을 고등학교 졸업반 학생들의 교실 옆에 배치하였다. 강당의 한쪽은 유치원이며, 그 유치원을 똑바로 가로지르면 고등학교 기하학 수업을 하는 교실이 있다.

미시건 주 그랜드 래피즈에 1,200명의 학생들이 재학하고 있는 유니언 고등학교의 교장인 길버트는 그와 똑같은 계획을 더욱 확장한 형태로 채택하였다.

"새로 지은 이 학교는 완벽한 시설을 갖추고 있습니다. 물리, 화학, 그리고 생물학 실험실과 요리 실습실 두 개, 의상과 모자제작실, 미술부, 목공작업실, 대장간과 기계작업실, 그리고 아직 완비되지는 않았지만 올해 안에 갖추게 될 프린트작업실이 있습니다. 이 학교는 한 곳에 전 학년의 아이들을 유치하고 있기 때문에, 일반적으로는 고등학생들에게만 허용되는 기구와 시설들을 모든 아이들에게 개방하였습니다. 동시에, 우리가 갖추고 있는 이 모든 설비를 끊임없이 사용할 수 있으며 별도의 학교나 부서를 설립하는 비용은 필요치 않게 되었습니다.

그렇지만 이런 것들은 모두 표면적인 이점에 지나지 않습니다. 학생들에게 돌아가는 사실상의 혜택은 다른 중요한 측면에 있습니다. 먼저, 융통성이라고는 조금도 허용되지 않던 학년제를 폐지함으로써 모든 아이들이 각자 자신의 기질과 적성을 따를 수 있게 되었습니다. 청소년기에 접어들어 기존의 관심사들이 뒤로 밀려나게 될 때, 아이들을 계속해서 학교에 붙들어 두고 싶다면 새로운 방안을 마련하여야 합니다. 우리는 12세나 13세인 7학년 학생들에게 교과목별 수업을 도입함으로써 새로운 자극을 주고 있습니다. 그리고 아이가 어떠한 영역이라도 특별히 선호하는 분야가 있다면, 그 아이는 그것을 계속 탐구해 나갈 수 있습니다. 7학년 이상부터는 학년제가 아니라 완전히 교과제로만 승급하게 됩니다. 학생이 예술을 선택한다면, 다음 6년 동안에 예술 학습을 계속할 수 있습니다. 공장작업을 원하거나 가정관리 혹은 모자 제작을 선택하는 경우에도 마찬가지입니다. 우리는 학교가 학생들의 요구에 더욱 더 발 빠르게 대응할 수 있도록 하기 위해서, 아이들이 8학년이 되면 고등학교에서 학업을 지속하기를 원하는 학생들과 기술 관련 학습을 하고자 하는 학생들을 나누어 분과를 개설합니다. 그리고 기술훈련을 원하는 아이들은 매주 2회씩 추가로 재봉이나 공장작업을 합니다.

다시 말씀드리지만 이 학군에 속한 아이들이라면 규정 연령이 넘거나 너무 몸집이 크거나 상관없이 누구라도 이 학교에 올 수 있습니다.

그리고 그 아이들을 학년 구분이 없는 학급에 배치하여 자기 일을 하게 해줍니다. 여기 문법을 통과하지 못한 남학생이 있습니다. 그렇다고 해서 그것이 그 아이가 보석 디자인을 해서는 안 되는 이유가 될 수는 없습니다. 그래서 우리는 그 아이를 4학년 수준의 언어수업과 10학년에 준하는 보석 디자인 반에 배정하였습니다. 그 아이는 잘 하고 있습니다. 세공에 뛰어나며 언어영역에서도 차츰 다른 친구들을 따라잡고 있습니다. 우리는 이런 방식으로 우리의 12년제 학교를 이곳에 오려는 모든 학생들의 요구에 맞추어 가고 있습니다."

길버트는 자신 있게 덧붙였다.

"우리 학교는 아이들이 12년 동안에 자연스럽게 교육적 발전을 이루도록 돕고 있습니다. 브레이크는 어디에도 있지 않습니다. 8학년에서 9학년으로 올라가는 과정을 어렵게 두지 않고, 그 두 학년의 관계를 매우 유기적으로 만들어서 학생들이 학년의 전환을 거의 느끼지 못하게 합니다. 그 결과요? 지난 6월에 우리 학교의 8학년에 모두 152명의 학생들이 있었어요. 그 아이들 가운데 4분의 3 이상인 118명이 이번 가을 학기에 9학년이 됩니다. 또한 나머지 아이들이 8학년을 끝으로 학교를 그만두게 하지도 않습니다. 아이들은 계속해서 우리와 함께 할 것입니다."

'단체활동'의 중단

초등학교에서 고등학교로 이어지는 어둡고 좁은 통로가 확대되고, 밝아지고, 포장되어, 표지판이 설치되고 있다. 일부 학교 시스템에서는 그 좁은 길이 전부 사라졌고, 8학년에서 고등학교 1학년으로 진학하는 것을 7학년에서 8학년이 되는 것만큼 쉽게 하였다. 그렇지만 아이들이 고등학교에 진학한 이후부터가 시작이다. 우선 아이들을 개별화해야 하며, 다음으로 사회화시키고, 마지막으로 교육시켜야 한다.

윌리엄 맥앤드류가 4천 명의 워싱턴 어빙 학생들에 관해서 이야기하면서 불만을 토로했다.

여자아이들과 관련해서 어려운 점은 아이들이 항상 집단적으로 행동하도록 훈련되었다는 겁니다. 학급 전체가 합창하는 노랫소리는 매우 아름답습니다. 그러나 한 아이를 지명해서 혼자 부르게 하면 한 음 한 음 두려워하며 제대로 소리조차 내지 못합니다. 이 아이들은 단체로 반응하고 단체로 사고하도록 훈련되었습니다.

제가 "안녕하세요, 숙녀 여러분." 하고 인사하며 신입생 수업에 들어갑니다.

"안녕하세요."

아이들이 한 목소리로 인사하죠.

"만나서 반갑습니다, 여러분."

"네, 선생님."

마찬가지로 합창을 합니다.

"내가 교수형에 처해졌으면 좋으시겠죠?"

예의 네, 선생님이라고 말하죠.

"아, 아뇨, 선생님."

생각이라는 걸 하기 시작한 한 소녀가 외칩니다. 이러면 그 아이의 생각
이 다시 학급 전체를 뒤덮어서 또다시 합창이 이어지죠.

"아뇨, 선생님, 아뇨."

그런 식입니다. 영리한 한 아이가 교사로부터 신호를 받으면 학급 전체
는 그 아이에게서 신호를 받지요. 이 아이들이 스스로 생각하고 행동하도록
교육해야 합니다.

초등학교에 다니는 아이들에게 관심이 있는 사람이라면 누구나 워
싱턴 어빙 스쿨(뉴욕)을 방문하여 진심으로 놀라운 맥앤드류식 개별화
를 확인해보아야 한다. 먼저, 사무실에 들어서면 모두들 방문객을 진
심으로 환영한다. 이제 학교를 돌아보고 싶은가? 아무렴, 좋고말고! 그
런데 어느 교사도 방문객을 수행하지 않는다. 대신에 심부름하는 직원
이 접대 담당자를 찾아 나간다. 정식으로 소개를 마친 두 여학생이 방
문객의 시찰을 돕는다. 만약 방문객이 운이 좋게도 아침 9시경에 강당
중 한 곳을 둘러보는 중이라면, 3,4백 명의 여자아이들이 모여 있는 것
을 보게 될 것이다. 그 아이들은 매일 아침 45분 동안 즐거운 시간을
가진다. 이 '즐거운 시간을 가진다'라는 표현은 매우 심사숙고한 끝에
사용한 것이다. 왜냐하면 일반적인 단체활동과는 달리 이것은 전적으
로 그곳에 모인 여학생들의 몫이기 때문이다.

매일 아침마다 매번 다른 의장과 총무를 선발하기 때문에, 1년의 학

기가 지나면 모든 아이들이 골고루 한 번씩은 그 일을 맡게 된다. 의장이 아이들을 불러 한 데 모으고 당일의 두 비평가를 정하고 나면 자신이 고른 성경 말씀을 읽는다. 그리고 난 다음에 경례할 한 친구를 지명한다. 그러고 나서 전날의 회의록을 읽고, 토론하고, 결론을 도출한다. 15분간 노래를—〈파우스트〉부터 〈삼류 신문〉까지 통틀어 모든 노래—부른 후에 의장이 두 비평가를 청해 그 날 회의에서 자신들이 해야 할 주제를 놓고 연구분석을 한다. 그리고 특별한 이벤트가 차례로 이어진다. 12월의 어느 한 월요일에 생물학과장인 세이지 선생님이 학교 안의 새 건물에서 생물학 실험실이 어떠한지를 설명하였다. 그녀가 말을 마치자 의장이 일어났다.

"세이지 선생님이 말씀하신 주요 내용을 누가 몇 마디로 요약해서 말해볼 수 있나요?"

소녀 3명이 즉시 일어나서 알아듣기 쉽고 아주 침착하게 내용을 분석하여 말하였다. 방문객이 연단으로 안내되어 의장에게 소개되고 상석에 앉고 나면, 의장이 학생들을 향해 알린다.

"여러분, 오늘 아침 우리 학교를 찾아오신 방문객을 소개하고자 합니다."

그와 동시에 전체 학생들이 일어나 쾌활하게 한 목소리로 인사한다.

"안녕하세요, 저희는 워싱턴 어빙 고등학교 재학생들입니다. 뵙게 되어 반갑습니다."

모든 절차를 끝내고 의장이 휴회를 선언하면, 방문객은 신입생, 2학년, 3학년, 졸업반의 소녀들이 스스로 책임지고 45분의 시간을 즐겁게 보냈으며, 놀랍도록 효과적으로 해냈다는 것에 흠칫 놀라며 둘러보게 될 것이다. 이어서 시찰을 계속하면, 학교 어느 곳에서나 개별화의 과정을 발견할 수 있다. 여기 한 교실에서는 한 아이가 앞에 나와 매 수업에 앞서 하는 미용체조를 지휘한다. 저쪽에서 어느 아이는 교실의 맨 앞에 서서 합창을 지휘하거나 기하학 문제를 내고 있다.

맥앤드류 씨는 "네, 고통이 따랐습니다."라고 인정했다. "여러분도 아시다시피, 교사들은 포기하는 것을 혐오합니다. 그들은 교사생활 내내 말하자면 군주였습니다. 그리고 교육과 학교가 해야 할 일의 상당 부분을 이 여학생들에게 전가한다는 생각이 교사들에게는 몹시 상처가 되었습니다. 그러나 그들은 과감하게 시도했고 그것이 긍정적인 효과가 있다는 사실을 깨달았습니다."

민주주의 실험

고등학생이라면 스스로를 발견한 다음에는, 지역사회와 자신의 관계를 결정해야 한다. 맥앤드류가 W.I.(Wooden Indian, 굳어서 딱딱하고 무표정한 사람을 뜻함) 태노라고 부르는 깃을 히물어뜨리는 것과 학생들을 그들이 살고 있는 지역사회와 결부시키는 것은 별개의 문제이다. 하지만 이것 역시 가능하다. 학교는 사회이다. 어떤 의미에서는 불완전하지만, 전반적으로는 도시나 주와 유사하다. 학교의 사회적 역할에는 학교사회의 시민들에게 그 특권을 향유하고 시민으로서의 책임을 이행하는 법을 제시하는 것도 포함된다. 개리의 에머슨 스쿨과 그랜드 래피즈에 있는 유니언 고등학교는 1학년부터 고등학교 끝까지 한 학교 안에 완벽하게 구현하였다. 그리고 이 두 학교는 모든 아이들이 살아갈 복합적인 세상의 아주 작은 실제 모델이다.

특히 필라델피아에 있는 윌리엄 펜 고등학교에서 조직의 사회기능적 측면에서 매우 효과적인 성과를 이루었다. 이 학교의 루이스는 학생사무 처리를 학생 자치단체연합에 맡겼다. 이 자치회는 18명으로 구성된 운영위원회가 총괄하며, 5명의 교직원 대표는 자문의 역할만 하고 있다. 이 학생 자치회는 여학생 전체가 참여하는 노동절 행사와 같은 연례행사도 주관한다. 자치회는 행사에 대비하여 복도, 엘리베이터, 구내식당 등의 쓰임을 정하고, 클럽과 학생회에 인가를 내어주며, 학생사무 처리의 일반적인 방향을 정하는 책임을 맡고 있다.

"전혀 시간을 많이 뺏기는 일이 아니에요."

제1기 회장이었던 아이린 리트먼의 설명이다.

"우리 모두 그 일을 좋아했고 오히려 그 책임을 자랑으로 여겼어요. 한때는 선생님들에게 온전히 의존하기도 했어요. 그렇지만 지금은 모든 일들을 우리 스스로 처리합니다." 훌륭합니다, 회장님! 누가 보더라도 감탄하여 칭찬할 만한 일이다. 편지와 꽃을 받은 몸이 아픈 소녀들, 인형처럼 분장한 자치회 회원들과 즐거운 크리스마스를 보낸 아이들, 학생 자치회가 나서서 교직원들과 있었던 오해를 해결해주었다는 여학생들의 증언 등 유사한 일화들이 쏟아졌다.

다시 뉴욕으로 돌아가자. 워싱턴 어빙 고등학교의 각 학급은 한 학기에 한 번씩 다른 반을 위해서 연회를 연다. 게다가 학교 전체 차원에서 1년에 한 차례씩 파티를 열고 연극 공연도 한다. 이 연극은 아이들이 직접 희곡을 쓰고, 의상과 무대제작도 온전히 아이들 스스로 완성한다. 지난해에는 뉴욕 주지사의 부인인 딕스 여사를 위한 연회를 열어, '립 밴 윙클'이라는 연극을 올렸다. 이 공연을 위해서 1,800명의 아이들이 작업에 참여하였다. 이러한 기구와 활동을 통해서 이 고등학생들이 사회적 관계를 자각하고 사회구성원으로서의 책임을 깨닫게 된다.

고등학교에서 고전주의라는 만리장성 허물기

진보한 사회에서는 고등학교 교육을 모든 아이들의 타고난 권리로 인정한다. 이들 가운데 극소수의 아이들만이 대학진학을 준비하기 때문에 학교는 전통적인 고등학교 교육 이상의 교육과정을 제공할 수 있어야 한다. 재학생이 2천 명에 육박하여 상당히 규모 있는 학교인 웨스턴 고등학교의 교장은 아이들 몇몇이 몸을 숙여 책을 보고 있는 한 교실을 가리키며 말했다.

"저 반이 아마 우리 학교의 마지막 그리스어 반이 될 겁니다. 저 아이들은 2학년인데, 이번 가을학기에는 전체 신입생 가운데 두 사람만이 그리스어를 선택했어요. 그래서 우리는 이 강의를 폐지하기로 결정했습니다."

그리스어가 고등학교 교육과정의 기본을 이루던 때가 있었다. 바로 이 학교는 훌륭한 장비를 갖춘 실험실, 재봉실, 그리고 작업장을 내세워 아이들을 끌어 들였다. 고전이 몇몇 학생들 사이에서는 여전히 인기를 누리고 있지만, 대다수의 아이들은 진로와 직결되는 공부를 하기 위해서 학교에 다닌다. 모든 지역에서 기술고등학교 교과 과정의 가치가 급속도로 높아지고 있다. 1909년에 개교한 필라델피아의 윌리엄 펜 고등학교에는 현재 필라델피아 지역에서 고등학교에 입학하는 전체 여학생들 가운데 5분의 4 가량의 아이들이 등록하고 있다. 일부 도시에서는 기술수업과 고전과목 수업을 같은 건물에서 진행하기도 한다. 여하튼 어느 곳에서나 17~18세의 어린 학생들이 반드시 세상살이의 무대로 진입할 수 있도록 그 문을 활짝 열어두고 있다.

기술고등학교가 그 명성을 쌓은 과정이 결코 수월하지는 않았다. 로스앤젤레스 고등학교의 역사를 통틀어 매우 극적이라 할 수 있는 한 일화를 보면 신구체제의 충돌을 잘 알 수 있다. 현 로스앤젤레스 교육감인 존 프랜시스는 당시 로스앤젤레스 고등학교의 상업과 학과장이었다. 이 상업과가 성장하여, 마침내 기술고등학교로 독립할 수 있을 만큼 모든 자격을 갖추게 되었다. 그는 주위의 반대와 비웃음에도 굴하지 않고 2천여 명의 학생들을 수용할 수 있는 별도의 건물과 기숙사가 필요하다고 강력히 요구하였다. 교육 당국은 순순히 그 주장을 받아들이지 않았다.

"2천 명의 기술고등학교 학생? 로스앤젤레스가 대도시라도 된단 말인가?"

그렇지만 프랜시스는 결국 목적을 달성하였고, 2천 명이 생활하기에 충분한 시설을 갖춘 학교 건물이 건립되었다. 그리고 개교할 때가 되자 이 프로젝트를 탐탁지 않게 여겼던 사람들이 민망해할 정도로 많은 학생들—수용 가능한 인원을 뛰어 넘는—이 이 학교에 입학하기를 원하는 것으로 드러났다. 프랜시스가 지원 접수 순서대로 2천 명까지만 입학을 허가할 수 있다고 발표하자, 학교 안팎이 흥분하여 접수 전날에 이미 사람들이 줄을 서기 시작하였고, 그 줄은 하루 종일 길게 늘어나더니 밤이 오자 학교에서 도시 광장까지 뻗어 나갔다. 남녀 학생들이 그 자리에서 밤새 야영을 하며 그 기술고등학교에 다닐 기회를 가져올 다음 날 아침을 기다리고 있었다.

이만큼 극적이지는 않더라도 기술고등학교와 고등학교 내 기술 교육과정에 대한 수요는 그와 대등할 정도로 두드러졌다. 이는 기존의 고등학교가 잃은 것이 아니라, 새로운 체계의 고등학교가 기존 교육에 흥미가 많지 않으면서, 중학교를 마친 후에 공장이나 사무실로 곧바로 진출하려는 남녀 학생들 수천 명을 끌어들이고 있는 것뿐이다.

고등학교의 최신 흐름

오늘날 현대식 고등학교는 일반적인 강의실, 체육관, 수영장, 물리학, 화학 실험실은 물론이며 요리실습실, 재봉실, 모자제작실, 목공작업실, 대장간, 기계작업실, 제도실, 음악실, 미술과 공작을 위한 스튜디오, 그리고 강당을 모두 한 건물에 갖추고 있다. 이 공간들의 배치는 고등학교 구성에 대한 길버트의 계획을 반영하고 있다. 지역사회와 마찬가지로 학교 역시 각양각색의 사람들이 모여 다양한 활동을 하고 있는 집합체라는 것이다.

지금까지는 고등학교 체육교육에 대한 평가가 제대로 이루어지지 않았지만, 서서히 그 가치를 인정받고 있는 중이다. 새로운 고등학교 일수록 모두 체육관을 완비하고는 있지만, 아이들이 주당 30분에서 50분이상은 사용하지 않고 있다. 체육이 선택과목인 경우도 있다. 클리블랜드의 웨스트 기술 고등학교는 야외 농구코트, 운동장, 관중석이 딸린 실내 체육관까지 갖추고 있어서, 체육교육을 위한 효과적인 채비를 하고 있는 좋은 사례이다. 윌리엄 펜 고등학교의 윌리엄 루이스는 신체적으로 불편을 겪고 있는 학생들 모두를 주당 3번에서 5번까지 체육관으로 보내 신체활동을 하도록 하고 있다. 이상은 고등학생들이 정신과 마찬가지로 개발하고 훈련할 필요가 충분히 있는 신체를 가지고 있다는 사실을 우리가 아직 인지하지 못하고 있다는 것을 강조하기 위한 예외적인 사례들이다.

일각에서는 남녀고등학생들이 다른 소중한 물건을 다루듯이 자신들의 몸도 아끼고 보살피도록 가르치기 위한 현실적인 움직임이 일어나고 있다. 위생학은 과거의 '금지사항' 대신 '준수사항'을 나열하며 긍정적인 방향으로 교육한다. 또한 많은 학교가 건전한 성교육을 실시하기 위해서 세심한 노력을 기울이고 있다. 윌리엄 펜에서는 기존의 생물학과 개인 및 공공 위생학 수업과 더불어 가정 위생시설 관리와 우생학을 1년으로 연장한 고급과정이 프로그램에 포함되어 있다. 여성 체육교사가 담당하는 이 강의는 여자아이들이 틀림없이 직면하게 될 가정과 개인의 문제를 솔직하게 다룬다. 다른 학교들에서도 이 개척자들을 뒤따를 때가 되었다.

현대 고등학교에서의 교육과정은 광범위하다. 라틴어는 빠지지 않으며, 간혹 그리스어가 포함되기도 한다. 커리큘럼을 구성하는 문화적인 요소로서 개설된 것이 프랑스어, 독일어 그리고 스페인어, 수학, 역사, 물리학, 화학, 생물학, 그리고 윤리학이다. 그밖에 여학생들은 의상 디자인, 재봉, 모자 제작, 그리고 가정경제학을, 남학생들은 목공, 대장일, 전기, 인쇄, 그리고 주택설계 강의를 수강하고, 남녀 학생들은 다 같이 예술, 기술과 세공, 그리고 음악을 선택할 수 있다.

일부 학교에서는 뉴턴 고등학교에서와 같이 과목들을 엮어서 몇 개의 과정으로 통합 정리하여 다음과 같이 구성해 놓고 있다.

고전강의 과정

과학강의 과정

일반강의 과정

기술강의 과정

전문학교강의 과정

특별기술강의 과정

미술강의 과정

전문교과 과정

인디애나폴리스 수공예 학교와 같이 다른 학교들에서도 학생들이 교장과 협의하여 자신이 공부할 영역과 강의를 스스로 결정할 수 있게 한다. 학생들이 공부할 교과 과정을 학교가 결정하든 스스로 결정하든 상관없이 개설된 모든 과목은 대학으로, 사범학교로, 전문 기술학교로, 또는 일부 직업으로 이어진다. 진보된 고등학교들이 다 같이 절대적으로 동의하는 사안이 하나 있다. 교과 과정은 고등학교에 다니는 아이들의 교육적 요구를 충족하는 방식으로 문화교육과 기술훈련을 모두 겸비해야 한다는 것이다.

학교에서 작업장으로, 그리고 다시 학교로

직업교육의 경향은 이른바 산학협력강의 과정이라는 그 극단적인 표현에서 알 수 있다. 이것은 남녀 학생들이 시간을 나누어 학교에 다니면서 공장에도 나가는 제도이다.

제2당사자는 산업체계를 따라 일반적인 교육의 목적으로 학교위원회의 재량에 따라 해당 사업장의 시설 및 설비를 제공하는 것에 동의한다.

이 말은, 로드아일랜드 프로비던스의 제조업체들은 기술고등학교의 산학협력 강의가 자리 잡을 수 있도록 학교위원회와 협조하며, 각 업체의 기계와 공장설비를 학교 당국이 활용할 수 있도록 맡긴다는 뜻이다. 이 제도를 제조업자들의 제안을 받아들여 운영하였으며, 도입 2년 만에 모든 관계기관이 이를 인정하기에 이르렀다.

프로비던스의 실험은 신시내티와 매사추세츠 주 피츠버그에서 시도한 것과는 두 가지 측면에서 차이가 있다. 먼저, 학교 당국이 제조업자들과 계약서를 체결하였다는 것, 그리고 둘째, 학교 관계자들이 현장작업의 성격을 결정한다는 것이다. 프로비던스에서 산학협력 강의를 선택하는 남자아이는 신입생 1년이 끝나갈 무렵 작업장에서 10주를 보낸다. 그 아이는 수습교육에 합의하고 계약서에 사인한 다음에 보증금을 낸다. 아이가 정당한 사유 없이 강의과정을 그만둔다면 그 보증금은 돌려받을 수 없다. 그리고 3년간 그 아이는 작업장에서 29주, 그리고 학교에서 20주를 보내거나 작업장에서 한 주, 그리고 다음 주에는 학교에 등교하는 형식으로 번갈아 할 수도 있다. 아이들은 작업장에서 일하는 대가로 첫 해, 이듬해, 3년째 되는 해에 각각 시간당 10센트, 12센트, 14센트씩 받는다. 이 임금이 결코 많은 것은 아니지만, 고등학교에 다니는 동안 한 해에 사용되는 집안의 생활비($175~$250)를 충분히 충당할 수 있을 만큼은 된다.

현재는 62명의 프로비던스 소년들이 기계공장, 제도실, 기계장비 제작, 패턴 제작, 그리고 보석 가공공장에서 시간제로 일하고 있다. 이 제도를 탄력적으로 운영하기 위해서 학교는 16세 이상의 남학생들이 지원할 어느 직군에서나 강의를 개설하려고 한다.

시간제 강의는 기본적으로는 교육적이지만 부차적으로는 직업적이다. 그것이 현장 작업의 성격을 결정지을 수도 있기 때문에 학교는 그것의 교육적 가치를 보장하려고 한다. 다시 말해서, 학업을 학교에서 지속하는 한편, 이전까지는 교실에서 하던 기술수업을 이제는 실제 산업현장에서 실시하고 있는 것뿐이다. 전통적 체제의 도제훈련을 보강하는 수단으로 시간제 학교는 의심할 여지없이 성공적이다. 왜냐하면 그것이 고등학교 교육의 필수적인 요소 전부를 현장 수습교육에 덧붙이고 있기 때문이다.

아이들의 세상살이를 위한 맞춤형 교육

고등학교는 아이들을 교육하는 임무를 완수하지 못하고 있다. 학교는 한 발 더 나아가 '중요한 것'을 위해서 교육해야 하며, 그것을 뛰어넘어서 아이가 선택한 직업에서 스스로를 발견하도록 도와주어야 한다. 이 직업지도는 공공문제에 관한 논의에서 많은 부분을 차지하고 있는데, 직업 선택을 위한 지도, 또는, 직업상 교육이라는 의미를 포함할 수 있을 것이다. 어느 경우든 아이들이 학교를 떠나기 전에 자신들에게 적합한 일을 결정할 수 있도록 이끌어주어야 한다.

그랜드 래피즈의 센트 스쿨 교장인 제시 데이비스는 이 직업지도의 성공적인 사례를 보여주고 있다. 데이비스는 7, 8학년 수업에서 작문과 발표의 주제를 가지고 이 프로젝트의 시동을 건다. 학생들에게 독서와 토론을 하게 하는 목적은 아이들에게 직업적인 포부를 일깨우고 그들이 세상살이에 대비한 심도 있는 교육과 훈련의 가치를 이해할 수 있도록 유도하는 것이다. 데이비스, 특출한 사업가와 전문가들, 그리고 몇 년간 세상으로 나가 부대끼다가 교육을 마치기 위해서 돌아온 고등학교 남학생들의 이야기가 이 일부 학생들을 대상으로 한 실험을 보강할 수 있었다.

고등학교 영어수업의 규모는 결코 25명을 넘지 않으며, 수업이 매우 잘 정비되어 있어서 교사가 각 학생들의 역량에 대한 비교적 정확한 데이터를 얻을 수 있었다. 영어과는 이 작업을 용이하게 하기 위해서 학생들의 아이디어가 작문을 통해서 교사에게 분명하게 전달될 수 있도록 다양한 에세이 주제를 마련해 놓고 있다. '나의 세 가지 소원'을 시작으로, 학생들은 그들의 가계에 대한 이야기를 쓰고, 각자의 믿음을 설명하는 '나와 교회', '고등학교에서 내가 하고 싶은 역할', '나의 가장 친한 친구'에 대한 분석, 그리고 마지막으로 '나의 어린 시절 학교수업'을 주제로 한 에세이에는 학생들이 좋아하는 것, 그렇지 않은 것이 드러난다. 이밖에도 교사는 시력, 청력, 그리고 이와 유사한 신체적 결함에도 주목한다. 그러한 특징들 때문에 특정한 직업을 수행하지 못할 수도 있기 때문이다. 청결, 성실, 야망, 그리고 다른 자질과 특성에 대한 모든 학과의 보고서와 함께 이 자료가 사무실에 보관되어 있다.

신입생들은 두 번째 학기에 유명한 전기를 읽고 보고서를 작성하는데, 그 위인들의 자질, 그들이 발견한 기회, 그리고 그들이 받은 교육을 주로 다룬다. 수업시간에 교사와 친구들 앞에서 읽은 에세이들은 그 하나하나가 모여 인생에서 성공하기 위한 필수적인 요소들을 형성한다.

2학년 수업은 직업, 준 직업, 그리고 사업명부를 준비하는 것으로 시작하며, 이 명부를 사무실에 보관하고 있는 학생카드와 비교, 확인한다. 그리고 이어지는 수업에서는 직업적인 영역의 범위를 발견하며, 동시에 아이들이 기존에 축적하고 있던 지식을 보강한다.

학생들은 이 목록을 완성한 후에 교사에게 편지를 써서 각자가 고른 직업을 밝히고 그 선택의 근거를 설명한다. 학생들이 스스로 결정짓기를 어려워하는 경우에는 교사가 그 아이들의 재능에 가장 적합해 보이는 직업을 제안하기도 한다. 그러면 각 학생들은 직업에 대한 에세이를 준비하는데, 먼저 직업과 관련된 활동의 종류와 책임을 나열해 본다. 그러고는 그것의 사회적, 지적, 재정적 이점을, 셋째는 그에 상응하는 문제점을, 넷째는 해당 직업에서 성공하기 위해서 필요한 자질과 특성을, 그리고 마지막으로 그 직업을 결정한 근거를 설명한다. 그런 다음에 학생들은 교사의 조언에 따라 그가 선택한 동종 직업에서 잘 알려진 사람에게 자신이 현재 하고 있는 활동을 설명하고 조언을 구하는 등 하고 싶은 대로 글을 작성한다. 그 대상이 되는 사람들은 변호사일 수도 있고, 광산 엔지니어, 의사, 도급업자일 수도 있다. 각계각층의 사람들이 내어 놓는 일반적인 대답은 학생들이 자신들의 신념을 확인하거나 또는 본인의 선택이 어리석었음을 깨닫게 하는 데 큰 역할을 한다.

3학년 초에 대학을 준비하는 학생들은 자신이 관심을 가지고 있는 전공분야에서 최고의 위치에 있는 대학의 학교편람을 받아보고, 다양한 강의과정을 비교 분석하는 에세이를 쓴다. 이렇게 하여 대학을 선택하는 문제에서 객관적인 판단이 감상을 대신할 수 있게 한다. 대학을 준비하는 학생들이 대학 전공에 대해서 작문을 하는 동안, 고등학교 졸업 이후 직업의 세계로 곧바로 나아갈 학생들은 자신들의 직업을 위해서 반드시 준비해야 할 일들, 그 세계에서 성공하기 위해 필요한 자질, 그 직업에 진입하기 위한 가장 좋은 장소와 수단에 대한 에세이를 공들여 작성한다. 고용인과 피고용인 사이의 적절한 관계에 대한 연구는 이 3학년생들의 나머지 반 학기를 위한 주제가 될 것이다.

졸업반 학생들은 처음 반 학기 동안에는 시민과 그 도시간의 관계를 다루고, 다음 반 학기 동안에 시민과 주 정부 사이의 관계를 다룬다. 그러므로 이 교육과정을 통해서 학생들은 인생의 비교적 좁은 면에서 보다 더 넓은 양상으로 나아갈 수 있다.

수업의 효율성은 고등학교 남학생들의 기구인 JAC(Junior Association of Commerce, 그랜드 래피즈 상업조합을 정확히 본뜬 조직)에 의해서 강화된다. JAC는 마지막 주 토요일 아침에 모임을 갖고, 사업상 거래를 하며, 전문가의 연설을 청해 듣고, 그 연사가 지역산업에 종사하고 있다면 이후에 그의 사업장을 방문한다. 예를 들면, 추수감사절 직전의 토요일에 무두질 공장인 밴월런 사를 경영하는 밴 월런이 아이들에게 제혁업에 대한 연설을 하였다. 그리고 그 아이들을 작업현장으로 데리고 가서 제조공정 전체를 보여주었다. 그랜드 래피즈의 사업가들은 교육계의 이 현실적인 방향 전환을 매우 환영하면서 모든 방면에서 진심으로 협조하고 있다. 여름 동안에 이 남자아이들은 그들이 선택한 직업의 현장에서 일을 하도록 강력히 권고 받고, 가장 밑바닥에서 일을 시작하며, 해당 산업과 관련하여 자신들의 신념이 옳았는지 판단한다. 그리고 공립도서관 역시 다양한 직업에 대한 책과 글을 모으고 그렇게 모은 것들을 아이들의 눈에 잘 띄도록 비치한다.

학교가 학생들에게 실제로 직업을 보장해 줌으로써 학생들이 직업을 선택하는 데 있어서 도움을 주고 지도하는 것 이상의 역할을 할 수도 있다. 매사추세츠 뉴턴 고등학교의 상업과 학과장은 모든 학생들에 대한 카드를 가지고 있다. 그 카드의 한쪽 면에는 4년간의 학업에 대한 기록이, 나머지 다른 한 면에는 졸업생들의 직업과 급여가 적혀 있다. 새로운 학생들이 배치되면, 선배들은 더 나은 기회를 얻게 된다. 졸업생들에게 승진의 기회를 주도록 하려는 의도에서 고용인들과의 인터뷰도 진행한다. 이 제도를 통해서, 그리고 이 제도를 유지하기 위해서 노동시장, 학교 졸업생들과 지속적으로 연락을 유지한다.

고등학교는 반드시 학생들을 세상살이에 대비시켜야 한다. 더불어 학교가 자체적으로 공공 직업사무소 같은 기구를 설치하여 학생들에게 직접 일자리를 찾아주고, 그들의 사회생활과 유대관계를 지속하며, 동시에 직업적인 성장을 지원해야 할 것인가 하는 문제는 아직 결정되지 않았다.

고등학교는 공복公僕이다

고등학교가 지금 같은 형태를 유지할 것인가? 그렇지는 않을 것 같다. 만약 버클리—로스앤젤레스 방안이 더 큰 지지를 얻는다면, 공립학교는 3단계를 거치게 될 것이다. 초등학교부터 중학교, 고등학교까지. 그런데 개리 방안이 채택된다면 12년제 학교 교육이 될 것이고, 낮이 지나면 밤이 이어지듯이 한 해, 한 해 교육의 연속성이 생길 것이다. 로스앤젤레스가 됐건, 개리가 됐건 간에, 한 가지는 분명한 듯하다. 고등학교가 앞으로의 인생과 밀접하다는 사실 말이다.

고등학교는 나날이 세상에 대한 영향력을 더욱 더 분명하게 확보해 가고 있다. 그것은 학생들을 불러들이면서 초등학교를 향해 접근하고 있으며, 그 아이들이 차지할 수 있을 만한 자리를 만들어가면서 세상 속으로 뻗어가고 있다. 현대의 고등학교는 대학의 부속물이기를 그만두었다. 그 대신 14세에서 19세에 이르는 남녀 아이들을 받아들여서 그들이 살아가야 하는 세상으로 연결시킨다는 측면에서, 교육적인 생애를 구성하는 특수 단위가 된다.

고등학교 학습과정의 시대는 가고 남녀 고등학생들의 시대가 뒤를 잇고 있다. 처음부터 마지막까지 교육과정이 아니라 아이들이 주된 고려사항이 되어야 마땅하다. 고등학교가 공복이 되고자 한다면, 아이들에게 필요한 것이 어떤 것이든지, 고등학생 나이의 아이들에게 세상살이의 숭고한 기술을 가르치는 책임을 가지고 그 요구를 해결해야 한다.

6. 로빌의 고등교육

로빌과 인근 지역

뉴욕 주 북서부에서 멀리 떨어진 곳, 여름 한낮에는 태양이 맹렬하게 이글거리지만, 추울 때에는 호수가 꽁꽁 얼고, 추수감사절부터 부활절까지 언덕 북쪽에 눈이 녹지 않는 곳, 그곳에 로빌이라는 인구 3천 명 정도 규모의 마을이 있다. 이곳의 안락한 가정, 벽돌가게, 가로수가 늘어선 널찍한 거리, 환한 언덕, 그리고 들떠 있는 아이들은 미시시피 동쪽 편에 있는 천여 개의 비슷한 마을들 어느 곳에서나 볼 수 있을 법한 풍경이다. 평범한 여행길에서 멀찌감치 뒤에 있지만, 마을은 전형적인 거대한 교실이다.

로빌 주변의 어느 방향으로 가도 비옥하고, 풍요로운 농업지대가 나오는데 농업의 다양한 측면에서 과학의 문제에 지적으로 눈뜬 훌륭한 농부들이 농사를 짓고 있다.

이 농부들은 과일을 재배하고, 농작물을 키우며, 가축을 사육하고, 목재로 쓸 나무를 벌목하고, 뿐만 아니라 전문적인 농부가 하는 전통적인 모든 일을 하고 있다. 이곳이나 주변에서 전원생활을 하는 아이들은 신선한 공기와 언제든 조달할 수 있는 영양가 높은 음식 덕분에 인생을 살 만한 가치가 있다고 여기며 즐겁게 살아간다.

로빌의 좋은 점을 이쯤에서 그만두고, 다른 면을 상기하는 일은 정말 슬프다. 시골생활을 가까이 접해본 사람이라면 누구나 쉽게 떠올릴 수 있는 것이 사람들의 무지, 심한 편견, 편협함, 불공정함, 그리고 비사교적인 점이다. 또한 결점과 단점을 아랑곳하지 않고 과거를 고수하려는 경향, 어떠한 미래가 희망적이라 하더라도 그 길을 향해서는 나아가려 하지 않는 점도 있다. 로빌은 매우 축복받은 곳이면서 아주 조금 그렇지 못한 면도 역시 가지고 있다. 그러나 지역 고등학교라는 수단을 통해서 축복은 늘어나고 있으며 폐해는 최소화되고 있다.

로빌 아카데미

로빌 아카데미는 공립고등학교로 전환되자 매우 유용해진 아주 오래된 사립학교이다. 브리즈는 교장직을 이어받았을 당시에 오래된 교실과 나무 계단에 대해서는 어떠한 저항감도 느끼지 않았다. 대신 그는 가장 먼저 지역사회가 요구하는 것, 그리고 학교가 그 요구를 수용하고 있는가 하는 문제에 아주 끈질기게 천착했다.

당시 재학생들 가운데 65퍼센트 정도의 아이들이 로빌 외곽지역의 농장에서 등교했다. 초기의 정착민들이 인디언들로부터 대지를 인계받으면서 풍요를 불러오는 그들의 가르침을 고맙게 여겼기 때문에, 농부의 아들들인 그 아이들은 미국 농경사회에서 전해 내려오는 모든 비과학적인 풍습을 겪으며 자랐다. 농업에 관한 수많은 시대착오적인 생각과 관습이 인디언들에게서 비롯된 것이라 여기겠지만, 달이 뜰 때 작물을 심는 것과 같은 여러 가지 불합리한 관습은 서유럽으로 그 기원을 찾아 거슬러 올라갈 수 있다.

농업에 관해서라면 더 나은 것들도 있지만 동시에 더 나쁜 것들도 많은, 전통적 구전지식으로 가득한 로빌 외곽 출신의 아이들은 이 지역 전체 고등학생들 중에서 65퍼센트에 달하고 있었다. 그들은 자라나 뉴욕의 촉망받는 농장 경영자들이 될 것이었다. 무엇보다 먼저 그 아이들은 우리 학교들이 실시하고 있는 모든 종류의 교육을 받을 필요가 있었다. 이와 함께 농업과학과 기계학에 관련된 지식을 배워야했다. 대학에 진학하려던 아이들은 가톨릭에 관련된 주제를 고급과정까지 공부해야 했는데, 그것은 도무지 이해할 수 없지만 여전히 대학교육에 필수적인 예비단계로 간주되었다. 로빌과 그 바로 가까이에 사는 대부분의 여자아이들은 곧 결혼하여 건강하고 청결한 가정을 꾸리고 싶어 하였다. 또한 가정관리와 관련해서는 확실히 가능한 교육설비가 갖추어져 있었다.

장래의 농부로서, 기술자로서, 대학생으로서, 사업가로서, 미래의 아버지로서 그리고 어머니로서, 로빌의 남녀 아이들은 학교가—고등학교뿐만 아니라 초등학교 역시—인생이 자신들 앞에 풀어놓을 일들을 성공적이면서 효과적으로 해낼 수 있도록 가르쳐주리라 기대하고 있었다.

로빌에는 지역사회의 관심과 시민의 견해가 모일 수 있는 곳이 없었다. 하지만 로빌의 거리는 학교, 나무, 집, 그리고 사업적 이해관계에 지적인 호기심으로 가득 차 있었다. 또한 인근의 농부들 사이에서는 놀랍도록 발전한 농업에 대해서 관심을 가지는 일도 많았다. 더 나아가 모든 사람들이 다른 세상에서 일어나는 정치적, 사회적인 문제에 대하여 열렬하게 이야기하였다.

학교가 로빌과 그 인근 지역민들의 호기심과 교육의 중심지가 되는 것 이상 더 자연스러운 일이 있는가? 어린 아이들과 어른들 모두 학교의 도움이 필요했다. 그러므로 로빌 지역 내 학교들은 어른이나 아이나 할 것 없이 모두의 요구에 부응하여야 한다.

학교와 기회

"보기 드문 기회였습니다."

브리즈가 사무적이고 직설적으로 말했다.

"학교는 교육적인 측면을 고려하여 재정비될 필요가 있었고 사람들도 그것을 간절하게 바라고 있었습니다. 그들은 현대식 교육기관의 혜택을 바라고 있었습니다, 그러나 어느 누구도 그것을 제공하지 않았지요. 그래서 바로 그 일을 제가 하기로 결심했습니다."

브리즈는 전통적인 강의에 가정학, 농업 관련 교과들, 그리고 기계학을 추가하여 교육과정을 구성함으로써 첫 혁신을 이루었다. 그런 다음에 어느 아이라도 그가 하고 있던 일과 교과목들이 완전히 조화를 이루도록 다양한 분야를 서로 관련지었다.

"아이들을 학교에 계속해서 나오게 하면서 실용적으로 교육할 것이라면, 교육과정을 그 아이들이 장차 해야 할 일에 딱 들어맞도록 구성해야 한다고 판단했습니다. 수업내용이 현실에 직결되어야 했습니다. 실현가능해야 했어요. 즉, 일상적인 일들에 적용할 수 있어야 했지요. 어떤 사람들은 '현실'적인 것과 '금전'적인 것을 혼동합니다. 두 단어 사이에는 어떠한 관계도 성립되지 않습니다. 현실적이라는 말은 사용 가능하다는 겁니다. 우리는 써먹을 수 있는 교육을 하기 시작했습니다."

브리즈가 설명하였다.

"그 어떤 교육도 프릴(옷이나 커튼 등의 주름장식)처럼 자체만으로는 전혀 사용할 수가 없습니다. 프릴은 외관상 보기에는 좋지만 프릴 장식을 할 옷이 생기기 전까지는 사용할 수가 없습니다. 우리 학교는 그 옷을 제공하고 있습니다. 프릴은 다른 누군가에게 맡기겠습니다."

이 신념을 가지고 학교의 응용 교육과정을 구성하였다. 나무를 연료로 쓰는 요리용 렌지처럼 마을에서 실제로 사용하고 있는 기구들, 평범한 재봉틀, 교육용 타자기, 그리고 기계공장의 아주 기본적인 부품들로 설비를 갖추었다.

"이 소년들의 가정에서 가지고 있는 공구는 몇 종류 되지 않습니다. 아이들은 농장으로 일하러 나갈 때만 그 도구들만을 사용할 수 있습니다. 사정이 이러한데, 왜 그 아이들이 농장으로 돌아갔을 때 복습해 볼 기회조차 없을 도구들을 가지고 기술을 가르쳐야 합니까?"

교육의 수단인 현장실습

그러한 철학에 따라서 남자아이들은 작업장을 마련해서, 작업대, 공구상자, 캐비닛, 톱질용 작업대를 만들고, 천장에 윗가지와 회반죽을 넣고, 간단한 도구를 설치하며, 작업장이 순조롭게 잘 돌아가도록 하면서 현장훈련을 시작했다. 그 동안에 농업반 학생들은 크림 분리기와 우유 검사기를 설치하고 실험실을 정리하였다. 그리하여 학교가 응용수업을 위한 준비를 갖추었다기보다는 작업장 설비를 완성한 학생들이 현장실습 준비를 마친 것이었다.

농업반 아이들은 모두 인근 농장에 배움 나들이를 나간다. 한 곳에서는 잘 운영되고 있는 과수원을, 다른 곳에서는 새로운 형태의 외양간이나 사일로(곡식 저장고 또는 지하 저장고)를 볼 수 있다. 그리고 또 아이들은 해당 지역을 신중하게 돌아보고, 토양 표본을 가지고 학교로 돌아가 지역의 토양을 분석한다. 과일을 가공하는 시기가 되면 학생들은 공장을 방문한다. 일부 남자아이들은 그곳에서 일주일간 정식으로 고용되어 일할 수 있는 기회를 얻기도 한다. 제철에 아이들은 나무 가지치기, 접붙이기, 눈접하기, 옮겨심기, 그리고 분무하기를 연습한다. 학교의 응용수업은 가능한 한 최대한 실생활에서 일어나고 있는 작업들과 직결시켜서 운영한다.

물리학과 화학은 모두 농업과 기계학 강의에 가장 밀접하게 관련된다. 물리학의 기초적인 교육에서부터 열과 빛의 분석, 기계학의 원리까지 여러 이론을 로빌 농부의 일상생활에서 발생 가능한 문제와 결부하여 설명한다. 수업에 열정적인 물리학 교사는 아이들이 각 가정에서 발견한 문제들을 학교에 와서 해결할 때 사용할 기계와 검사기기를 제작했다. 화학 실험실이지만 일상생활의 무대와 조금도 동떨어져 있지 않다. 이 실험실에서 토양과 비료의 화학적 성질을 분석하고, 음식과 우유를 검사하며, 농업과 가정에서 긴요한 갖가지 문제들을 해결할 수 있다.

기계설비 작업을 배우는 대부분의 남자아이들이 농장에서 일하게 될 것이기 때문에 기계학 교육과정은 농사에 밀접하게 연관되어 있다. 기계학 강의에서는 수업내용을 빠르게 짚어간다. 거의 모든 아이들이 톱, 대패, 끌, 나사송곳, 망치를 이미 수년 전부터 배워서 사용하고 있기 때문이다. 담금질, 용접, 땜질, 녹 제거 등의 대장일은 모두 실제 작업장에서 상품을 제작하기 위해서 하고 있는 작업들이다. 남학생들은 가지치기용 칼, 자와 제도판, 바늘, 못 상자, 사과상자 제작용 기계(이곳은 사과의 나라!), 시멘트 롤러, 나무망치, 물추리막대, 줄밥용 통, 가방걸이, 닭장, 가금류 판매용 상자, 망치 손잡이, 편편한 모래톱 상자 등을 만든다. 또한 아이들은 벨트 레이싱, 시멘트 작업, 그리고 강화 콘크리트 작업도 연습한다. 그리고 헛간과 교량의 모형을 제작하기 위해서 변형률, 목재비, 인건비, 바닥의 면적과 배치를 계산하기도 한다.

농업 강의는 과일재배, 축산, 곡물재배, 그리고 유사한 관련 내용을 조금 더 깊게 다룬다. 이러한 범위가 어쩔 수 없이 고등학교에 한정되어 있기는 하지만, 그것은 농장 일을 본격적으로 시작하기 전에 농업전문대학에 진학할 수 없는 아이의 지식에 매우 유용한 보탬이 된다. 농업전문가가 직접 교육하므로 이 강의들은 미래의 농부들에게 실질적으로 중요한 기능을 한다.

그렇다면 로빌에서 여자 아이들은 어떻게 하고 있을까?

진짜 생활과학

역시 전문가가 책임지고 있는 생활과학 과정에는 가정경제학, 재봉, 영양학, 그리고 요리가 포함되어 있다. 수업은 처음부터 끝까지 실용적이다. 아이들은 위생관리의 원칙과 가정생활에의 응용, 가정학과 실내장식, 조명, 난방, 그리고 환기에 대해서 배운다. 재봉수업 시간에는 간단한 단 처리, 수건과 냅킨 만들기, 그리고 이러저러한 일상석 실습을 하고 점차 내의, 드레스 짓기 등으로 난이도를 높여간다.

요리 실습실에서는 아이들이 영양가와 그 조합, 간단한 요리 만들기, 식사 준비 등을 익힌다. 로빌 아카데미에서 생활과학 과정을 마친 아이들은 가정을 꾸리고, 요리하며, 바느질을 하고, 집안을 정리하고, 기계학과 농업에서 훈련받은 그 소녀들의 남자 형제들이 하는 것만큼 시간과 재화를 효율적으로 사용할 수 있는 충분한 자질을 갖추게 된다.

비단 응용교육과정에서만이 아니라 그 외에도 상당한 도움이 미쳤다. 전통적인 학업 분야에서도 다른 교과목들의 수업내용과 직접 관련되도록 조정하였다. 특히 고등학교 전 과정에 걸쳐서 모든 학생들이 공부해야 할 필수과목인 영어수업에서 그 어울림이 주목할 만하다. 영어작문은 교내의 다른 수업들과 결부되는 협동학습의 연결 고리 역할을 한다.

농업반의 학생들이 농업활동의 다양한 면에 대한 보고서를 작성하면 그것들을 주제별로 분류하고 일정한 순서대로 정리한다. 화학보고서, 역사보고서, 모두 정식으로 영어시간의 수업자료로 활용된다.

브리즈는 물론 동료 교사들도 이러한 시스템에 따라 나타난 결과에 매우 만족하였다. 중학교 졸업반일 때 학교를 그만둔 학생들을 고등학교 프로그램으로 이끌어서 고등학교 교육과정에 '남게' 한다. 학교의 매력은 다양하다. 로빌에는 아이들이 가치 있는 무언가를 찾을 수 없는 고등학교 수업은 존재하지 않는다. 가끔 덜 똑똑하더라도 특정 분야에서 크게 성공하는 학생이 나타나기도 한다. 브리즈가 그러한 아이들 중에서 한 아이의 이야기를 들려주었다.

성공 사례

"그 아이는 그리스어에는 전혀 소질이 없었습니다. 그렇지만 농업과 기계학 수업에 관련된 분석과 보고서는 아주 훌륭했습니다. 드로잉과 스케치가 너무나 뛰어나고 작업에도 신중해서 이 응용과목들이 아이에게 얼마나 긍정적으로 작용했는지 보여주었어요. 그러나 일반 수업 시간에 아이의 재능은 전혀 나타나지 않았습니다. 전통적인 의미의 수업에는 거의 취미가 없는 그 아이는 향상된 과학적 농법의 아이디어에서 영감을 얻었고 농업, 화학, 물리학, 기계학 등 자신이 장차 농업을 이어갈 때 가장 도움이 될 만한 학문의 원리에 깊은 통찰력을 가지고 있었습니다. 소의 연령을 알아내고, 가축의 품종, 우유의 생산원가, 외양간 건축비용, 곡물, 건초, 가축 배급량, 가축의 겨울 먹이로 쓸 풀의 저장, 영양학과 같은 주제들이 모두 그 아이가 매우 깊은 관심을 가지고 있는 농장 일과 직접적으로 관련이 있을 겁니다."

교실과 현장학습에서 스스로 제외된 학생들에게 로빌 고등학교가 기여한 만큼 아이들의 신체는 더욱 강해졌으며, 그들의 정신은 더욱더 깨어나고 있었다. 또한 학교는 지역사회에도 대단히 크게 기여하였다. 학교 당국의 제안으로 농가, 주 정부, 그리고 낯낯의 기관들과 협력하여 로빌에 농업전문가를 초빙하였다. 그 전문가가 하는 일이 전국의 농촌지역으로 다니면서 농부들에게 조언을 하고, 그들이 안고 있는 문제를 논의하며, 농장을 운영하는 더 나은 방법을 제안하거나 새로운 방향으로 실험해보는 것이다. 해마다 겨울에 일주일간 지역 어른들을 위한 학교가 열린다. 이 학교에서는 남자들을 위한 농업교실과 여자들을 위한 생활과학 강의를 마련하고 있다. 코넬 농업학교에서 온 전문가들인 교사들이 뉴욕 주 농부들의 문제를 해결할 수 있도록 만반의 준비를 하고 있다.

로빌의 고등교육은 로빌과 그 인근 지역에서 그러한 교육을 바라는 모든 사람들을 위한 교육이다. 로빌 아카데미는 한편으로는 지역사회의 요구를 알아내는 데 집중하고 다른 한편에서는 그것을 해결할 수 있는 가장 훌륭한 수단을 찾으면서 로빌 주민들에게 20세기 고등교육 서비스를 제공하고 있다.

7. 한 위대한 도시학교 시스템

'협력'과 '진보주의'

신시내티 전역의 모든 학교들이 갖고 있는 정신을 단 두 단어로 표현할 수 있다면, 그것은 '협력'과 '진보주의'일 것이다. 이 지역의 모든 사람들이 좋은 학교를 만들기 위해서 다함께 힘을 모았다. 신시내티의 학교들은 어느 특정한 개인이나 단체에게 보여주기 위한 것이 아니라, 시민들이 만들어낸 걸작이다. 교육의 발전을 바라는 사람들의 열망이 너무 강한 나머지 "야, 여기!, 오, 저기!" 하는 외침이 들릴 때마다 솔깃하여 혼을 빼놓는 일은 없으며, 교육에 대한 새로운 발상이라는 강박관념에 사로잡혀 있지도 않다. 그들의 유일한 목적인, '신시내티 아이들의 교육'은 다른 모든 고려사항보다 우선시 된다. 아마도 이 사실이 협력과 진보주의에 대한 설명이 될 것이다.

신시내티의 교육활동에서 협력은 주목받아야 할 정도로 발전하였다.

"지역 내 그 어떤 시민사회도 학교와 별도로 활동할 수 없다."

전 교육감인 다이어가 한 말이다. 그가 '시민'이라는 단어에 크게 주목하지는 않았을 수도 있지만 그럼에도 여전히 진리에 매우 근접한 것이다.

프레데릭 가이어는 제조업 사업가들 중의 지도자로 '절반은 공장에서, 나머지 반은 학교에서' 시스템을 가능케 하였다. 그는 학교 당국과 힘을 합하는 자신의 활동을 이렇게 설명하였다.

"신시내티 시민으로서 나는 두 가지 이유로 학교에 관심을 가지고 있습니다. 첫째, 좋은 학교들이 최대한 많은 학생들과 학부모들에게 그 영향을 미칠 것인데, 훌륭한 시민의 육성을 담당할 수 있는 곳 중에서 내가 떠올릴 수 있는 가장 좋은 기관이 학교이기 때문입니다. 둘째, 사업가로서 나는 지역사회의 물질적인 번영이 그 시민들의 정신적 육체적 소질과 직결된다고 생각합니다."

가이어는 자신의 이 신념을 직접 실천하여 신시내티 지역 내 학교들을 국내에서 가장 발전된 곳으로 만들기 위해서 쉼없이 노력하였다. 시민단체는 학교문제에 대한 여론을 형성하는 일에 적극적으로 관여하였다. 이 단체에 속해 있는 이사벨라 펜들턴은 '여성이자 어머니'로서 이렇게 말했다.

"저는 우리 학교 시스템의 가장 중요한 특징이 남자아이들을 대상으로 한 기술 교육과 여자아이들을 위한 생활과학 교육이라고 생각합니다. 오늘날 우리 지역에서 학교를 졸업하는 숙녀들은 가정을 유능하게 관리할 수 있다고 말할 수 있게 되어서 기쁩니다."

공립학교에서 이러한 성과를 거둔다는 것은 쉬운 일이 아니다. 당연히 여성이자 어머니인 펜들턴이 그러한 의미 있는 결과를 이루어낸 학교에 관심을 가지는 것도 전혀 놀랄 일은 아닌 것이다.

그렇다면 신시내티의 학교들은 어떤 주요한 단체들로부터 그 지지를 이끌어 냈을까?

"치아건강협회의 노력으로 지역의 모든 치과의사들이 학교 시스템과 밀접한 관계를 맺고 학교에서 구강위생에 대해서 알렸습니다. 우리 치과의사들은 포괄적으로 힘을 합하는 것에 대한 확고한 신뢰를 가지고 있습니다."

시드니 로 박사의 설명이다. 학교를 지원하고 어린 학생들의 보건 표준을 높이기 위한 보건 위생국의 노력도 전혀 뒤지지 않는다.

"저는 신시내티가 실행하고 있는 것과 같은 훌륭한 협동정신의 사례를 미국 전역 어디에서도 찾을 수 없다고 믿고 있습니다."

상공회의소의 칼 드허니는 이렇게 확신한다.

"왜 우리가 학교에 이토록 활발하게 협조하고 있냐고요? 간단히 말해서 우리는 좋은 학교들, 특히 어린 학생들을 세상살이에 대비하도록 가르치는 실용적인 학교들이 지역민들의 생산성과 중대한 관계에 있다는 것을 깨달았기 때문입니다."

역시 상공회의소 회원인 칼디어스가 말한다.

"우리 지역 학교의 발전은 여러 해에 걸쳐서 시민 전체가 공감하고 지원한 결과입니다."

신시내티 각계각층의 지도자들도 교육의 발전에 대한 그들의 관심을 이처럼 한결같이 열렬하게 표현하였다.

교육의 신념

지금까지 언급한 내용만으로 미루어 교육정책의 모든 세부사항이나 기본정책에 대해 신시내티 시민들에게 동의를 구하고 있다고 추론하지는 말자. 하지만 그러한 문제에 대해서 신시내티 시민들은 다음과 같은 교육 신념을 가지고 있다.

1. 나는 학교가 모든 아이들의 교육적 필요에 대비하도록 하는 것이 옳다고 믿는다.
2. 나는 모두가 다함께 노력할 때 이 일이 가능하다고 믿는다.
3. 나는 교육적 발전의 생명선은 새로운 발상이라고 믿는다.

교사, 교장, 어머니, 사업가, 치과의사, 그리고 노동조합원들이 수용한 저 단순한 신념이 신시내티 지역 학교들의 발전에 엄청난 원동력이 되었다.

신시내티 학교에서 가장 눈에 띄는 것은 그 조직의 민주주의이다. 교육계에서는 교육감과 교장간에, 다른 한편에서는 교사들과, 지주와 농노의 관계와 같은 봉건적인 정신이 여전히 남아 있는데, 신시내티 지역 내 학교에서는 그러한 광경을 전혀 찾아볼 수 없다. 그 대신에 각각 주도적인 교사들은 스스로 예측하고 믿는 대로 특정한 문제를 해결하며, 실패나 성광과는 무관하게 그 결과를 수용하고 행동하는 창의적인 예술가들이다.

다이어는 신시내티 교육감으로 취임한 초기에 기계적인 교육 시스템을 용인하지 않겠다는 뜻을 분명히 밝혔다.

"이곳 언덕 위 부유층이 살고 있는 교외에 중학교가 있습니다. 그 학교의 조직, 운영, 교육과정은 공장지역의 중심에 위치해 있는 학교와는 필연적으로 달라야 합니다. 각 교장들이 직면할 문제들이 있겠지요. 각자 그 문제들의 중요성과 해법이 될 가장 영리한 수단을 파악해 가면서 균형을 이루게 될 것입니다."

도시지역의 교육감으로서는 상당히 신선한 견해가 아닌가? 그리고 정말 마음에 드는 맺음 말은 이렇다.

"내가 다른 교사들이 하는 그대로 따라하는 교사를 매우 형편없는 부류로 여긴다는 것을 우리 선생님들이 곧 알게 되었습니다."

한물간 전통적 학교 시스템은 새로운 움직임, 즉, 교사는 아이들 개개인의 요구에 부응하기 위해 노력하면서 그들이 건강한 사회구성원으로 성장할 수 있도록 양성하는 사람이라는 점을 인식하는 시스템으로 대체되면서 기민한 급진주의가 들이 닥치기도 전에 무너져 버렸다. 이것은 그들이 커리큘럼의 부재를 대단히 기뻐할 때 말하는 쓸모없는 허풍이 아니다. 제 아무리 최고의 커리큘럼이라 할지라도 잘못 운영되면 그것은 곧 올가미가 되어 버린다. 이는 교사에게도 아이들에게도 마찬가지이다. 신시내티 학교 당국은 지역 내 교사들과 교장들에게 다음과 같은 지시를 전달함으로써 그 매듭과 밧줄 모두를 제거하였다.

"여러분의 학교가 여러분의 아이들과 지역사회의 필요에 맞도록 해야 할 것입니다."

옛날 옛적의 기계적인 사고방식을 장착하고 있던 어느 교육감이 이 강제적인 협동정신으로 충만하여 교사들을 불러 모았다.

"이제 모두 함께 힘을 모읍시다. 자, 수지 스미스 선생님, 이것이 앞으로 선생님이 학생들을 가르치게 될 내용이며, 이것은 그 구체적인 방법입니다."

그가 목소리를 높였다. 그것은 다이어가 교사들 한 사람 한 사람에게 말했던 것과는 상당한 차이가 있었다.

"선생님은 선생님이 할 일을 하세요, 저는 제 일을 하겠습니다. 우리가 함께 이 학교가 나아가게 할 것입니다."

이러한 마음가짐으로 교사들이 모두 모여 교육과정을 다시 정비하기 위해서 논의하였다. 각 교사들은 모두 나름대로의 소신과 의견을 가지고 있었다. 만약 신시내티에서 가장 주목받지 못하는 교사가 다이어 교장에게 "제가 맡은 수업을 개선할 만한 아이디어가 있습니다."라며 말한다면, "그러면 한 번 해보세요. 생각을 직접 행동으로 옮겨보지 않고서는 그 가치를 판단할 방법은 없으니까요."라고 변함없이 대답할 것이다. 이와같은 방침으로 인하여 다이어의 주변에는 근본적으로 관심을 가지고 있는 사람들이 모여 들었으며, 그들이 무조건적인 믿음을 가지고 있었기 때문에 그 일에 적합하기도 하였다. 또한 그들은 자신들과 직접 관계가 있는 신시내티 학교 시스템의 성공이나 실패는 바로 각자의 노력에 달려있다는 것을 충분히 인지하였다. 물론 학교는 성공적이었다!

유치원의 활성화

유치원은 신시내티 교육 시스템의 기초를 형성하고 있다. 그리고 자기 자신과 자신이 하는 일에 믿음을 가지고 있는 한 여성이 그 유치원들을 책임지고 있다. 신시내티 유치원이 미국 전체를 통틀어서 최고라는 믿음을 입증할 수는 없다. 하지만 지역 유치원을 관리하는 줄리아 보스웰은 많은 도시의 유치원을 방문하였고 그들의 제도를 수용하고 그 제안에 따라 개선해 보았지만, 결국에는 다른 어느 도시에서도 신시내티보다 더 나은 유치원 시스템을 갖추고 있지는 않다는 것을 확신하게 되었다고 말한다.

신시내티 아이들은 6세에 1학년에 입학하기 때문에, 4세 반이나 5세에 유치원 활동을 시작한다. 이곳 유치원 아이들은 다른 모든 유치원 아이들처럼 게임을 하고 노래를 부른다. 그런데 이러한 차이점은 있다. 그 아이들의 놀이와 노래가 아이들이 하는 일 가운데에서 만들어 진다는 것이다.

10월 신시내티 공원의 노란 나뭇잎이 일하면서 배우기 위해 나온 유치원생들 무리 위로 절반 쯤 그늘을 드리운다. 신시내티의 다른 모든 사람들과 마찬가지로 공원관리인 역시 학교가 하는 일을 전폭적으로 지지한다. 그런 이유로 공원 측에서 유치원의 각 학급마다 공원에 작은 터를 할당하였고, 그 터에서 아이들이 스스로 도구를 사용해가면서 정원사가 가르쳐주는 대로 튤립 뿌리를 심는다.

"튤립은 봄에 가장 먼저 올라오는 식물입니다. 그래서 우리는 튤립을 활용해보기로 했어요. 우리가 여러 해 동안 정원을 가꾸어 보았지만, 아이들이 필요한 만큼 충분히 정원에 주목하려들지 않았어요. 그래서 여름에는 정원이 너무 무성해져버렸죠. 그래서 튤립입니다. 아이들이 튤립을 심은 후부터는 스스로 했던 작업에 대한 얘기를 하고 노래를 부릅니다. 그리고 이른 봄이 되면 아이들이 직접 가꾼 정원을 방문하기 시작해요. 처음 땅을 뚫고 올라온 새싹을 발견하고, 꽃봉오리를 간절히 기다리다, 마침내 그러한 애정과 관심의 보상으로 꽃을 꺾어서 집으로 가지고 갑니다. 이렇게 해서 모든 아이들은 유치원 시절에 뿌리에서 꽃이 되는 완벽한 생장 주기를 직접 확인하게 되는 겁니다."

공원에서 꽃을 재배하는 것 외에도, 아이들은 교실에서 히아신스를 키우고, 숲으로 가서 가을 낙엽과 봄꽃을 가져오기도 하며, 동물과 곡물을 볼 수 있는 들판으로 소풍을 나간다. 그리고 그 소풍 이후 며칠 동안에는 자신들이 봤던 것들에 대해서 항상 이야기하고, 그것들을 그림으로 그리며, 노래도 부르고, 게임도 즐긴다. 교육위원회는 이 활동을 지원하기 위해서 직접 농장을 임대하여 모든 유치원들이 잇달아 방문할 수 있도록 한다. 이러한 방식으로 도시 유치원 아이들의 생활이 자연과 밀접하게 연결될 수 있다.

그렇지만 이러한 일들이 유치원 교육에서 새로운 것은 아니다. 다만 비옥한 토양인 신시내티의 교육적 열정에 튼튼히 뿌리내렸을 뿐이다. 보스웰의 실험이 정말로 놀라운 것은 유치원을 한편으로는 초등학교 저학년, 다른 한편으로는 지역사회와 연결하였다는 것이다.

신시내티의 1학년생 아이들은 매주 한 번, 한 시간의 유치원 수업을 위해서 유치원 교사들에게로 돌아온다. 이것은 초등학교 신입생들의 생활에서 유치원의 영향력을 매듭짓기 위한 것이다. 1학년생을 가르치는 교사들은 유치원의 방식을 논의하고 유치원의 정신을 되새기고자 매주 한 번씩 유치원 교육 담당관을 만난다. 이런 식으로 1학년이라는 추상적인 개념 덩어리가 유치원이라는 실체로 인해서 생명력을 얻고, 초등학교 교사들은 유치원의 교육정신을 이해하게 된다. 가까운 미래에 보스웰은 이러한 유치원의 활동을 2학년 아이들에게도 확대하여, 유치원의 활기, 울림, 조화, 기쁨이 신시내티 학교 시스템의 뿌리로 완전히 스며들기를 바라고 있다.

더욱 중요한 사실은—엄격한 1학년의 전통을 깨부순 것보다 더욱 중대한 것이 있을 수 있다면—신시내티 유치원들이 지역민들을 단단히 사로잡은 것이다. 신시내티 유치원에서 일하는 교사는 교사 그 이상이다. 유치원 교사는 여러 교사의 역할을 한다. 그들은 매일 오전에는 유치원 수업을 한다. 매주 2회씩 오후에는 초등학교 1학년 아이들과 함께 유치원 활동을 하고, 한 번은 감독관과 회의를 한다. 다른 날

오후에는 1학년 교사들의 수업을 참관하거나 유치원 자모회와 모임을
갖는다. 그리고 남은 하루 오후에는 아이들의 가정을 방문한다. 이밖
에도 다음 네 가지의 중요한 사안들이 있다. 첫째, 유치원 교사들끼리
서로 계획과 생각을 자주 나누면서 형성되는 단체의식. 둘째, 유치원
의 문제와 초등학교의 문제간의 연관성에 대한 파악. 셋째, 많은 어려
운 아이들의 생활을 둘러싸고 있는 가정형편에 대한 이해와 배려. 넷
째, 61명의 유치원 자모회다. 자모회는 각 유치원과 연계되어 조직된
단체로서 어머니들을 위한 사회적인 모임의 장, 양육에 대한 철학과
방식을 서로 나눌 수 있는 기회, 그리고 귀중한 대중의 정서가 모이는
중심부이다.

유치원을 주로 학교 프로그램의 작은 일부분으로 여기던 개념이 이
도시에서는 아이들, 교사, 부모, 그리고 여론에 작용하는 유력한 세력
이라는 데까지 진화하였다.

초등학교 재건

유치원만 아이들의 관심을 유도하고 지역사회와 제휴하고 있는 것
이 아니다. 기존의 초중등 교육 역시 부모와 아이들 모두로부터 관심
을 끌 때까지 변하고 그 명예를 회복하였다. 먼저, 57개 초등학교 학생
들의 체육교육을 위한 시설을 갖추기 위하여 꾸준히 노력해 왔다. 이
제 25개 학교에서 아이들이 매주 두세 시간의 운동을 할 수 있는 체육

관을 완비하게 되었다. 미처 시설을 다 갖추지 못한 학교에서는 맨손체조에 국한된 체육활동을 하고 있다. 해마다 교육위원회는 공립학교 운동경기연맹에 5백 달러씩 책정하며, 이 단체는 전체 공립학교 학생들이 무료로 참가하는 경기와 대회를 조직한다. 운동회, 야구, 축구, 미식축구 이외에도 스포츠 활동에서 '체력'시험을 통과한 모든 학생들에게는 배지가 수여된다.

초등학교의 학문적인 교육은 호기심으로 활력이 넘친다. 죽은 사람들과 날짜들로 가득한 역사를 일상생활로 끌어 들여서 가르친다. 아이들은 역사가 실제로는 사람들이 이루어 놓은 일들과 그들의 삶 속에서 작용했던 영향력의 기록이며, 나아가 내일의 역사가 오늘의 일상적인 활동이라는 것을 배운다. 바꾸어 말하면 발상과 사회변화로 해석되는 역사는, 아이들의 마음가짐을 인생의 순전히 개인적인 측면으로부터 사회활동들로 바꾸어 놓으며 사고를 활성화시킨다.

연산과 지리는 가정에서 아이들이 알고 있고 또 하고 있는 것에서부터 시작된다. 두 교과 모두 아이들의 경험과 연결하여 가르친다. 이 두 영역은 아이들의 머리에 일상적인 것들을 불러온다.

교육에서 매우 중요한 부분인 영어 역시 아이들의 경험을 반영하여 가르친다.《눈이 있어도 보지 못하는 사람》을 읽는 수업에서 교사가 아이들에게 물었다.

"자, 여러분, 오늘 아침 학교에 오는 길에 무엇을 보았나요? 엘머, 무얼 보았어요?"

"저, 저는……"

엘머가 앉아버렸다.

"저는 길이 젖어 진흙이 된 것을 보고 밤에 비가 내렸단 걸 알았어요."

앨리스가 말했다. 존은 시내에 전차들이 다니는 것을 보았는데, 그 중 하나가 647번이었던 것을 기억해냈다. 한 7학년 여학생이 시편을 읽었다.

"여호와의 산에 오를 자 누구이며 그의 거룩한 곳에 설 자가 누구인가?"

이 시편이 무엇이었는지 그리고 그것을 누가 썼는지 질문한 후에, 교사가 다음과 같이 물었다.

"다윗이 누구지요?"

"팔레스타인의 왕이었습니다."

한 소년이 즉시 대답했다. 역사를 정리하고 나서 교사가 다음 질문을 했다.

"다윗은 무엇 때문에 잘 알려지게 되었나요?"

"솔로몬의 아버지여서요."

작은 여학생이 조심스럽게 말했다.

"아니에요, 그는 투사였어요."

한 소년이 이의를 제기하였다.

"그가 전사였다는 사실이 당연히 그의 사상에 영향을 주었을까요?"

아이들로부터 긍정의 답을 듣고서는 교사가 다시 물었다.

"조지, 이 시편에서 그러한 증거를 어디에서 찾을 수 있을까요?"

조지가 잠시 생각에 잠겼다.

"아, 알겠어요, 그가 '전쟁에 능한 여호와시로다'라고 한 부분이에요."

이 의견에 상세한 설명을 덧붙인 후에 교사는 다윗이 왜 썼는지 계속해서 물었다.

"문들아, 너의 머리를 들지어다, 영광의 왕이 들어 가시리로다."

교사의 신중한 질문들을 통해서, 이 아이들은 도시들이 벽과 문을 가지고 있었다는 것을 알게 되었고, 수많은 승리를 쟁취했던 다윗이 그 자신을 맞이하기 위해서 활짝 열린 문들에 익숙해지게 되었다는 것, 그리고 그의 개선식이 그의 사고에 깊이 각인되었다는 것을 이해하게 되었다. 더 많은 이야기를 나눈 후에 시편을 다시 읽었다. 이번에는 놀라울 정도의 지성과 감성으로.

한 8학년 영어수업 시간에는 아이들이 학교에 있는 그림들의 목록을 작성하느라 여념이 없었다. 그들은 화가의 일생, 주요 작품, 그리고 화가들이 그 그림을 그리던 당시의 여러 가지 배경에 대해서 조사하였다. 역시 같은 반의 한 여학생은 석양을 묘사하여 다음과 같이 기록하였다.

"서쪽 하늘은 불타오르듯이 환하게 빛나고 구름의 가장자리에는 은빛 색조로 엷게 물들고 있다."

이에 교사가 질문하였다. "코로(프랑스 화가)라면 그것을 보고 어떻게 말했을까요?"

그 여자아이가 잠시 생각하더니, "색감이 너무 다채롭다고 했을 것 같아요." 한다.

교사가 미소 지으며 말했다.

"그래, 그였다면, '집에 가서 잠시만 잠자코 보자'라고 하지 않았을 까?"

고학년의 에세이 수업은 교내의 다른 모든 활동과 연결되어 있다. 아이들은 윤리학, 건축, 그들의 고장, 책, 그리고 그림을 주제로 작문한다. 열세 살인 한 소녀가 〈죽음의 사신〉이라는 글을 썼다.

"내가 침실로 들어갈 때 특별히 내 눈길이 멈추는 그림이 있다. 그 그림은 동쪽 벽에 걸려 있다. 그것은 달빛이 비치는 큰 도시의 그림이다. 달빛은 밝고 별은 보이지 않는다. 도시 저 끝에는 아름다운 호수가 있는데 달빛을 받아 그 호수는 마치 거울처럼 보인다. 밤하늘에 우뚝 선 교회 첨탑이 선명하게 보인다. 아름다운 여름 밤, 도시가 잠든 사이 천사가 내려와 예쁜 꼬마를 데리고 저 하늘 위 천국으로 가버린다. 어떤 엄마는 그녀의 사랑스런 꽃들 중에서 하나를 포기할 수밖에 없었나 보다."

꿈의 부엌, 집의 위치, 가정, 학교생활, 그리고 아이들이 접하는 다른 여러 가지 주제에 대해서 묘사하는 에세이들도 마찬가지로 가치가 있다.

마지막으로, 학문적인 교과목 중에서도 8학년 과정의 윤리수업은 신중하게 구성되었다. 먼저, 신시내티의 지리와 초기 역사를, 그리고 가족 관계와 공동주택 문제를 다룬다. 거리 청소, 하수 오물, 수자원, 매연 줄이기 등의 공공위생의 수호, 위생시설 보급과 질병 억제를 위한 보건국의 활동, 생명과 재산의 보호, 지역사회의 경제활동, 그리고 시민과 경제활동의 관계, 신시내티 상업과 산업의 성장, 생산기지로서의 신시내티, 노동문제, 그리고 정부의 기업활동 규제, 도시의 미관을 위해 필수적인 것, 지역사회의 교육단체, 부양가족과 비행 청소년에 대한 책임, 정부의 기능, 도시 재정의 구성과 지출까지 모두 이 과정에 포함된다. 이렇게 아이들은 초등학교를 졸업하기 전에 시민의식의 참뜻을 이해하고 그 개념을 형성한다.

예술적인 활동은 유치원에서부터 시작하여 고등학교까지 계속 이어진다. 학교수업, 계절, 휴일과 관련해서 초등학교 저학년 아이들이 하는 종이 오리기와 붙이기도 포함된다. 그리고 3학년이 되면서부터 아이들은 그럴듯한 작품을 만든다. 재료들을 활용하고 직접 설계하고 디자인을 해서 쟁반, 상자, 메모지 묶음, 달력, 소책자를 만들기도 한다.

모든 학교에서 공통적으로, 남자아이들은 작업장 실습을 하고, 여자아이들은 생활과학을 배운다. 그렇다면 이러한 교과목을 도입하는 시점과 각각에 할애하는 시간은 어떻게 결정될까? 교육과정마다 미리 설계된 지침 같은 것이 있는 것일까? 터럭만큼도 그렇지 않다! 그것은 순전히 지역사회와 아이들의 필요와 요구에 따르는 문제이다.

조금 덜 풍요로운 지역에 위치한 학교에서는 아이들이 2학년이 되면 공작 수준의 기술교과와 생활과학을 가르치기 시작한다. 일반적으로는 6학년이 되어야 그 교과 과정이 시작된다. 이때에는 주로 주당 한 시간 반 혹은 두 시간동안 수업이 진행되지만 연령이 또래들보다 많고, 발달이 더디며, 다른 불편을 겪고 있는 아이들에게는 그 절반 정도의 시간을 편성한다. 여자아이들에게 생활과학의 모든 것을 가르치기 위해서 방이 5개인 집을 임대하였다. 그 외에도 생활과학 교육과정은 손바느질과 재봉, 간단한 의류의 디자인과 제작, 음식을 계획하고 준비하는 일, 그리고 가계 전반을 구성하고 돌보는 일들로 구성된다. 공장의 작업장 일을 연습할 때에는 가능하다면 실용적인 물건을 만든다.

신입생부터 졸업반에 이르기까지 아이들을 위한 교육과정은 모두 그들의 요구에 부응하도록 구성되어 있다. 각 학급과 각각의 학교 시스템이 예의 다루기 힘든 조직의 형태를 취하지 않고, 신시내티 아이들의 필요에 딱 들어맞는 정교한 메커니즘이 되었다.

고등학교 교육의 보급

신시내티 학교 당국은 초등학교를 흥미진진한 곳으로 변신시키는 데에 만족하지 않고 고등학교를 매우 유익하고 매력적으로 만들어서 8학년을 끝낸 100명당 95명의 아이들이 신시내티 지역 내 고등학교에 진학하게 되었다. 더 나아가 지난 6년 동안에 신시내티 전체 고등학교의 출석률은 두 배로 뛰어 올랐다. 이 두 가지 괄목할 만한 변화는 신중한 계획의 수립과 효율적인 실천, 그리고 엄청난 노력의 결과물이다. 그렇지만 이 결과는 그들의 노고 이상으로 보답이 되었다.

휴즈 고등학교 라이언 박사의 설명이다.

"우리의 우선적인 임무는 지역사회에 고등학교 교육이 필요하다는 것을 설득하는 것이었습니다. 다음으로 고등학교로 사용할 두 개의 새로운 건물을 확보하였지요. 그런데 그때 우리들은 지상과제에 직면하였습니다. 지역민들에게 그들이 지출하는 고등학교 교육비가 충분히 가치 있음을 증명해보여야 했던 것입니다. 학생들과 지역사회에 중요한 의미가 되는 고등학교 교육을 제공할 수 있어야 했지요."

사회에 마땅히 해야 할 일이라는 그 자세 즉, 신시내티 학교 전체에 지배적인 그 사상을 떠올려보아라.

"거의 모든 학부모님들은 고등학교 문제의 중요성을 제대로 보지 못합니다."

부교육감인 로버츠가 말했다.

"왜냐하면 부모님들은 아이들이 현명하게 직업을 선택할 수 있게 하기 위한 노력을 결코 일관되게 하지 못하기 때문입니다. 우리는 바로 그 지점에서 출발하였습니다. 초등학교 아이들의 부모님들에게 고등학교 교육과정을 설명해 드리고, 그것의 의의를 전달하였습니다. 굿윈과 8학년 교사들이 학생들에게 신시내티와 다른 도시에서 가질 수 있는 직업에 대해서 정기적으로 이야기하고 그 아이들이 고등학교에서 직업과 관련된 경력을 바로 시작할 수 있도록 돕게 되어 있습니다. 그와 함께 우리는 초등학교 아이들을 고등학교에 견학을 보내어 그들이 방문할 때마다 고등학교 활동의 굉장히 매력적인 특징들을 아이들에게 보여줍니다. 학부모회의를 열어서 고등학교에 대해서 설명하고 함께 이야기를 나눕니다. 또한 6, 7, 8학년 학생들의 부모님들께 안내

문도 보내드립니다. 그 안내문에는 고등학교에서 하는 모든 활동이 가능한 한 간략하게 설명되어 있습니다."

그러한 기대를 불러일으킨 후에, 고등학교가 모든 학생들의 필요에 맞춘 철저한 교육과정을 제공하지 않고서 다른 식으로 그 의무를 완수할 길은 없다. 신시내티에서는 이를 위한 대비가 능숙했다. 고등학교에 입학할 때 학생들은 9가지 일반 교육과정 중에서 어느 하나를 선택할 수 있는데, 그 과정에는 총 23종류의 선택 가능한 교과가 개설되어 있다.

일반, 고전, 생활과학, 기술 등 4가지 교육과정이 각 대학과 기술학교를 위한 예비과정이다. 나머지 5종류의 교육과정은 상업, 남학생들을 위한 기술협력 과정, 여학생들을 위한 기술협력 과정, 예술, 그리고 음악으로 직업과 직결되는 강의들이다. 이러한 영역의 교육을 동일한 고등학교 건물에서 실시하며, 남녀 학생들이 장차 하고 싶은 거의 모든 분야의 일과 직결될 수업을 선택할 수 있게 한다.

각각의 교육과정은 해당 과정을 선택하는 아이들에게는 그들의 관심사와 관련하여 확실한 훈련이 될 수 있도록 설계되었다. 일반 교육과정은 아이들이 대학 진학에 대비하게 하는 데, 생활과학 교육과정에서는 여자아이들에게 가정을 구성하고 관리하는 법을 가르치며, 상업 교육과정에서는 장부정리를, 그리고 기술협력 과정에서는 아이들이 학교와 공장에서 일부 수업을 받을 수 있게 하는 데, 신시내티의 주요 산업과 연계하여 구성된다. 다른 특별활동과 마찬가지로 예술과 음악 교육은 학생들을 실용적으로 지도하여 교육활동을 관리할 수 있는 실력 있는 전문가의 손에 맡겨진다.

　말이 나온 김에 신시내티 지역민들이 그들의 훌륭한 자산인 고등학교를 가능한 한 최대한으로 활용하고 있다는 것은 꽤 흥미로운 점이다. 우드워드 고등학교의 정규수업은 아침 8시 30분부터 오후 3시까지인데, 이와 함께 보습 교육과정의 학생들이 매일 오후, 매주 토요일마다 건물을 차지하고 있다. 주중에는 매일 밤마다 3천 명 규모의 강하고 열정적인 야간학교가 열리며, 6주의 여름방학 기간에는 같은 장소에서 여름학교가 열린다. 이렇듯 거의 100퍼센트에 가깝게 활용되고 있는 학교시설을 찾기는 매우 어려울 것이다. 그러한 것들이 '아버지의 시대'에는 확실히 없던 일이기는 하지만, 신시내티 사람들은 좋은 것은 모두 그만한 가치가 있다는 이론을 고수하고 있다. 그래서 그 학교 시스템이 끝에서 끝까지 활기와 열정이 넘치는 것이다.

대학교

　유치원, 초등학교, 고등학교 이외에 신시내티에는 대학도 있다. 대학은 도시의 나머지 모든 교육기관들과 마찬가지로 일반적인 교육프로그램과 연결되어 있다. 신시내티 전체 고등학교 졸업생들 중에서 대학 진학을 희망하는 아이들은 지역 내 고등학교에서 신시내티 대학으로 교육의 단절 없이 곧바로 이어갈 수 있다.

신시내티 대학은 지방 종합대학이다. 시는 대학을 위해서 세금 중 50만 달러를 사용했다. 교육위원회는 도시의 교사들이 교육받는 학교인 교육대학을 유지하기 위해서 매 해 만 달러씩을 할당하고 있다. 유치원 교사를 양성하는 학교는 대학의 부속학교로서 대학 입학과 동일한 자격요건을 정해두고 있다. 대브니 학장이 이사회에 제출한 1911년도 보고서에 도시와 대학 간의 이렇듯 밀접한 관계가 잘 설명되어 있는데, 이것은 다음과 같이 시작되고 있다.

"이 보고서에서 대학이 신시내티 시와 시민들에게 기여하는 바를 설명하기 위해서 최선을 다하였습니다. 그러므로 이것은 이사회에 제출하는 공식 보고서인 동시에, 모든 시민들에게 정보를 제공하는 설명서입니다."

공공서비스 정신으로 시작되는 이 보고서는 교사를 양성하는 교육대학의 역할, 지방 전문가를 배출하는 경제학과 정치학과의 기능, 그리고 흔히들 산학 협동과정으로 알고 있는—5백 명의 공과대학의 학생들이 학교와 현장에서 각각 2주씩 번갈아가면서 공부하기 때문에—공과대학의 정식 개교에 대해서 아주 상세하게 설명하고 있다. 더우기 공과대학은 지역에서 도시공학과 관련된 사업을 위한 전문가를 양성한다.

이 대학의 학생들도 자신들을 향한 도시 각 분야의 관심을 알고 있을 것이다. 교사, 도시공학 엔지니어, 그리고 식품 검사, 건축 감리 등과 같은 지방 공공분야의 일자리에서 대학 졸업자들을 선호하고 있다. 그러므로 대학생들은 시간을 활용하여 현실적으로 도움이 되는 일을 병행할 수도 있을 것이다.

"대학은 지역사회의 진보적인 사상을 이끌어야 한다."

대브니 학장의 말이다. 그리고 이 과제를 유효하게 하고자 그는 학생들이 지역활동에 관심을 가지도록 유도하거나, 또는 더욱 위대한 신시내티를 건설하기 위해서 노력하고 있는 단체들과 어떠한 방식으로든지 힘을 합할 수 있는 가능한 기회를 모두 활용한다.

특정 계층을 위한 특별한 학교

다른 모든 도시들처럼 신시내티에도 고등학교에 다닐 형편이 되지 못하는 아이들이 있다.

"그래? 그럼 됐어."

그런 아이들에 대한 가장 쉬운 답이다. 하지만 가장 온당한 해답은 심지어 그 아이들이 일터에 있더라도 교육을 보장해 줄 수 있는 학교의 시스템이다. 후자를 택한 신시내티는 고등교육의 기회를 이용하고자 하지만 고등학교에 다닐 수 없는 모든 아이들을 교육하기 위한 학교를 열었다.

먼저, 야간학교 수업이 있다. 이곳에서는 일반적인 학문의 교육과정과 함께, 기계공장 실습, 대장간 일, 기계제도와 건축설계, 그리고 생활과학의 영역에서 특별한 기회를 제공한다. 이러한 교육과정이 모두 우드워드 고등학교에서 이루어지기 때문에, 야간학교 학생들도 역시 고등학교 설비를 그대로 활용할 수 있다.

그들이 낮 시간 동안 일을 하고 나서 학교에 나오므로, 가장 투지 넘치는 사람들만이 그 혜택을 누릴 수 있을 만큼 매우 힘들게 노력하고 있다. 그러므로 오하이오에서 법으로 강제하여 운영하고 있는 보습학교의 가치는 결코 적지 않다. 해당 법률에 따르면 14세부터 16세까지의 근로 청소년들은 주당 최대 8시간씩 아침 8시에서 5시 사이에 학교에 다니도록 도시가 강제할 수 있는 권한이 있다. 그리고 짐작컨대 학교에 출석하는 시간은 공장 근무시간에 포함되도록 하고 있을 것이다. 독일식 제도를 도입함으로써 14세에 학교를 그만두어야 하는 아이들조차 최소한 향후 2년간 학교수업을 보장받는다. 비록 이것이 최소한의 강제사항일 뿐이지만, 올바른 방향으로 나아가는 첫걸음에 해당한다.

의무교육 시스템에 못지않게 16세 이상의 청소년들을 위한 자발적인 보습학교도 역시 중요한 의미를 지니고 있다. 이 학교는 기계제작기술 견습생, 인쇄소의 도제, 판매사원, 그리고 주부들을 대상으로 설립되었다. 렌쇼라는 이름의 걸출한 인물이 기술 견습생들을 위한 교육과정을 실시하고 관리한다. 그는 연령, 국적, 경력에 제한을 두지 않고 공장의 남자아이들을 받아 들여서 그가 관리하는 4년제 교육과정에 각각 맞추어 배치하고, 그 아이들 각자에 해당하는 교육 일정표를 나누어 준다. 그리고 그들에게 읽기, 쓰기, 연산, 기계제도, 기하학, 대수학, 그리고 삼각법을 일련의 기발한 방식으로 가르치는데, 그것들이 모여 그들의 유일한 교과서가 된다. 그는 또한 아이들

이 일하고 있는 현장을 방문하여 그들의 작업에 대하여 의견을 제
시하고 조언을 하며, 마침내 이론적으로 탁월한 기초를 쌓은 숙련된
노동자를 배출하게 된다. 이 교육사업은 전적으로 자발적이지만, 신
시내티의 많은 제조업자들이 렌쇼에게 견습생들을 보내고, 그가 학
생들의 근무기록 카드에 매주 기재해주는 4시간의 학교 교육을 정
상 근무시간으로 인정하여 급료를 지불할 정도로 호응이 대단하다.

"한 회사는 매주 60명의 아이들을 이곳으로 보내고 있습니다."

렌쇼의 비서가 말했다.

"그것은 매주 240시간의 학교수업에 대하여 회사가 정상적으로 급
료를 지급하고 있다는 뜻입니다. 지역 교육감에 따르면 회사는 이것을
조금도 손실이라고는 생각지 않는다고 합니다."

렌쇼가 계속해서 설명했다.

"저는 한 교육감에게 제 시스템을 설명하려고 애썼습니다. 그런데
그 사람은 들으려고도 하지 않았어요. '당신이 그것을 어떻게 이끌어
가든지 중요하지 않습니다. 나는 그 문제에 대해서는 신경 쓰고 싶지
않아요. 단, 남자아이들이 당신에게 가서 잠시 배우더니 더 깔끔해지
고, 더욱 더 신중해졌으며, 더 정교해졌고, 그리고 전반적으로 더 나
은 노동자가 되었다는 것은 압니다. 그것만으로도 충분한 설명이 됩니
다.'라며 퉁명스럽게 대꾸하더군요."

제조업자들은 그러한 소신에 따라서, 학교수업을 성공적으로 해내
지 못하는 견습생들을 단호하게 해고하고 있다. 따라서 이 학교에는
중요한 의의가 있으며, 등록자 수의 증가추세와 학교의 영향력을 보면

더 이상 설명이 필요 없다. 학교에서 교육을 받는 시간과 그에 상응하여 지불되는 급료가 공장운영에 있어서 추가 비용을 유발하지는 않는다. 그러나 그것은 견습생들의 가치, 즉 공장의 가치를 높여준다. 향상된 효율성이 그 보상인 것이다.

여성들에게 영업기술을 가르치는 학교도 이와 비슷한 성공을 거두었다. 주요 매장에서 직원들의 수준을 향상시킬 수 있는 기회를 적극적으로 수용하여, 임금을 그대로 보전하면서, 매주 한나절씩 여성 판매직원들이 영업기술 교육과정을 수강할 수 있도록 하고 있다. 다이어가 "직원들을 가장 유능하고 지적이며, 가장 친절하고 신뢰할 만하며, 최고의 대우를 받고 가장 많이 버는—요컨대, 미국 최고 수준의 판매사원으로 만들기 위해서"라고 말한 것처럼, 이 과정은 이미 신시내티 최고의 상업 종사자들의 진심어린 지지를 얻고 있다. 그들은 거기에서 기회를 발견한 것이다.

학교 당국은 25명 규모의 반이 구성될 수 있다면 분야를 막론하고 산업훈련을 실시할 수 있도록 하고 있는데, 이 조치로 인하여 교육에 대한 수요에 부응할 수 있었다.

"너무 많은 여성들이 너무 일찍 태어나서 오늘날 우리가 고등학교에서 실시하고 있는 생활과학 교육과정의 혜택을 보지 못했습니다."

다이어가 그 특유의 딱딱한 말투로 말한다. 가정관리에 관해서라면 지금까지 알려진 모든 것을 배우려고 안달하는 수많은 여성들이 설비를 잘 갖추고 있는 학교에서 교육을 받았다.

"그러니까 우리가 그들이 필요로 하는 것을 준다고 생각해 보십

시오.”

그냥 상상해 보자, 보습학교의 생활과학 교육과정이라! 아직까지도 신시내티에는 가정관리학을 배우기 위해서 등록을 하고 공립학교에 가는 여성들이 천백 명 이상이나 된다. 심지어 보습학교조차 사람들— 어른과 아이들 모두—의 교육적 요구에 부합하게 만들도록 도와주는 이 신시내티 시스템보다 무엇이 더 합리적일 수 있겠는가?

특별한 아이들을 위한 특수한 학교들

신시내티에 있는 학교들은 특정 아이들뿐만 아니라 특수한 부류의 사람들에게도 교육의 기회를 제공한다. 먼저, 아주 똑똑하지만 정규학급에서 제자리걸음을 하고 있는 아이들이 있다. 그 아이들은 ‘속성반’에 배정되었다. 같은 반 친구들이 자기보다 더 천천히—필요한 만큼—학습하는 데 보조를 맞추는 대신에, 교육과정을 하나도 생략하지 않으면서도 스스로 지적인 역량이 수용할 수 있는 범위에서 빠르게 배워 나갈 수 있도록 한 것이다. 학기 초에 교사들이 노력과 주의력이 부족하면서 예외적으로 뛰어난 이러한 아이들과 이 아이들이 해당 학급에서 자리를 지키기에는 아까운 자질들을 찾아냈다.

“더 많은 양의 학습활동과 책임으로 그 아이들의 두뇌활동을 자극할 수 있었고, 집중력을 높였으며, 더욱 더 주도면밀하고 꼼꼼해진 것은 물론 임기응변적 재주와 진취성 그리고 리더십에 필수적인 여러 가지 자질을 개발할 수 있었습니다."

특별히 유능한 아이를 신체적, 지적으로 장애를 가지고 있는 아이들처럼 철두철미하게 가르쳐서는 안 되는 이유가 무엇인가? 이에 대해서 다이어가 경험에서 나온 한마디를 덧붙인다.

"이상하게도 장애를 가지고 있거나 발달이 느린 아이들을 위한 학급보다 그러한 특수반을 만드는 것이 더 어렵습니다."

당연히 이상한 일이다!

신시내티는 지적으로 조금 덜 발달한 아이들을 위해서 충분한 준비를 해두었다. 아이들은 전체 수업시간 가운데 4분의 1에서 절반가량의 시간 동안 무언가를 만드는 일을 하면서, 더 이상 자신들의 능력으로는 감당할 수 없는 활동을 하느라 고통받지 않아도 된다. 덩치가 큰 남자아이들은 공장 일에 대한 교육을 받으며, 여자아이들은 가구가 모두 구비되어 있는 교육용 집에서 가정관리 기술을 직접 배운다. 이들 학교에 모두 합쳐서 4백 명 이상의 그러한 아이들이 있다.

또 달리 특수한 그룹의 아이들을 위해 이와 비슷하게 마련되어 있는 시설도 있다. 빈혈과 결핵을 앓고 있는 아이들은 두 곳의 옥외학교에서 공부한다. 청력에 문제가 있는 아이들을 전담하여 가르치는 6명의 교사가 있으며, 앞을 볼 수 없는 아이들을 위한 교사 1명, 그리고 정신적으로 도움이 필요한 아이들을 담당하는 교사 10명을 채용하고 있다. 이로써 신시내티는 학교를 특수한 그룹의 사람들과 특별한 개개인의 필요에도 맞춤으로써, 지역사회의 모든 구성원에게 가 닿는 교육서비스를 제공하고 있는 셈이다.

운동장과 여름학교

방학학교 또는 여름학교는 무더운 여름동안 인구가 밀집한 지역에 거주하는 아이들이 필요로 하는 바를 충족시킬 목적으로 계획된 것이다. 다이어의 설명이다.

"그런 이유로, 방학학교는 교과학습과 무관한 모든 종류의 산업훈련을 실시합니다. 그러나 동시에 나들이, 이야기, 포크 댄싱, 다양한 게임 등 레크리에이션 활동에도 상당 부분 할애하고 있습니다."

산업활동의 영역은 매우 폭넓은데 요리, 간호, 가정 관리, 바느질, 뜨개질, 코바늘 뜨개질, 바구니 세공, 드로잉과 채색작업, 붓질과 플라스틱작업, 쓰임새 있는 부품을 만들기 위해서 도구를 가지고 하는 작업, 여자아이들이 하는 포크 댄싱과 남자아이들의 공놀이 같은 스포츠와 게임을 모두 아우른다. 초등학교와 유치원에서는 즐거운 노래, 이야기, 게임, 소풍, 종이접기, 그 외의 여러 공작을 한다. 아기들을 돌봐야 하는 여학생들을 위한 강좌도 있다. 남자아이들은 작업실에서 작은 부품을 만들고, 재봉실과 요리실습실의 여자아이들은 가정에서 관심이 항상 집중되는 일들을 하는 법을 배운다. 공원관리인의 도움으로 운동장이 여름학교 활동의 핵심 무대가 되기노 하였다.

신시내티는 지난 5년 동안 오락적인 여름학교와 더불어 여름 보충학습 과정도 계속해서 운영하였다. 아이들은 여름학교에서 학교 공부를 보충할 수도 있으며, 혹은 특별히 관심이 있는 분야에 대한 탐구나 활동을 할 수도 있다. 이들 여름학교에서는 '확보할 수 있는 가장 훌륭한 강사들'을 고용한다. 그리고 가을 학기가 시작되면, 교장들은 그들의 조언과 제안을 반영한다.

"여름학교는 우리 학교에서 유급생 문제를 해결하는 방안 가운데 하나입니다."

다이어가 계속 이어서 말한다.

"유급된 아이들이 어쩔 도리 없는 낙오자가 아니라 단지 몇 과목에서 모자랐던 것뿐이라면, 그 아이들에게 한 해 동안 물러나 있으라고 하는 대신에 부족한 점을 여름 학교에서 해소하여 어어지는 정규 학기에 학업을 지속해 나갈 수 있도록 합니다. 우리가 이런 학생들을 계속 추적해 보았더니 이어지는 학기 동안에 학업에서 뒤쳐지지 않고 맞추어가는 아이들의 비율이 평균과 비슷한 수준이었습니다."

다이어와 그의 동료들

신시내티 전역의 학교 구석구석에서 동료애와 진심어린 협동이 나타나고 있다. 교장들과 교사들도 모두 이 사실을 감지하고 있다. 그들은 한결같이 학교의 발전을 목표로 한다.

부교육감 로버츠는 "내 인생에서 그런 정도의 상부상조 정신을 한 번도 본 적이 없었어요."라며 말을 이었다. "모든 교사들이 각자 할 역할이 있고, 인정받고 있으며, 자신의 의견이 가치 있다고 느꼈고, 이러한 목표를 향해 진심으로 노력하였습니다."

다이어가 보스턴 지역의 학교들을 관리하는 교육감이 되어 떠나고 후임으로 온 컨던 교육감이 3개월을 지내본 후에 다음과 같이 말하였다.

"어딜 가든지 학교의 일에 기꺼이 힘을 모으려는 사람들을 만나게 됩니다. 거기에는 진심이 있어요. 그리고 그것이 또한 사람을 끌어 들입니다."

"교사연합에는 항상 가장 행복한 연대감이 있습니다."

초등학교 교장이 외치듯 말했다.

"항상 '로버츠'와 '라이언'과 '다이어'가 있습니다. 그들 한 사람 한 사람이 똑같이 훌륭합니다. 우리 모두 일을 하기 위해서 학교에 가고, 최선을 다하기 위해서 학교에 갑니다."

그러한 정신위에 신시내티의 학교 시스템이 세워진 것이다. 그것은 높은 직책에 계신 분들에게 아이들의 교육적인 요구를 추구하게 하면서, 19세기 교육학의 어둠 속을 뚫고 퍼지는 탐조등과 같이 번쩍인다. 낙관론자들은 즐거운 새 노래를 부르며, 비관론자들은 당혹감에 어리둥절해 있다. 그리고 교육의 진리를 찾는 사람은 교육단체의 이러한 걸작 앞에서 경건하게 깨닫는다. 그 경이로움은 머리와 가슴이 함께 노력하는 학교를 통해서 실현된다는 것을.

대성공은 그런 것이다. 그렇다면 그 영광은 누구의 것인가?

"저는 아닙니다. 저는 할 일을 했을 뿐입니다."

다이어가 완강하게 부정했다.

"저 역시 아니에요."

"저도 마찬가집니다."

그의 다른 동료들도 같은 대답이다. 진심으로, 현명하게, 용감하게 말이다. 그 영광은 다이어나 다른 어느 한 사람의 것도 아닌, 다이어와 신시내티 학교 전체를 위해서 그와 함께 애를 쓴 모든 사람들의 것이다.

다이어는 다음과 같은 설명을 해주었다.

"제 전임자는 체계화 하는 데에 뛰어난 분이었습니다. 그 분이 훌륭한 여건을 만들어 놓으셨지요. 그래서 우리는 그저 그 분의 작업을 이어받았을 뿐입니다. 신시내티 지역 학교의 개조와 발전에 하나의 위대한 신기원을 이룬 다섯 가지가 있습니다. 먼저, 우리는 교사에 대한 임명과 직위에 대한 실력 본위 제도를 확립하였습니다. 둘째, 우리는 학교 건물과 설비를 개선하였습니다. 셋째, 우리는 정규 교육과정에서는 혜택을 받을 수 없는 아이들을 위한 특수 교육과정을 구성하였습니다. 넷째, 초등학교에 응용교육 활동을 도입하여 아이들이 머리와 손을 모두 활용할 수 있게 하였습니다. 다섯째, 우리는 학교 시스템에 건물과 교육과정을 보태면서 확장하여 교육을 갈망하는 신시내티의 모든 아이들과 어른들을 위한 장소가 학교가 될 수 있도록 하였습니다. 이것이 우리가 한 일의 요지입니다. 아주 길고 어려운 과제였습니다."

이것이 사소한 일들을 바로잡았다. 그의 단호하고 완강한 얼굴이 긴장을 늦추는 듯했다. 그 진한 눈썹 아래에서 강하며, 결단력 있는, 성공한 이의 반짝이는 승리감이 비쳤다. 그가 이어서 결론을 지었다.

"하지만 그것이 모두 끝났을 때, 우리가 노력해왔던 일들이 이루어졌을 때, 그것들이 그럴 만한 가치가 있는 일이었다는 것을 알게 되었습니다."

다이어가 보스턴의 교육감이 되어 신시내티를 떠나자, 도시의 교육문제에 가장 큰 관심을 가지고 있던 사람들 사이에 상실감과 불확실성에 따른 불안감이 맴돌았다. 다이어가 보스턴으로 출발하고 그의 후임이 선출되는 사이에 있었던 몇 개월의 공백기에, 그는 결국 대체 불가능한 사람이라는 분위기가 형성되기까지 하였다.

그러던 중에 새 교육감이 부임하였다. 그는 조용한 성품이지만 건설적이고 창의적어서 교육에 관한한 신시내티가 필요로 하는 것을 지체없이 완벽하게 파악할 수 있었다. 이 도시의 교육계에는 한때 급진적인 조정이 있었다. 학교 시스템에 일어난 그러한 변화가 인위적이기는 하였으나, 모든 필수 요소들을 바꾸어 놓았다. 너무 신속하게 일어난 변화도 있어서 그 기초까지 완전하게 마무리되지는 못했다. 다이어가 변화와 발전의 개시를 알렸던 훌륭한 학교정책을 이제 완벽하게 마무리할 필요가 있었다. 랜덜 컨던이 이러한 일들을 알아보았고, 신시내티처럼 깨어있는 지역사회에서는 거의 모든 합리적 교육 프로그램이 실현가능하다는 것도 알 수 있었다. 컨던에게 학교들을 책임지는 자리를 맡기려고 그를 직접 찾아 프로비던스로 샀닌 신시내디 학교 사람들은 그가 지도자로서 지니고 있는 건설적인 힘을 느꼈다. 프로비던스 역시 교육적으로 변신하였으며, 컨던이 그 변화를 책임지고 있는 사람이었다.

그는 취임하며 다음과 같이 말했다.

"내 힘이 닿는 데까지 기대에 부응하고 다이어 교육감이 추진해오던 정책을 끝까지 해내겠습니다.”

그는 최대한 충실하게 일했고 그 약속을 지켰다. 컨던은 단지 정책을 이어받아 따라가기만 한 것이 아니라 훨씬 더 많은 일을 하고 있다. 취임 후에 그는 도처에 새로운 건물을 짓고 있다. 한 동안 경비를 대폭 삭감해야하는 재정 상황에 처했지만, 그는 유치원, 고등학교 기숙시설 확대, 초등학교와 고등학교 시스템의 더욱 긴밀한 상관관계, 레크리에이션과 사회의 중심이 되는 포괄적인 시스템을 계속해서 고집하고 있다. 컨던이 취임 초기에 가장 강조했던 것이 바로 그 오락과 사회의 중심이라는 부분이었다.

컨던이 시민 종합시설과 관련하여 추진한 신시내티 정책은 그의 다음과 같은 연설에 매우 잘 나타나 있다.

“학교를 사회, 오락, 그리고 시민을 위한 용도로 더 많이 사용해야 합니다. 학교 건물은 모든 사람들의 것입니다, 그리고 모든 사람들에게 같은 조건으로 개방해야 합니다. 즉, 지역 정부와 시 조직에 관련된 모든 문제들을 자유롭게 논의하고 시민의 각종 어려움에 대한 객관적인 조사를 할 수 있는 시민센터로, 특히 지역사회의 젊은 사람들이 게임과 스포츠, 레크리에이션 활동을 위해 실내 체육관과 함께 목욕 시설을 사용할 수 있고, 음악, 연기, 그 외의 더 다양한 사회적인 용도로 교실과 강당을 사용하는 것을 포함하는 레크리에이션 센터로, 모든 연령대의 사람들이 지적 영역을 확대하고 경제적, 교육적 효율성을 높이는 방식으로 더욱 구체적인 교육시설과 장비를 사용할 수 있도록 하는 교육센터로, 지역사회가 그 구성원을 위해서 사회적인 서비스 기능을 확대하는 일에 착수할 수 있는 사회적 중심지이자, 사회를 위해 일하는 사람들의 단체들이 경제적으로 어려운 사람들에게 도움을 주고, 정보를 전파하고, 일자리를 구할 수 있도록 도와주며, 그리고 전반적으로 지역사회의 체계적인 능력 안에서 구성원 개개인의 요구에 대단히 기여할 수 있는 기회를 공동체에게 제공하면서 지역의 사회경제적 여건의 향상을 위해서 초당파적이며 초파벌적인 일을 추진할 수 있는 장소로 활용되어야 합니다."

여기 바로 신시내티의 교육행정 당국이 헌신적으로 전념하는 광범위한 사회적 학교 방침이 있다.

교육감이 직접 사회활동 담당관을 지명하여 그 관리아래 학교를 사회적 기능과 활동의 중심지로 만들기 위한 노력을 할 것이다. 조직이 더욱 체계적으로 정비될 때까지는 일정한 규제 아래 교장이 재량껏 여러 단체와 진정한 의미의 모든 지역사회 활동을 위해서 학교를 개방할 수 있다.

학교 건물을 사회화하려는 컨던의 활동은 즉각적인 호응을 얻고 있다.

"지역사회 모임 즉, 복지연합, 남녀 학생들의 스터디 클럽, 음악 동호회와 사교모임을 위해서 이미 많은 학교늘이 빈번하게 활용하고 있었습니다."

프로그램의 혁신이라기보다 프로그램의 확장이다. 이미 이것은 지역 주민들의 승인을 얻었다. 그러한 움직임은 자발적으로 일어나야 한다.

"이러한 사회적 움직임은 이미 다 갖추어진 프로그램이나 계획이 사람들에게 던져져서 이루어지는 것이 아니라, 그들 스스로에게서 발현되어 자발적으로 개발되어야 한다는 것이 저의 강한 신념이었습니다."

차례차례로 하나씩 센터가 형성되고 있다. 교육위원회가 건물을 갖추고, 사회활동 기구가 그 활동비를 직접 지불한다. 이 시도는 제대로 이루어졌다.

"저는 열렬한 민주주의 신봉자입니다."

컨던이 말을 잇는다.

"사람들에게 모든 측면을 빠짐없이 공개하고, 신중하게 생각해볼 시간을 준다면, 그들이 사회적인 문제를 마땅히 그렇게 되어야 하는 방향으로 해결할 수 있다고 저는 믿습니다. 학교 건물은 모든 사람들이 미국 시민, 좋은 이웃이라는 공통점을 가지고 만날 수 있고, 부와 지위 문제는 잊을 수 있으며, 본질적으로 중요한 사회 공공의 선을 기꺼이 할 수 있는 기회를 제공합니다."

그러한 것이 다이어, 그와 함께 일했던 모든 사람들, 그리고 그를 계승한 사람들이 교육의 발전을 위해서 노력했던 그 내부에 깃든 정신이다. 또한, 이 위대한 도시의 학교 시스템의 가장 중요한 특징이 되는 그러한 협력과 진보주의가 그들의 정신이다.

8. 신시내티의 오일러 스쿨

사회교육 실험

철도역 구역을 가운데에 두고 신시내티의 외곽도시 서쪽에 황무지
와 고여 있는 물, 공장들과 수많은 소형주택들 가운데 오일러 스쿨이
서 있다. "나자렛에서 어떤 좋은 것이 나올 수 있나?" 물었더니 철학자
가 답하기를, "누군가가 그의 이웃보다 더 좋은 집을 지을 수 있거나
더 좋은 쥐덫을 만들 수 있다면, 그가 숲에 정착한대도 세상은 그의 문
으로 이르는 길을 찾게 될 것이로다." 하였다. 오일러가 지역사회에 더
좋은 학교를 건설하였기 때문에, 세상은 그 발밑으로 보여들어 사회교
육에 있어서 이 학교의 시도를 배우려고 하고 있다.

내가 오일러 스쿨을 처음 방문하였을 때, 나는 우연히 제조업자위
원회와 마주쳤다. 일을 할 시간인데 공립학교에 제조업자들이라니! 이
사업가들은 지역 전체가 확보하기 위해 노력을 기울였던 도서관의 위

치를 놓고 교장과 의논하기 위해서 모였던 것이다. 오일러 스쿨 근처에 운동장을 마련하기 위해서 멀리 시내 한가운데에 있는 공원위원회에 신청서를 제출할 때가 오자, 지역은행이 차량을 마련하였고, 12명의 사업가는 학교가 하는 일을 지지하여 보증을 서고 웨스트엔드 아이들에게 뛰어 놀 수 있는 공간을 마련해주어야 한다는 요구를 재청하였다. 사업가들은 오일러 스쿨이 10년이 채 되기도 전에 불협화음과 분쟁에서 조화와 화합을 이루고 혼란 속에서 질서를 바로 잡으면서 지역사회의 얼굴을 바꾸어 놓았기 때문에 관심을 가지게 되었다.

오일러의 분투는, 번영과 열정의 학교와 거듭나는 지역사회라는 메시지를 내놓은 한 사람의 이야기이다. 대략 20여 년 전에 부어스라는 젊은이가 웨스트엔드 스쿨의 보조교사가 되었다. 학교 일을 시작하는 다른 젊은이들처럼, 그는 일에 몰두하는 중에 여러 가지를 골똘히 생각해 보았다. 그 가운데에서도 특히 학교와 지역사회가 완전히 분리되어 있는 것에 의문을 가졌다. 부어스는 구체적인 한 사례에 집중하였다. 존이라는 아이는 16세이며 8학년까지만 학교에 다닐 수 있었다. 존은 언어나 문법은 단 한 번도 친근하게 생각하지 않았으며 초등교과 과정이 끝나갈 즈음 꽤 진지하게 학교를 그만둘 생각을 하고 있었다. 그 아이는 노력도 해보았고 몸부림도 쳐봤지만 통사론은 너무 벅찬 공부였다. 그런데 자신이 어쩔 수 없는 문제에 대해서 유급 처리되는 것에 몹시 불만이었다. 존이 받은 교육이 너무 부족해서 당시에는 메디아와 페르시아의 법률(the laws of the Medes and the Persians, 바꾸기 힘든 제도나 습관)과도 같았던 고등학교 시험을 통과하기에는 완전히 역

부족이었다.

"장담하건대 존이 동사와 전치사의 차이조차 알지 못하고 있었을 겁니다."

부어스가 말했다.

"그러나 문법시간에 존은 선생님의 얼굴을 잘 그려냈습니다. 그것은 캐리커처 수준이 아니었어요. 그 아이의 그러한 재능 덕분에 아이가 할 수 있는 일에 대한 힌트를 얻을 수 있었습니다. 제가 교육감과 기술학교의 교장을 모두 알고 있었기 때문에, 그들에게 찾아가 이러한 상황을 알리고 그 분들에게 존을 받아달라고 애원했습니다. 그 아이가 부족한 것은 잊고 아이가 가진 재능을 강조했어요. 그 재능이 기계산업에서는 매우 훌륭하게 쓰일 수 있으리라고 확신했기 때문입니다. 그 분들이 마침내 제 요구를 들어주셔서 존이 학교에 들어갈 수 있게 되었습니다. 그리고 아이는 3년 동안 매일같이 3마일을 걸어서 학교에 다녔어요. 현재 존은 수년째 대도시의 조명용 배전소의 감독관으로 일하고 있습니다. 이 사례는 당시 지배적이었던 교육 체계에 대한 거센 비난으로 제 머리에 항상 떠오릅니다. 존에게 멸시 외에는 아무것도 줄 수 없었던 그 제도 말입니다. 이러한 사실들이 저를 사로잡았고, 기술교육을 장려하려는 다심이 제 교육 신념의 확고한 일부가 되게 했습니다. 제가 오일러 스쿨에서 그것을 표현할 기회를 가지기 전까지, 교육적 자산에서 얻은 그 기억이 제 머릿속에 계속 남아 있었습니다."

존은 오일러가 속한 지역사회의 요구를 대변한다. 그것은 다른 지역사회와는 매우 달랐다. 그곳에는 보기 흉한 공장건물, 처참한 가정 집들, 지저분한 주민들이 있었다. 그리고 가장 심각했던 것은 거칠고, 잠시도 가만히 있지 못하면서, 나이 많고, 매사에 심드렁하며, 제멋대로인 남녀 아이들이 있었다는 점, 그 아이들이 학교에서 집으로, 거리로, 그리고 감옥으로 전전하다가 청소년법원의 보호감찰관 또는 법적인 조치를 받아 마지못해 학교로 돌아가서는 이 패턴을 또 다시 그대로 답습한다.

이 도시의 학교행정관은 "교육이 무엇인지 학교는 오랫동안 알지 못하고 있었습니다. 보호감찰관이 아이들을 학교에 붙잡아 둘 수도, 청소년법원이 아이들을 감옥에 가지 않도록 해줄 수 있는 것도 아니었습니다. 보시다시피, 지엄한 법조차 아이들의 주목을 받지 못합니다."라고 하였다.

아이들은 경찰을 조롱하였다. 경찰은 그런 아이들을 싫어했다. 가정에서는 내쳐지고, 공장은 그런 아이들을 냉혹히 받아들였다. 어린 노동력은 넘쳐났고 학교는 절망하였다.

간절한 실용기술 교육

부어스가 교장으로 취임했을 때 환경은 이러했다. 힘든 상황이 끝도 없이 이어지는 공장, 진절머리 나는 가정, 부모의 무지, 사회적인 방치, 무기력한 교육, 이런 전쟁터에 가벼운 마음으로 들어갈 수 있는 사람이 몇이나 되겠는가. 그런데 부어스는 그렇게 할 수 있었다.

그가 처음으로 한 일이 무엇이었을까? 그는 지역의 모든 공장 책임자들에게 편지를 보냈다. 그 편지에서 그는 오일러 스쿨의 학업활동과 연계하여 기술교육 분과를 설립할 것을 제안하였다. 그의 편지는 이런 내용이었다.

제가 우리 학교가 속해 있는 지역이 현재 처해 있는 여건을 더 잘 알게 되면서, 저는 기술교육 분야가 학교와 지역사회의 공공복지에 필수적이라는 것을 확신하게 되었습니다. 공예와 공작은 오늘날 현대적인 학교체계에 필수적인 부분입니다. 우리 학교는 인접한 공장의 수요로 인하여 그 생명력이 꾸준히 소진되고 있는 중입니다. 우리가 학생들을 가르쳐서 기술과 양식을 갖춘 상태로 내보낼 수 있다면, 그 아이들은 훨씬 더 유용한 역할을 할 수 있을 것입니다. 따라서 고용주들에게 더 많은 이익을 돌려줄 뿐만 아니라 지역사회의 사고 수준이 더 높아질 것은 분명합니다. 그리고 학생들은 학교에 더 오래 다닐 수 있게 될 것입니다. 저는 그 어느 도시보다 이곳에 현실적인 지원이 필요하다고 생각합니다. 귀하께서 어떻게 협조해 주시든지 그것은 매우 큰 도움이 될 것입니다.

그리고 부어스가 말했다.

"다음 며칠 동안에 저는 수표와 약속이 담긴 진심어린 답장을 받았습니다. 그것은 거의 천 달러에 육박했죠. 제가 얼마나 놀랐을지 상상할 수 있겠지요."

기술교육이 확신을 얻었다. 아니, 아직 아니다. 교육위원회는 초등학교에서 그런 기술 실기교육을 한다는 것이 바람직하지 않다는 결론을 내렸다.

"제가 사용해도 좋다는 허락을 받아놓은 85달러를 제외하고는, 수표와 약속한 금액 모두를 기부자들이 거두어 들이더군요. 그 85달러로 우리 유치원에 피아노를 마련하였습니다."

1903년의 그 실패가 이후에 이룬 성공의 기초가 되었다. 지역사회가 적어도 그 천 달러에 상응하는 정도의 관심을 보였다. 제조업자들이 교육에 관심을 가졌을 뿐만 아니라, 교육을 재정적으로 기꺼이 지원하였다. 또한 교육행정 수뇌도 바뀌었다. 다이어가 교육감으로 부임하였고, 즉시 오일러 스쿨에 기술교육 센터를 설립하게 되었다.

지역의 문제해결

하지만 이것은 끝이 아니었다. 학생 지도원과 청소년법원은 오일러의 아이들을 잘못된 행동에서 구해내어 학교로 끌고 오느라 여전히 바빴다. 예전의 기술교육은 6학년부터 8학년의 아이들에게 주당 1시간씩 이루어졌는데, 그것만으로는 학생들을 학교에 붙잡아 둘 수 없었다.

"아이들이 습관화하거나 효율성을 높일 수 있을 정도로 실습을 충분히 하고 있지 않았어요."

부어스가 설명한다.

"게다가 이 계획은 6학년들에게만 관심을 끌었습니다. 이 시기에 우리 학교에는 5학년 아래로 각각 50명의 남녀 아이들이 있었는데, 이 아이들 모두 정상적인 과정보다 2년에서 5년까지 뒤쳐져 있었습니다. 이는 바꿔 말하면 이 아이들 대부분이 단 몇 년 동안 사람들이 일생동안 겪는 것보다 더 많은 문제들을 겪은 불행한 부류의 사람들이라는 것입니다. 저는 끊임없이 자문했습니다. '이 아이들은 어디에서 오는가?' '이 아이들이 인생에서 역할을 다할 수 있도록 하기 위해서 학교는 무엇을 하고 있는가?' '우리가 결국 그들에게 어떤 실질적인 도움이 될 수 있나?' '이 아이들이 우리 학교에 오도록 하는 것이 그만한 가치가 있는 일인가?' 저는 학생들과 점점 더 많이 공감하게 되었고, 마침내 우리 학교조직에 변혁을 일으키기 위한 청사진을 가지고 절박한 심정이 되어 교육감을 찾아갔습니다. 그 변혁이 지역사회의 요구를 충족시킬 것이라고 확신하였고, 그것을 위해서 기꺼이 제 명예를 걸 수 있었습니다. 제게 그런 것이 있었다면 말이죠."

이 시점에서, 신시내티의 학교 종사자들이 지역사회의 요구에 대해 먼저 평가하고, 지역사회의 요구에 대한 아이디어를 내오고, 이 발상을 학교 당국에 제시한다. 그러면 전권을 위임받은 학교는 그 지역을 위해 기능할 수 있도록 한다. 바로 그들이 학교문제에 접근할 때 이러한 습관을 가지고 있다는 점을 덧붙여서 기억할 필요가 있다.

이것이 부어스의 경험이었다. 그는 계획대로 추진해도 좋다는 말을 들었다. 이 허가 덕분에 그가 놀랍도록 짧은 시간 안에 오일러 스쿨에 다니는 아이들의 요구에 부응하기 위한 실용교육 시스템을 도입할 수 있었다.

다이어가 말했다.

"고유의 상황이 있는 만큼 그것을 다루는 방식도 모두 다를 수밖에 없습니다. 부어스 씨는 해결해야 할 단 하나의 문제를 안고 있으며, 그 것은 바로 웨스트엔드의 문제입니다. 어서 계획대로 해보세요!"

부어스는 즉시 계획을 실행하였다. 그의 조치에 따라 6,7학년의 모든 아이들에게 주당 3시간을 배정하여 실험실과 작업실에서 훈련받게 하였다. 3학년부터 5학년에 재학 중이지만 나이가 많은 아이들은 매주 한 번씩 4시간 30분 동안 실용학습을 하게 될 것이었다. 발전이 더딘 아이들을 돕기 위해서 그들을 특별히 소수 그룹으로 나누어서 7학년과 8학년 교사에게 보냈고, 그 시간 같은 학급의 다른 아이들은 실습 위주의 기술교육을 받고 있었다. 8학년 교사에게 맡겨진 그 아이들은 산수와 지리 특별수업을 받았고, 7학년 교사는 그 아이들에게 영어와 역사를 가르쳤다. 이렇게 해서 발전이 느려서 또래들보다 낮은 학년인 아이들은 학교에서 가장 뛰어난 교사들에게 특별교육을 받는다.

8학년 아이들은 전체 수업시간 가운데 5분의 1 만큼 실용교육을 받는다. 8학년 내내 남자아이들은 작업장 실무교육과 함께, 소박하고 실속 있는 식사 준비와 요리법을 20시간에 걸쳐서 배운다. 이 '한숨 나오는' 일을 남자아이들의 구미에 맞게 하기 위해서 수업의 대부분은 캠핑의 형식을 취한다. 빈 깡통에 집에서 만든 간편한 도구로 요리를 한다. 이따금씩 남편이나 남자 형제로부터 받는 영접을 하늘이 준 선물이라고 생각하는 이 지역사회에서, 그러한 초등학교 남자아이들이 요리에 취미를 가지게 하는 일의 가치를 전혀 과소평가할 수는 없다.

또한 남자아이들은 20시간의 간단한 바느질 수업도 받는다. 꿰매기, 단 처리, 단추 달기와 같은 것들이다. 동시에 여자아이들도 간단한 연장 사용법을 배운다.

가정적으로 만드는 생활과학

2학년이 되면 여자아이들은 생활과학을 배우고 남자아이들은 기술 훈련을 한다. 이 교과는 이름에서부터 이미 다른 교과 과정보다 더 현실적이다. 오일러의 대다수 가정에서는 어머니들이 밖에서 일을 한다. 전업주부라 하더라도 가사에 대한 지식이 매우 일천해서 자녀들에게 전할 것이 거의 없기 때문에 아이들은 생활과학 교육에 그 나름의 필요성을 가지고 있다. 오일러 스쿨이 정상적인 가정에서라면 지적인 가르침 아래에 있었을 모든 것들을 아이들에게 가르치기 위해서 노력하는 것은 그러한 이유에서 나온 것이다.

아이들은 매주 한 번씩 요리하고 바느질을 하는데, 이 활동에 전체 수업시간의 8분의 1에서 5분의 1까지 할애한다. 요리를 하고 바느질을 하기 위해 준비하면서 아이들은 구매와 소비에 대한 훈련을 꼼꼼하게 받게 된다. 그 아이들은 돈을 아주 절약해서 써야 한다. 제철 재료들을 가장 저렴한 가격에 사고 최대한의 효용을 발생시키는 방식으로 준비한다. 예를 들어서 아이들이 1월에 여섯 명을 위한 저녁을 준비하기 위해서 50센트의 예산으로 장을 보아야 한다고 하자. 로라 위커스햄의 쇼핑 목록은 다음과 같다.

수프용 고기	$0.20
토마토 캔, 1통	0.10
스파게티	0.05
치즈	0.05
빵	0.05
버터 등	0.08
	$0.53

거스 팟츠라는 소년이 다음과 같이 대안을 내 놓는다.

고기	$0.20
감자	0.05
양배추	0.05
빵	0.05
우유	0.04
버터 등	0.05
커피	0.05
	$0.49

아이들은 요리실습실에서 한 번에 한 가지씩 간단한 요리를 배우며, 그들이 고학년이 되면 한정된 예산을 가지고 식사 전체를 준비하는 실습을 한다.

바느질 역시 실용적이다. 여자아이들은 덧대기, 꿰매기, 단 처리하기, 속옷과 드레스 만들기 같은 것을 배운다. 이 지역은 바느질을 하기 위해서 머리를 쓰는 일 같은 것은 있지도 않았던 곳, 꿰매기 용 바늘이라는 것은 알려져 있지도 않던 곳이다. 그런데 아이들이 집으로 돌아가서 어머니와 언니들에게 바느질하는 법을 가르치면, 가족 모두의 옷 사정이 나아지고 의류비를 줄일 수 있을 것이다. 학교에서는 여자아이들이 집에서 가져온 닳아 해진 옷들을 수선하는 데 바치는 성스러운 날도 있다.

오일러 시스템이 걸출한 드레스 디자이너를 배출하지는 못할지도 모른다. 아니 아예 그러한 목표를 세우지도 않았다. 이 학교에 다니는 아이들은 안락한 집을 조성하는 데 쓰이는 현대 문명사회에 알려진 가장 간단한 도구들조차도 알지 못한다. 생활과학 교육과정은 아이들이 조금 더 똑똑한 주부들이 되도록 가르쳐서 자기 자녀들을 돌볼 수 있도록 하기 위해서 마련된 것이다.

초등학교에서 만드는 상품

남자아이들이 작업장에서 하는 모든 실습활동은 매우 실용적이다.

대다수의 남자아이들이 공장에서 일하게 될 것이기 때문이다. 작업장 훈련은 아이들이 공장업무의 근간이 되는 물건들과 대상에 친숙해질 수 있도록 짜여 있다. 남자아이들은 쓸모없는 조인트와 작업대의 표면을 만드는 대신에, 시장성이 있는 완제품을 내어 놓는다. 강사의 도움으로 8학년 아이들이 흩어져 있는 기계 조각들을 골라 드릴 프레스를 제작하였다. 이제 아이들은 엔진 작업을 한다. 8학년 학생들이 만들기에는 정교한 물건들이라고 말씀하실 것이다. 그렇지만 이 아이들은 흥미로워한다. 아이들은 대단히 열정적으로 일을 하며 수업이 끝난 후에도 작업실에 남아서 그날 시작한 작업을 마무리하는 데 열중한다.

2학년에서 6학년 남자아이들이 고등학교 기계작업실에서 사용할 망치 손잡이 세 타를 만들었다. 간단하게 대충 만든 것들까지 총 42개 가운데 36개의 손잡이를 완제품으로 만들어 냈는데, 이것은 어느 제조업체에서라도 부러워할 만한 기록이다. 이 아이들은 또한 정교한 디자인이 돋보이는 책꽂이 그리고 신시내티 각 학교에 비치하기 위한 우산꽂이를 만들었다. 이 책꽂이와 우산꽂이를 교장들의 사무실에도 두었으며, 고급스러운 공산품들과 비교할 만한 정도였다. 아이들은 현재 실톱 사용법을 연습하면서 책꽂이를 만들고 있는데, 이 책꽂이는 신시내티 지역교사들을 위한 것이다. 아이들이 작업을 모두 마치면 천 개 이상의 제품이 완성될 것이다.

이러한 일상적인 수업과 더불어 오일러의 소년들은 자신들이 관심이 있으면서 재료를 구할 수 있는 것이라면 무엇이든지 만들 수 있는 특권을 가지고 있다. 학교의 기계가 그 아이들의 것이며 언제든지 편하게 사용할 수 있다. 아이들은 이런 점을 적극적으로 활용하여 집에서 사용하는 칼과 손도끼를 갈고, 도끼 손잡이, 우산꽂이, 홀 스탠드, 스툴, 썰매, 등나무 의자를 만들며, 집안의 장식품이나 필수품을 좌우할 어떤 물건이라도 고치거나 제작한다.

학교에 대한 참된 흥미

오일러에서는 일반 교과가 거의 배제되어 있다고 섣불리 생각하지는 말자. 그와는 전혀 다르게 교사들이 노련한 솜씨로 아이들을 지도한다. 그들은 아이들이 흥미로워하는 것을 알고 있기 때문에 수업을 즐기고 있다. 연결 짓기 부자연스러지만 아이들이 학교에 흥미를 느끼자 실용교육에 대한 부어스의 새로운 계획에도 관심을 보였다. 이전까지는 학교를 미워했던 웨스트엔드의 거친 남자아이들과 단정치 못했던 여자아이들이 지금은 공립이나 사립학교에서의 호응을 뛰어넘을 정도의 흥미를 가지고 학교활동에 참여하게 되었다.

부어스가 말했다.

"보시다시피, 일주일에 하루 작업실이나 실험실에서 보내는 시간은 조금 더 큰 아이들의 혈기를 낮추어 진정시키는 데에 충분합니다. 그리고 그 아이들이 가치 있다고 생각하는 실용교육을 할 수 있습니다. 그 하루의 실용적인 작업이 효과를 발휘했지요. 그것으로 인해서 다른 4일 동안 하는 학업 또한 기분 좋게 해내고 있습니다."

부어스의 계획이 성공을 거두었다. 그것은 아이들의 호응을 얻었으며 이후에는 어머니회와 유치원의 도움으로 지역사회의 동조를 이끌어냈다.

어머니회

부어스가 '우리 학교에 작용한 가장 중요한 영향력'이라고 표현하기까지, 신시내티에 있는 다른 학교들처럼 오일러에도 지역사회의 정서 변화가 집중된 유치원과 어머니회가 있다. 아직 이곳의 유치원은 다른 곳과 마찬가지로 존속하기 위해서 사활을 걸고 고심하는 중이다. 보수적인 분위기 일색인 웨스트엔드에서 독일식 분위기인 유치원을 위해 간청해보았자 다른 사람의 귀에는 들어가지도 않는다. 마침내 단단히 준비한 다음에 조직을 구성할 목적으로 어머니들과 아이들을 모아 회의를 열었다. 이 회의에는 13명의 아이들과 5명의 어머니들이 참석하였으며 모두 적대적이거나 기껏해야 반신반의하는 정도였다. 부어스가 그때의 이야기를 들려주었다.

"제가 돌아가면서 모든 아이들과 놀아주었습니다. 그리고 어머니들께 이야기하며 이것은 실패가 아니라 순전히 성공의 전조라며 최선을 다해서 설득했죠. 다음 날에는 학교에서 각 학급을 돌아다니면서 아이들에게, '무슨 일이 있었니? 어머니가 어제 회의에 참석하지 않으셨더구나.' '아, 네, 어머니가 아기를 혼자 둘 수 없어서요.' '아기를 남겨둬?

물론 안 되지. 어머니가 아기를 혼자 둘 거라고 생각하는 사람은 아무도 없단다. 오늘 어머니께 가서 동생을 데리고 나오셔도 좋다고 말씀드려주렴.'"

다시 회의를 열었다. 아기를 데리고 나온 어머니들도 있었고, 어떤 사람은 미취학 아이를 3명이나 데리고 왔다. 클럽이 제대로 조직된 후에 있었던 한 어머니회 회의에는 20명의 어머니들이 참석하여 경청하고, 토론하고, 아이들을 돌보고 있었다.

처음의 시도는 실망스러웠지만, 그 결과는 그 애초의 실망을 상쇄하고도 남았다. 가장 최근인 1월 회의에 열렬한 85명의 회원 가운데 70명이 참석하여 지적이고, 열성적이며, 흥미진진하게 토론에 참여하였다. 이렇게 되기까지 수년이 걸렸지만, 이 어머니들은 아이들과 그들의 교육적 필요에 대해서 지적으로 이야기할 수 있는 수준에 다다르게 되었다.

"어제 한 어머니가 말씀하셨어요."

유치원 원장인 펠프스가 말했다.

"전 아이들에게 짜증을 많이 내는 사람이었어요. 아이들이 제가 말한 대로 하지 않으면 참을 수 없었지요. 그랬는데 며칠 전에 제 어머니가 이러시는 거예요, 너는 내가 지금까지 본 사람들 가운데에서 가장 참을성 있는 여자야. 어떻게 그럴 수 있었니? 그래서 제가 어머니께 이렇게 대답했습니다. 글쎄요, 전 유치원에 계신 분들 빼곤 아무 것도 모르겠어요. 그 분들 모두 제가 아주 다른 방식으로 아이들을 돌보게 도와주었어요."

어머니들은 어머니회를 통해서 교사와 학교에 협조하고 있다는 느낌을 가지게 되었다. 초등학교와 유치원생 아이들이 있는 어머니들이 초등학교 교사들에게 가서 조언을 구하거나 의견을 제시하기도 한다. 그들은 자신들이 교육체제에 꼭 필요한 한 부분이라는 것을 알게 되었다. 그들의 이러한 열렬한 관심이 협동에서 얻어지는 혜택에 대한 설명이 된다.

오일러 어머니회는 지역사회를 정화하기 위한 시도의 구심점이 되었다. 어머니들과 초등학교 덕분에 거리에서 쓰레기가 모습을 감췄다. 어머니회는 자체 기금으로 방문 간호사가 사용하는 구급상자를 학교에 구비했다. 그 구급상자 덕택에 아이들이 깨끗해졌으니, 전혀 작지 않은 비품이다.

부어스가 그에 대해서 이렇게 설명해 주었다.

"지난 1904년에 5백 명의 아이들이 학교에서 예방접종을 맞았습니다. 그런 때와 해충을 이전에는 본 적이 없었어요! 거의 모든 아이들의 손목에 씻는 곳과 덜 씻는 곳의 경계선이 뚜렷이 나 있었고, 아이들의 옷과 몸도 아주 지저분했어요. 아이들은 말 여물통과 욕조도 구별하지 못했습니다. 지금도 사정이 크게 달라진 것은 아닙니다. 이 지역에서 욕조가 있는 가정이 간신히 10여 곳 정도이기 때문입니다. 그렇지만 아이들은 깔끔해졌습니다."

해마다 어머니회의 기존 회원들이 새로운 어머니들을 데리고 온다. "이 분은 제가 모셔왔어요." "이 분은 제 어머니세요." 어머니회에 어떤 보탬이 되었다는 것에 아주 흡족해 하며 펠프스에게 말한다. 두 개의 교실을 채우고 있는 유치원은 번창하고 있고, 유치원 교사들은 가정을 방문하여 고문의 역할을 하여 어느 곳에서나 진심으로 환영받고 있다.

사라진 규율

"규율이요? 아뇨, 우리는 더 이상 그 단어를 사용하지 않습니다. 5년 전에는 이 학교의 규율문제가 도시의 다른 어느 학교보다 심각했습니다. 우리는 그것을 다룰 수 없었어요. 매를 들 수도 없었지요. 하지만 이제 아이들이 스스로 규율을 지킵니다."

규율이 잡혀 있지 않은 학교를 통제하는 것은 매우 어렵다고 생각할 것이다. 잘못 시도하면 당연히 그렇게 될 것이다. 하지만 제대로 하면 그것은 그야말로 식은 죽 먹기일 뿐이다. 교사들이 친절한 마음과 행동으로 학교를 바로 잡았다. 이 영감은 어머니회와 유치원에서 비롯된 것이다. 방문을 통해서 학교가 가정과 더욱 밀접한 관계가 되도록 가장 먼저 시도했던 것이 유치원이었기 때문이다. 초등학교 교사들이 차츰차츰 사례들을 접하고, 아이들이 결석하면 그들이 있는 곳으로 보러 갔다. 결석한 한 아이를 만나보려는 교사가 가능한 시간을 골라서 가정방문을 하는 관행은 오래지 않아 이 학교에서 자리를 잡았다. 학교 수업시간 중에 그럴 만한 틈이 생기면, 교사들은 다른 교사나 교장에게 자기 역할을 부탁하고 다녀오기도 했다.

이 시스템의 효율성을 보여주는 수많은 사례들 중에서 하나가 유독 두드러진다. 류머티즘으로 아픈 한 남자아이가 일주일이나 학교에 나오지 않고 있자 담당교사가 그 아이를 방문하기로 했다. 그렇게 마음을 정하고도 교사는 머뭇거리며 길을 나섰다. 이 아이가 학교생활 내내 거친 행동과 말썽을 일삼았고, 특히 이 교사에게 그랬기 때문이다. 그러나 정작 교사가 그 아이의 가정을 방문하자, 그 아이가 자기를 진심으로 반겨준 것에 감동하여 환한 모습으로 돌아왔다. 그리고 그 교사가 다시 그 가정을 방문을 했을 때에는 어머니가 밝은 얼굴로 문을 열어주며 다음과 같이 말해주었다.

"어서 오세요. 톰이 선생님을 기다리고 있었답니다."

"아이는 더 나아졌나요?"

교사가 물었다.

"네, 많이 좋아졌어요. 그렇지만 선생님께서 다시 자기를 보러 와주시면 바로 나을 거라고 하더군요."

아이가 익숙하지 않은 관심을 받자 매우 친절해진 것이 궁금한 분이 계실까? 아이가 선생님에게 착해지겠다고 굳은 결심을 하면서 학교로 돌아갔어야 옳다고 생각하는 것이 이상한가?

규율? 더 이상 규율의 문제는 존재하지 않는다. 교사들은 그들 주변의 변화된 가정과 사람들에게서 그 결과를 확인할 수 있기 때문에 자발적으로 매사에 열정적이다. 아이들도 자신들을 지지하는 학교의 노력을 깨닫고 학교생활을 즐겁게 하기 때문에 학교 활동을 할 때나 놀 때에도 솔직함과 진정성으로 스스로 절제한다.

부어스는 이러한 변화에도 놀라지 않는다. 그가 자신의 명예를 걸었던 계획은 단순한 것이었다. 그가 지역사회를 위해 일한다는 생각에 바탕을 두고 그것이 필요로 하는 교육을 제공하는 것이다. 비록 교육적인 관점에서는 혁명적이기는 하더라도 그 계획이 사회적으로 건전하였고 학교와 지역사회를 함께 연결했기 때문에 성공하였다. 그리고 그 속에서 학교는 열린 요소이다.

오일러 정신

오일러에는 아주 진부한 슬로건이 있다.
'지역사회를 위한 학교와 학교를 위한 지역사회'
교장과 교사들 모두 학교의 활동을 그들이 속한 지역사회의 요구에 집중시켜야 한다고 믿을 뿐만 아니라 지역사회를 꼼꼼히 분석하고 주변에 나타나는 모든 필요성에 대한 해법을 찾기 위해서 노력하면서 자신의 신념을 실천한다. 이러한 공공서비스 정신 가운데 하나가 다른 어디에서도 좀처럼 넘어서지 못하는 교사들 사이의 따뜻함과 호기심이다. 부어스가 다음과 같이 말한다.
"오일러에 왔을 때 저는 셔먼(미국 남북전쟁 당시 북군의 장군으로, 조지아로 진군한 것이 전면전의 선구가 되어 현대전의 창시자로 여겨짐)이 전쟁에 대해서 느꼈던 것과 같았어요. 지금은 신시내티의 어느 학교 종사자와도 자리를 바꾸지 않을 겁니다. 교사들도 같은 생각입니다. 아직까지 이곳을 그만두고 싶어 하는 교사는 한 사람도 없었습니다. 각자 자신의 수업이 있고, 그것만으로 충분합니다. 이제 우리는 규율도 없습니다. 아이들은 물론, 학부모님들께서도 학교를 위해서 애쓰고 계십니다.”

가끔 부어스가 그다지 많은 일을 하지 않는다고 생각하는 사람들이 있다. 방문객 한 사람이 한나절 동안 지켜보다가 그의 사무실에 앉으며 말했다.

“부어스 선생님, 제가 이곳에 한나절을 머무르는 동안 당신을 전혀 보지 못했는데, 어디서 뭘 하시나요?”

그러자 부어스가 대답했다.

“부인, 말하자면 저는 한량입니다. 제가 하는 일은 우리 선생님들 어느 누구라도 지지할 준비를 하고, 어떤 것이라도 그 교사의 일에 방해가 되지 않도록 하기 위해 이 자리에 앉아 있는 것입니다.”

교사들이 떠나고 싶어 하지 않는 것은 놀랄 일이 못 된다. 학교가 이루어 놓은 일이 신시내티 사람들의 존경을 받는 것은 당연하다. 학교에서와 마찬가지로 지역의 모든 사람들에게는 각자 할 일을 잘할 수 있는 공정한 기회가 있다.

오일러는 ‘신시내티에서 가장 좋지 않은 학교’였던 지위가 스스로 또는 도시 전체가 판단하기에도 상승하였다. 이제는 웨스트엔드의 일상을 구성하는 중요한 요소로 인정받고, 도시 전체의 교육 체계에서 매우 귀중한 일부로 여겨진다. 로버츠의 어조 역시 바뀌었다. 부어스와는 전혀 모르는 사이지만 그가 아파서 학교를 비운 동안에 일을 대신 처리하기 위해서 온 그가 다음과 같이 말한다.

"제가 이곳에 온 후로 무례하거나 조금이라도 예의에 어긋나는 단어는 전혀 들어 보지 못했습니다."

이것은 낯선 곳에 처음 온 사람의 강력한 증언이다. 오일러는, 훌륭했다!

부어스는 멈추지 않았다. 아니, 오히려 그는 학교를 끊임없이 변화하는 지역사회의 요구에 부응하게 하는 일에 전보다 더욱 열심히 몰두한다. 그렇지만 그는 규율로 통제하는 것을 멈추었고 실험의 성공에 안주하지도 않았다. 오일러가 고등학교를 올려다보기 시작하였던 것이다. 지난해에 8학년인 33명의 아이들 가운데 절반 이상인 18명이 고등학교에 진학하였다. 고등학교에 대한 나쁜 전통은 더 많이 배우려는 건강한 욕망에 의해서 밀려났다. 부어스가 말한다.

"매주 작업장에서의 하루는 관심과 열정을 의미합니다. 우리 아이들은 고등학교에서 부유한 지역의 초중등학교를 다녔던 아이들과 경쟁합니다. 그리고 우리 훌륭한 아이들은 꺾이지 않고 자신들의 위치를 고수합니다."

지역사회가 관심을 기울인다. 부모들과 제조업자들이 모두 학교에 와서 상의하고, 조언하고, 제안하고, 협조한다. 학교에 다니는 아이는 더 이상 '패거리'의 비웃음을 사지 않는다. 학교는 지역사회에서 자신의 위치를 만들었고 '패거리'들은 학교 활동에 열심히 참여하고 있다. 이웃의 양상도 바뀌었다. 덜 거칠어 지고 경찰이 할 일도 조금 줄어들었다. 집은 더욱 청결해졌고, 아이들의 차림새도 좋아졌으며, 그들이 더 많은 보살핌을 받는다. 오일러는 사람들의 마음을 얻었고, 그 사람들의 식탁에 오르는 음식과 옷을 개선하였으며, 아이들을 고등학교에, 어머니들을 어머니회에 보냈다. 그리고 한때 어디에서나 무분별하게 저속한 말들을 마구 쏟아냈던 사람들이 이제는 오일러에 대한 확신을 가지고 있다.

9. 지방교육의 활성화

전원의 외침

도시의 외침이 있듯이 대지의 요청도 있다. 그렇기는 하지만 지난 세기 동안에 도시의 외침이 너무 끈질기게 울려서, 무수히 많은 사람들이 그것에 귀를 기울이며 도시 거주민들과 연합하였다. 그런데도 도시가 너무 만족감을 주지 못하자 많은 사람들이 줄지어선 벽돌집과 포장도로 망을 뒤로 하고 과일나무, 가축우리, 넓은 채소밭, 광활한 전원으로 가고 있다. 도시의 외침은 그만큼 뚜렷한 다른 외침에서 울리는 소리를 들었다.

10에이커의 부지가 '불야성의 거리(Great White Way, 뉴욕 브로드웨이 극장가를 가리킴)'보다 천국에 더 가까이 있는 것은 아니지만, 그곳에는 덜 커덩거리는 자동차와 인파가 소용돌이치는 곳에서는 자기 존재의 중요성을 알릴 수 없는 한 폭의 조용한 유익함이 있다. 위로는 맑고 파란 하늘이, 그 아래 꽃의 향기, 숲, 그리고 파릇한 잔디. 밤에는 별이 빛나고 낮에는 새가 울며 마당에서는 소와 닭이 달관한 듯이 함께 이야기를 나눈다. 아이들은 일하는 사이사이 뛰어 놀 수 있는 공간을 가지고 있다. 이것이 유익함과는 별개로 공장 일을 하면 결코 가능하지 못할 방식으로 아이들을 가족과 묶어주기 때문에 행복에 매우 가깝다고 할 수 있다. 전원에서는 맨발의 소년에게 하는 것처럼 세상 일이 시들한 영혼들에게 건강과 열정을 외친다. 위티어(미국의 농민시인)의 다음 글을 보면 그가 이러한 생활의 진수에 매우 근접했다는 것을 알 수 있다.

너에게 축복이구나, 아이야,

맨발을 하고, 뺨은 햇빛에 그을려 있구나!

너의 접어올린 바지와,

너의 즐거운 휘파람 소리.

저 언덕 위 산딸기와 입 맞추어,

더 빨개진 너의 입술.

외로움, 고독감, 그리고 어떤 곳에서는 과도하게 일을 하기도 하지만, 전원생활은 전체적으로 매우 풍요롭다.

즐거운 날에 깨어나는 잠

의사의 수칙을 조롱하는 건강

학교에서는 결코 알 수 없는 지식

전원생활은 미래를 보장할 수 있다. 활기찬 사람들과 성실하고 건전한 삶이 보장하는 미래. 아마도 다른 어떤 주체보다도 빠르게 발전하고 있는 학교를 통해서 이 약속이 실현될 것이다. 농촌 지방학교는 두 가지로 개발할 수 있다. 하나는 여러 개로 나누어진 학교를 하나의 학년제 학교로 통합하고 학생들의 전학에 따른 제반 비용은 지방정부에서 부담하는 방안이며, 다른 한편으로는 기존의 원룸 스쿨(19세기 후반과 20세기 초반에 걸쳐서 서양의 영어권 국가와 일부 비영어권 유럽국가의 지방에서 보편적이었던 학교 형태로, 한 교실에서 한 교사가 학년의 구분 없이 모인 학생들을 지도하였다.)을 재편하여 활성화하는 것이다.

짚으로 벽돌 만들기

가장 대담한 대지의 아들이라 하더라도 마을이나 자기 집에 고립되어 살았던 예전의 농부는 고루하고, 편협하고, 편견이 심하며, 이기적이었다는 것을 인정해야 한다. 하지만 시대가 빠르게 변화하고 있고, 예의 고적한 시골의 이기주의에서 벗어나, 유익하고 정력이 넘치는 협력이 발달하기 시작했고, 그것이 수많은 지방의 표성을 눈 깜빡할 사이에 바꾸어놓았다. 통합된 농촌지역 학교를 보면 이러한 협동정신이 가장 잘 드러난다. 도시의 학교들처럼 이들 학교 역시 교과와 학년제로 조직되어 있다.

어느 관점에서 보더라도 통합학교가 조직상 학군별로 분리되어 있는 지구 소학교보다 우월하다. 더 정확히 말하면 통합학교는 조직을 가능케 하지만 학군에 의한 지구 소학교는 그렇지 않다. 어디를 뒤져 보더라도 통합을 지지하는 증거가 압도적이다. 한 지방 교육감이 크게 놀라서 소리쳤다.

"비교, 비교! 비교는 없습니다. 기존의 원룸 스쿨은 말 한 필이 끄는 쟁기마냥 수명이 다하였지요. 이 사실을 간파한 이 지역의 농부들은 전통적인 원룸 스쿨은 다른 수많은 구식 농기계와 동급이라고 결론 내렸습니다. 그 시대에는 괜찮았지만 이제는 충분치 않은 것이지요. 이것이 우리 학교들의 80퍼센트 이상이 통합된 이유입니다. 자, 이런 식입니다. 농부들은 노동력이 몹시 필요합니다. 그리고 애석하게도 격무에 시달리는 교사들이 하루 한두 번 아이들을 찾아보는 그런 학교에 아이들을 보내느니 차라리 농장에서 일하게 할 겁니다. 통합학교는 훌륭한 교육과정을 갖추고 아이들을 확보하며, 아이들도 학교에 계속해서 다니게 됩니다."

그것이 가장 우선이 되는, 아마 가장 필수적인 통합학교의 이점이다. 교과 과정을 확대할 수도 있다. 교사들에게 그럴 만한 시간적인 여유가 있어서 바느질, 요리, 농업, 기술, 설계, 그리고 음악교육이 모두 도입되었다. 또한 고등학교 과정도 추가되었다. 교과 과정에 있어서는 통합학교와 도시의 초등학교가 거의 동등하다.

지방의 원룸 스쿨에 가본 적이 있는가? 그렇지 않다면, 그 학교가 교사들에게는 무엇을 의미하는지 아주 조금밖에는 이해할 수 없을 것이다. 교사의 하루는 그 어느 하나도 시작부터 마무리까지 제대로 할 수 없도록 수업이 너무 분산되어 있다. 여기 인디애나의 한 원룸 스쿨의 일반적인 수업 시간표를 예로 들어 설명하겠다.

일일 시간표

시간	수업	학급
8:30	체조	전체
8:40	읽기	*초등생
8:45	읽기	1 학년
8:50	읽기	2 학년
8:55	읽기	3 학년
9:00	읽기	6 학년
9:10	문법	4 학년
9:20	문법	5 학년
9:30	문법	6 학년
9:40	문법	7 학년
9:50	문법	8 학년
10:00	읽기	4 학년
10:10	읽기	7 학년
10:20	휴식	전체
10:30	읽기	*초등생
10:40	읽기	1 학년

10:50	숫자	2 학년
11:00	숫자	3 학년
11:05	연산	4 학년
11:15	연산	5 학년
11:25	연산	7 학년
11:35	연산	8 학년
11:50	읽기	5 학년
정오	정오	전체

*초등생(primary, 미국에서 primary는 일반적으로는 우리나라의 초등학교 과정에 해당하지만 일부 7, 8학년까지 포함하고 있는 경우도 있다.)

끔찍하지 않은가? 다른 어떤 말로 묘사할 수 있을까? 이 시간표를 보면 오전에만 21개의 수업이 있으며, 오후에는 24교시로 나누어져 있다. 교사가 새로이 반을 소집하고 가르치는 수업이 매일 45교시나 된다. 대학 교수라면 주당 14개의 수업도 '과중'하다. 이러한 상황에서 교사가 아이들을 제대로 다룰 수 있으며, 능력껏 가르칠 수 있을까?

통합학교의 장점이 많기는 하지만, 그 중에서도 일일 수업의 수를 줄이고, 교사가 각 수업에 전념할 수 있을 만큼의 시간을 줄일 수 있다는 점이 크다. 이 원룸 스쿨 교사의 일정표와 동일한 지역 내에 있는 한 통합학교 교사의 강의 시간표를 대조해보기 바란다.

교사의 일일 시간표

시간	수업	학급
8:30	체조	전체
8:45	준비	1 - B
8:50	음성학 - 발음	1 - A
9:00	음성학 - 발음	1 - B
9:15	읽기	1 - A
9:30	읽기	2 학년
9:45	휴식/운동	전체
10:00	자연	전체
10:15	휴식	전체
10:30	단어	1 - B
10:50	단어	1 - A
11:10	숫자	2 학년
11:30	역사	1 - A

인디애나 몽고메리 카운티의 시구 소학교 또는 원룸 스쿨에서 6개 학년 전체의 교사와 학생의 비율이 1대 23이다. 같은 지역의 통합학교는 3개 학년의 교사와 학생의 비율이 1대 16이다. 지구 소학교의 교사가 하루 평균 27개의 수업을 하는 반면에, 통학학교 교사는 11개의 수업을 소화한다. 그러나 수업당 시간은 소학교에서는 평균 13분이며,

통합학교에서는 29분이다. 각 학년당 수업시간은 지구 소학교 교사인 경우 50분이며, 통합학교의 교사는 117분이다. 이처럼 간단한 숫자를 가지고 비교해 보면, 통합학교에서 더욱 효과적으로 교육할 수 있다는 중요한 의미를 알 수 있다. 어느 교사도 하루 27개의 수업을 제대로 다룰 수는 없다. 그리고 13분이라는 평균 수업시간은 너무 짧아서 거의 언급할 가치조차 느껴지지 않는다.

대부분의 통합학교는 일반적인 강의실과 함께, 강의, 축제, 사교 모임, 공식회의를 할 수 있는 강당을 갖추고 있으며, 이곳에서 지역 농민회 회의도 열린다. 통합학교는 지역사회 생활의 중심으로 기능하며, 지역사회 교육에서 그 진정한 역할을 하게 된다. 항상 그런 것처럼, 손질이 잘 된 구내에 둘러싸인 잘 지어진 큰 벽돌 혹은 석조건물은 시골의 대저택에 입주해 있는 주 정부 청사와 같이 지역의 명물이 된다. 탁 트인 농촌지역을 여행하다가 가장 가까운 철도에서 몇 마일 떨어진 좋은 위치의 멋들어진 2층짜리 학교를 우연히 발견하는 것은 아주 흥미로운 경험이다.

예컨대 인디애나 몽고메리 카운티의 린든에서 간신히 인구 3백 명 정도의 마을에 위치한 통합학교는 자체 가스 플랜트에서 오는 가스와 스팀 난방을 갖추고 있으며, 화장실 시설이 충분하고, 강당과 회의실은 매우 넓어서 날씨가 궂은 날에는 초등학교 학생들이 실내에서 게임을 할 수도 있을 정도이다.

통합학교 사이에서 가장 널리 회자되고 있는 것 가운데 하나가 일리노이 퍼크넘 카운티에 있는 존 스웨니 통합학교이다. 존 스웨니 통합학교의 캠퍼스는 24에이커의 대지 위에 자리하고 있으며 가장 빨리 도달할 수 있는 마을이 1.5마일 거리에 있다. 그리고 가장 가까운 도심은 10마일이나 떨어져 있다. 퍼트넘 카운티의 학교에서 가장 놀라운 점은 존 스웨니와 그의 부인이 지역의 통합학교를 위해서 24에이커의 땅을 캠퍼스 부지로 내놓았다는 것이다.

이 학교는 만오천 달러를 들여 모든 설비를 완비하였다. 그것은 4개의 강의실, 2개의 실험실, 도서관, 여러 개의 사무실, 기술교육 실습실, 생활과학 수업을 위한 부엌, 그리고 지하에 놀이방을 갖춘 벽돌건물이다. 이 건물의 조명, 난방, 그리고 환기시설은 모두 초현대식이다. 이와 같이 존 스웨니 스쿨은 적정 시설을 갖추고 설립되었으며 사업장, 공장 등에서 멀리 떨어져 학교 자체에 공을 들였다.

교과 과정은 효율적인 도시학교가 할 수 있는 현대의 모든 전문화된 영역을 포함하여 구성되어 있다. 이 학교는 훌륭한 교사들을 확보하고 독특한 설비를 갖추어서 전 학년의 아이들을 교육하며 지적, 실험적, 기술적, 오락적, 사회적 활동을 결합하여 학교가 지역사회 생활과 지역사회에 대한 영향력의 중심이 되게 하고 있다.

학교 캠퍼스는 실험장이자 놀이터로 활용된다. 학교 안의 나무들은 원예학 강의의 주제가 된다. 비옥한 토지는 농업용으로 전환되기도 하며, 24에이커의 광활한 대지는 게임과 스포츠를 즐기기에 충분하다.

이 학교 안의 사회생활은 그 위치와 설비만큼이나 효과적이다. 오래된 건물을 교사들의 기숙사로 개조하여 교직원들의 생활의 중심이 되는 센터를 갖추고 학교 전체의 사회생활을 위한 배경이 될 수 있도록 하였다. 학교에는 모든 학생들이 가입해 있는 두 개의 쟁쟁한 문학회가 있다. 또한 해마다 학교무대에서는 공연이 펼쳐진다. 음악 연주회, 학부모회의, 오락, 그리고 갖가지 지역사회 행사와 모임이 있다. 모든 의미에서 존 스웨니 스쿨은 지역사회의 중심이다.

성공과 번영이 이러한 교육의 발전을 좇아 뒤를 이었다. 존 스웨니 스쿨이 널리 알려지게 되었고, 그 결과 학교가 자기 아이들에게 줄 수 있는 교육의 기회와 학교가 속한 지역사회가 자신들에게 주는 사회적 기회 때문에 농장을 임대하려거나 구매하려는 사람들이 똑같이 그 인근을 찾고 있다.

다른 훌륭한 시도와 마찬가지로 학교통합을 위한 움직임에서도 선도적이었다. 그곳에서부터 인디애나, 미네소타, 아이오와, 캔자스, 아이다호, 워싱턴, 그리고 수많은 다른 주로 광범위하게 퍼져나갔다. 모든 진보적인 농촌에서, 부유한 농장주들과 안락한 농가가 있는 곳이라면 어디에서나 통합을 시도하기 위해서 논의 중이거나 동요하고 있거나 이미 운영하고 있다.

남부에서는 통합을 목표로 하는 움직임이 지난 몇 년 동안 특별히 활발하였다. 남부의 여러 주는 대체로 농촌 지역사회이다. 지방 인구가 도시 거주민을 크게 웃돌고 있어서, 통합학교의 영향력이 가장 강력할 수 있는 곳이다. 1912년에 루이지애나 주에서만 250개 이상의 통합학교가 있는 것으로 보고되었다. 조지아, 플로리다, 노스캐롤라이나 역시 이렇게 일반적으로 받아들여지고 있는 진보적인 교육의 움직임을 활성화시키는 데 있어서 마찬가지로 활발한 모습을 보이고 있다.

통합과 관련해서 어려운 점은 두 가지로 요약될 수 있다. 우선, 보수주의와 자신들의 아버지 세대를 만족시켰던 것들이 여전히 자신들에게도 적합하다고 믿는 사람들의 편견이다. 둘째로, 멀리 떨어진 곳에서 통합된 학교로 아이들을 통학시키는 데에 따르는 기술적인 어려움이다. 1년 중에 길의 상태가 좋지 못한 때도 있고, 마차는 돈이 많이 든다. 마차를 잘 다루는 사람을 구하는 것도 어렵다. 이러한 요소들을 종합해보면 기존의 원룸 스쿨을 운영하는 어려움보다는 통합학교가 운영상의 어려움이 훨씬 더 크다.

그러나 결국에는 이렇게 여러 가지 어려운 점을 극복하기 위해 노력하는 세력이 승리하게 되어 있다. 시험장, 대학, 그리고 고등학교의 교육적인 계획을 따르는 농업교육의 광범위한 수용이 적어도 새로운 세대의 어떤 것들은 경제적, 사회적 가치에 있어서 과거의 것들을 능가한다는 사실을 가장 보수적인 기성세대들에게 납득시켰다. 체계적이고 과학적인 농업이 침투하자 농업 전통과 보수주의에 큰 혼란이 일어났다. 새로운 방식의 분명한 장점은 오래 지속된 전통적 방식이 형성해 놓은 편견을 극복하게 되어 있다는 점이다.

통학에 따른 기술적인 어려움은 여러 방면으로 해법을 구하는 중이다. 해당 지역의 마차 제조업자들이 경제적이면서도 효율적인 마차를 설계하고 제작하는 데 전념하고 있다. 주 정부와 지역 당국은 마차가 다니게 될 길을 개선하는 데 온 힘을 쏟고 있다. 가까운 미래에는 통합을 위한 운동이 지금까지 향유했던 그 어떤 것도 능가하게 될 표준적인 수송시설을 확보하게 될 것이다. 지역사회마다 이동 문제에 대한 관리와 집행상의 세부 사항을 다양하게 풀어나가고 있다. 그리고 이 역시 학교와 교육에 대한 지역사회 고유의 요구를 해소하려는 견해를 전제한다.

통합에 동반되는 과제가 주로 편견과 행정적인 문제의 해결에 있는 반면에, 그 혜택은 근본적으로 교육적이면서 사회적일 것이다. 통합학교가 유일한 방안이므로, 농촌사회의 구성원들에게 자질을 갖춘 교사들이 상주하는 초등학교와 고등학교라는 특권을 부여하기 위해서 치밀하게 계획되었다. 다시 말하면 통합학교는 각 학년이나 연령대의 학생들이 경쟁과 대항을 하면서 동기를 얻고 학교의 출석률을 높이게 되는 유일한 방안이다. 나아가 통합학교는 젊은 사람들과 나이든 사람들이 다함께 사회적 관심사에 대한 공감대를 형성하는 전원생활 속 활동의 중심지로 빠르게 변모하고 있다.

전원에 있는 학교의 좋은 점은 메이블 카니의 다음 글에 잘 함축되어 있다.

> 지방교육에 대한 문제를 만족스러울 만큼 완벽하게 해결하기 위해서, 그리고 전원생활을 전반적으로 재건하고 재설정하기 위해서 통합된 농촌학교가 최고의 기관이며, 이러한 이유로 그것은 치밀하게 설계되었다.
>
> (Mabel Carney, *Country Life and the Country School*, Row, Peterson & Company, Chicago, 1912)

이러한 설명에 대한 근거를 7가지로 나누어 간추리고 있다. 우선, 통합학교는 학교를 지지하는 사람들의 직접적인 영향권에 있는 민주적인 공립학교이다. 둘째, 그것은 농가의 문 바로 앞에 있으며 완전히 접근 가능하다. 대중교통이 해결된 곳이라면 교사 한 사람이 운영하는 학교보다 더 많이 이용할 수 있다. 셋째, 농촌 지역사회의 모든 아이들에게 학교의 혜택이 있다. 교통수단이 제공되기 때문에 모든 아이들이 학교에 다닐 수 있을 것이다. 넷째, 학비가 적당하다. 다섯째, 학교 안에 대학을 제외한 고등학교까지 교육의 전 과정을 갖추고 있다. 여섯째, 통합학교는 균형 잡힌 교과 과정을 유지, 관리한다. 아이들을 농촌 생활 경험과 관련지어 교육하고 있지만, 아이들이 너무 일찍 특정한 직업을 선택하도록 강요하지는 않는다. 대신, 학교는 아이들이 대체로 모든 직업에 대비할 수 있도록 가르친다. 마지막으로, 이것은 매우 잘 조직된 학교로서 농촌 지역사회에 있어서는 최고의 사회적 교육적 중심지이다.

역시 열매를 보고 나무를 평가할 수도 있듯이, 통합 움직임의 결실은 한결같이 좋아 보인다. 먼저, 아이들이 학교에 다니게 되기 때문이고 둘째, 일단 학교에 가면 그럴 만한 가치가 있는 어떤 것을 배우기 때문이다.

지구별 소학교를 통합하게 되면 학생들을 위한 이동수단을 마련해야 한다. 인디애나 몽고메리 카운티의 유니언 타운십(카운티보다 아래인 행정구역 단위)은 총 106제곱마일에 걸쳐 있는데, 37개의 지구별 소학교를 6개의 통합학교로 개편하였다. 따라서 일부 학생들을 5마일

거리에서 마차로 데려오기도 하고, 도시간 전차를 이용하는 아이들도 있다. 마차는 정해진 시간에 방문하기 때문에 아이들은 시간에 맞추어 준비를 하고 있어야 한다. 이와 함께 지각도 줄어들었다. 어느 한 카운티의 보고서에 따르면 1910년에서 1911년 사이에 지구 소학교에서 지각이 총 1,091건에 달하였던 반면, 통합학교에서는 92건만 있었다. 그런데 이 카운티에는 지구 소학교보다 통합학교의 학생 수가 더 많다.

그리고 통합학교의 아이들이 더 오래까지 학교에 다닌다. 인디애나 몽고메리의 경우를 보면 8학년을 마치지 않은 상태에서 더 이상 학교에 다니지 않고 있는 아이들이 통합학교에서는 전체의 29퍼센트이고, 지구별 소학교에서는 63퍼센트나 된다. 오하이오 트럼벌 카운티에 있는 버넌 스쿨에는 해당 연령의 아이들 가운데 90퍼센트 가까이 등록하고 있다. 통합되기 이전에 지역 학교 재학률은 전체의 5분의 3에 불과했다.

이론적으로는 대부분의 통합학교에서 개설하여 운영중인 농업, 기술, 기타 실용 교육과정의 도입이 아이들의 생활에 중요한 영향을 미쳐야 마땅하다. 그 중요도를 설명하기 위해서 인디애나 몽고메리 카운티의 홀 교육감이 천 명의 아이들(지구 소학교 재학생 5백 명과 5백 명의 통합 학교 학생)을 대상으로 학업을 마친 후에 어떤 일을 하게 될 것인지를 물어 보았다. 그리고 그 결과를 아이들이 다니고 있는 학교별로 정리해 보았더니 다음과 같았다.

직종	구 소학교	통합학교
교직	151	122
사업	123	73
농업	92	129
법	55	21
기술	48	86
의료	13	9
성직자	12	4
축산	3	41
기타	3	15
합계	500	500

통합학교에서는 가축 사육과 농업을 포함한 농업 교과 과정과 기계학이 매우 두드러지며, 지구 소학교에서는 교직, 사업, 법조계가 상위에 있다. 이런 통계가 그 어떤 것도 입증하지는 못하지만, 이 숫자들은 통합학교에 다니고 있는 아이들의 뜻이 움직이고 있는 방향을 나타내고 있다.

펜실베이니아 버크 카운티의 엘리 랩이 다음과 같이 말하며 통합계획의 정신을 묘사하였다.

"통합학교는 제대로 조직된 지방교육에 대한 틀을 갖추고 있다. 이곳의 교육과정은 더욱 폭넓고, 그 상점은 너욱 깅격하며, 지역사회를 향한 학교의 노력과 실천은 더욱 단호하고, 그리고 무엇보다도 학교가 아이들을 잡아두고 있다. 진보적인 지역사회는 아이들이 모두 교육받지 않는다면, 그 아이들 개개인이 무지하게 될 가능성이 매우 높다는 사실에 정신을 차렸다."

지방 원룸 스쿨을 가치롭게

통합학교의 눈부신 성공이 농촌지역 교육의 협동작업 가능성을 시사하지만, 지방의 원룸 스쿨이 이루어 놓았고 여전히 진행 중인 놀라운 성과를 폄하할 수는 없다. 인구가 너무 드문드문 분포하여 통합학교가 실현 가능하지 않은 곳에는 언제까지나 지구 소학교가 존재할 것이다. 그러한 지역에서는 의식 있는 활동으로 변화한 원룸 스쿨에 여전히 교육을 맡겨야 한다. 지방의 원룸 스쿨에는 교육적인 잠재력이 가득하다. 그것을 영리하게 이끌 수 있다면 아무리 다루기 힘든 조직이라도 유용한 지식과 활발한 호기심으로 풍작을 이룰 수 있을 것이다.

농촌지역의 진보적인 학교에서는 더 이상 쟁쟁하게 울려대는 읽기수업도, 단조로운 구구단 암송 소리도 들리지 않는다. 그 자리를 전원에서 공존하고 있는 것들의 영혼을 반영하는 영어수업과 농장에서 필요할 연산이 대신하고 있다. 여기 지방의 원룸 스쿨에 다니고 있는 13살의 소년이 쓴 에세이, 〈씨 고르기, 파종, 그리고 종자용 옥수수 검사하기〉가 있다. 이 에세이에서는 자라는 옥수수, 알이 찬 옥수수, 옥수수 알맹이를 펜화로 그려 상세하게 설명하고 있다. 메이블 고먼이 이렇게 묻는다.

"새를 보호하는 것이 농부에게 사실상 득이 되나요?"

잡초와 위협적인 해충을 없애는 새의 역할을 설명하고 그것의 미적인 측면과 명랑한 기운을 강조한 후에 그녀는 다음과 같이 결론지었다.

"문제는 새를 보호하는 것이 농부에게 득이 되는가? 입니다."

유일한 답은 농장의 매력에 도움이 되는 것이면 어떤 것도 키울 만한 가치가 있다는 것이다. 기쁘게도 새를 보호하는 농부에게는 두 배의 즐거움이 보장된다. 하나는, 작물을 수확하여 얻는 수익의 증가이며, 다른 하나는 삶의 즐거움이 증대하는 것이다.

〈먼지를 털고 비질을 하는 법〉을 쓴 비올라 로슨이 주제와 관련해서 다음과 같이 발표한다.

"제 생각에 만약 집이 몹시 더럽다면 카펫 스위퍼는 그다지 좋은 도구가 아니에요. 빗자루가 가장 좋아요. 왜냐하면 카펫 스위퍼로는 집안의 구석진 곳을 처리할 수 없기 때문입니다."

학교 게시판에 올린 이 작은 제안을 읽어 보자.

"우리는 하루의 3분의 1을 학교에서 보내고 있어요. 그래서 먼지가 없이 깨끗하게 하는 것이 매우 중요해요. 담당자 분들은 학교에서 먼지가 날리지 않는 분필을 사용하도록 해주어야 합니다. 그렇게 한다면 목이 불편한 선생님과 학생들이 그다지 많지 않게 될 거예요. 그리고 발을 제대로 씻지 않는 아이들이 너무 많습니다, 특히 남자아이들. 그 아이들은 나가서 말의 털을 빗기고, 외양간은 청소하면서, 자신들의 발은 모두 더러운 채로 둡니다. 그러고는 학교에 와서 교실에 그 먼지를 그대로 들입니다. 끔찍하지 않아요?"

비올라 역시 13살이다.

오콘토 카운티의 교육감인 엘런 맥도널드는 동부 위스콘신 전역에서 아이들이 1년 내내 각종 대회에 참가하도록 하고 있다. 대회는 옥수수, 사탕무, 알래스카 콩, 감자 기르기나, 남자아이들은 도끼자루 만들기, 여자아이들은 깔개 짜기 등이다. 여름 동안에 맥도널드는 대회에 참여하고 있는 아이들에게 여러 방법을 제안하고 격려하는 편지를 쓴다. 그 중 한 편지가 다음과 같은 유명한 글귀로 시작되었다.

"말해 보게, 젊은이, 자네는 어떻게 자네 일에 전념하는가,

말해 보게, 자네는 자네 일을 어떻게 하는가,

자네, 잘하고 있는가, 제대로 하고 있는가,

자네가 아는 가장 좋은 방법으로 하고 있는가?"

"대회는 잘 해나가고 있나요?"

편지가 이어진다.

"비트, 완두콩, 옥수수를 잘 돌보고 있어요? 기억하세요, 여러분이 들이는 모든 노고에 대해서 보상을 받게 될 거에요."

한 소녀가 이런 답장을 보냈다.

"제 옥수수가 이제 5피트 조금 넘어요. 토마토에는 작은 열매가 달렸는데, 엄마의 토마토는 이제 막 꽃을 피우기 시작했어요. 제가 키우는 무는 잘 자라고 있습니다. 제가 아주 늦게 심었지요. 제 상추는 엄마의 상추들보다 훨씬 더 상태가 좋아요. 그래서 계속해서 상추를 잘 먹고 있답니다."

소녀가 자신의 작물이 엄마의 것들보다 우수하다는 사실에 매우 의기양양해 있는 것을 알 수 있다.

아이들이 아버지를 실질적으로 돕는 지식을 학교에서 배워오기도 한다. 여기 위스콘신 영어수업에서 '애어른의 말씀'이라는 말을 단번에 증명해보인 일이 있었다.

　　이 지방의 아이들은 영어수업에서 자신들이 알고 있는 것을 다루기 때문에 수업에 관심이 많다. 위스콘신 오콘토 카운티의 교육감인 엘런 맥도널드가 3개의 지역신문에 동시에 학교 소식을 전하고 있다. 다음은 그녀가 기고한 글 가운데에서 영어수업과 숫자 세기 수업을 결합한 것에 대한 내용이다. ('봉제인형'은 옥수수 씨를 심기 전에 이 종자의 번식력을 판단하기 위한 기구이다.)

　　맥도널드 선생님 귀하,

　　저희는 봉제인형 검사기 때문에 엄청나게 들떠 있습니다. 한 무더기에 대한 검사를 마쳤으며, 오늘 아침에 다른 무더기를 검사했습니다. 그러면서 한 가지 특이한 점을 발견했는데, 스토브 열에 건조시킨 옥수수는 완벽하게 발아하였지만, 곡물 저장고나 기타 장소에서 건조한 옥수수에서는 전혀 싹이 나오지 않았다는 점입니다. 지난 가을에 아버지는 직접 사용하실 종자용 옥수수를 모아 두셨고, 그것을 매우 신중하게 골라내어, 저장고에 말려 두었습니다. 저도 똑같은 옥수수 밭에서 옥수수 몇 자루를 골라 학교에 두고 건조하였습니다. 그리고 이번 봄에 그것들을 검사하였는데, 아버지의 옥수수는 전혀 싹을 틔우지 않고, 제 것들은 학교 친구들이 나누어 가진 골든 글로우(다육 식물의 하나)마냥 잘 발아하고 있습니다. 오늘 아침에도 저는 아버지의 옥수수 씨를 검정하고 있는 중입니다. 이런 일이 이전에는 한 번도 없었지만 만약 이것도 실패한다면, 아버지는 종자용 옥수수를 사야만 합니다. 지난주에는 우리가 관심을 두고 있는 4곳의 농가에서 옥수수를 가져와서 검사를 해보았습니다. 한 곳에서 가져온 씨에서는 싹이 났지만, 다른 세

무더기는 아직 그대로입니다. 오늘 오전에 일곱 농가의 아이들이 검사할 종자용 옥수수를 가지고 왔습니다. 우리에게도 작년에 심고 남은 옥수수 씨가 한 자루 있어서 몇 알을 검사해 보았습니다. 작년에 쓰던 것들인데도 여전히 일부에서 싹이 났기에 우리는 작년의 옥수수 씨가 올해 것들보다 조금 더 낫다고 생각하고 있습니다.

산수 역시 전원생활과 관련지어 새롭게 가르친다. 남녀 아이들이 칠판 앞에 서서 감자 수확량, 우유 생산량, 곡물저장고 내용물, 자루 가격, 헛간과 닭장의 비용을 계산하고 있는 것을 보면 처음에는 조금 이상해 보일 것이다. 그렇지만 이 지역의 아이들이 자신들이나 아버지들의 문제를 학교 산수 수업시간에 해결하는 것이 자연스럽지 않은가?

지리학도 마찬가지이다. 토양의 생성, 배수, 농가와 농업시설의 위치와 분류, 타운십과 카운티의 물질적인 특징이 일반적인 관심사이다. 펜실베이니아 버크 카운티의 모든 학교는 미국지질조사원이 작성한 해당 지역의 토질조사 지도를 가지고 있다. 농촌지역의 지리학 교육에서 이보다 더 이상적인 체계가 있을 수 있을까?

여기저기에서 전원지역의 학교가 지역 아이들을 신체적으로 단련하고 개발해야 할 필요성을 자각하기 시작하였다. 버크 카운티의 랩 교육감은 이렇게 주장한다.

"농촌지역의 남자아이들은 균형적으로 성장하지 못했습니다. 아이들의 가슴이 약하면서 반반하고 등은 구부정하게 굽어 있습니다."

이것은 매우 흥미로운 사실이다. 랩은 그 이유를 이렇게 설명하고 있다.

"이것은 이곳 아이들이 하는 일의 특성에서 비롯된 것입니다. 거의 모든 일이 아이들의 가슴을 그렇게 만들기 쉬운 종류의 것들이죠. 이것이 사실이건 아니건 간에 아이들이 가지고 있는 이러한 약점을 개선하고 바로 잡는 것이 학교의 일이라는 사실은 여전히 분명합니다. 이 일을 위해서 우리는 50개 시리즈의 게임을 고안해서 아이들에게 가르치고 있습니다."

5월에는 카운티가 모두 참여하는 대규모의 '운동회 겸 축제'가 열린다. 각 학교는 이 행사를 위해서 아이들을 훈련시키고 팀을 출전시킨다. 수레, 마차, 자동차, 그리고 건초 마차들도 각자 할 몫이 있으며, 외딴 지역에서 5천 명의 사람들이 모여 들어서 아이들이 즐거운 시간을 보낼 수 있게 한다.

랩은 활동을 대단히 신봉한다. 스스로도 지치지 않고 왕성해서 겨울에는 가르치는 일을 하고 여름에는 농사를 짓는 교사이자 농부인 사람을 50명이나 확보하고 있다. 해당 지역의 아이들에게는 더할 나위 없는 조건이다. 랩은 아이들을 위한 활동도 확고히 신뢰한다.

"학교가 아이들의 운동에너지에 관심을 갖는다면 그것을 안으로 억누르게 두지 말고 에너지를 발산할 수 있도록 해주어야 마땅합니다."

그 믿음을 입증하고자 랩은 한 남자선생님의 사례를 인용한다. 그 교사는 학교에서 수공예 교육을 실시하는 바람이 일기 전에 그의 원룸 스쿨인 버크 카운티 스쿨에 수공예 교과 과정을 도입하기로 결정하였다.

랩이 이 이야기를 들려준다.

"그 교사는 혼자 힘으로 그 일을 했습니다. 땅을 파서 지하 저장고를 만들고 그 안에 작업장을 갖추었지요. 그는 학생들의 도움을 받아서 쉬는 시간과 방과 후에 틈틈이 작업을 했습니다. 학생들과 함께 그는 자신들이 사용할 도구, 캐비닛, 책장, 액자, 시계 틀, 기타 본인들이 원하는 모든 것을 직접 제작했어요. 그리고 날이 어두워지면, 교사는 당연히 아이들을 집으로 보냈습니다. 너무 일에 질리지 않게요."

통합학교는 유익하다. 이들 학교는 지방교육의 폭을 넓히고 접근을 용이하게 하게 한다. 그렇지만 적극적이고 활동적인 교사 한 사람이 관장하는 지방의 원룸 스쿨도 충분히 유익할 수 있다. 사회적인 행사, 스포츠, 농사와 가정 일을 겨루는 대회, 전원생활과 연관된 글을 쓰고 발표를 하는 연구활동이 모두 아이들과 지역사회를 긍정적으로 바꾸는 데 있어서 강력한 요인임을 보여준다.

작고 빨간 벽돌건물 다시 칠하기

작고 빨간 학교건물이 안팎으로 변화하고 있다. 교육이 농촌의 의식수준을 변화시키고 있다. 전원의 학교건물은 지역의 건축과 정원 조경의 표준을 나타낸다. 이전에는 농촌의 전형적인 학교는 다음과 같이 묘사되었다.

길가에 가만히 서있는 학교,

그 앞에 앉아 햇볕을 쬐고 있는 남루한 차림의 남자.

주변에서 옻나무가 변함없이 자라고 있고,

블랙베리 덩굴은 학교를 모두 덮어버릴 듯 감고 있다.

지저분한 마당과 경쟁이라도 하듯 작은 학교의 외관은 페인트칠도 되어 있지 않아 처량하기 그지없다. 둘 다 미적인 조치를 받아야 마땅하다. 현대식 원룸 스쿨은 모두가 깜짝 놀랄 정도로 말끔하게 도색되어 있으며 학교 마당 역시 옻나무와 블랙베리 덤불로 가득한 대신 운동장과 화단, 정원이 잘 배치되어 있다. 최근의 학교들은 덜 아름답기는 하지만 훨씬 더 편리하여 건축의 기능미가 있다.

위스콘신 주 교육감은 지역 교육위원회에 현대식 원룸 스쿨의 설계와 배치를 무료로 제공하고 있다. 이 설계도 상에서 건물은 가운데에 공간을 두고 각 가장자리에 교실이 배치되어 있었으며, 난방과 환기시설을 개선하였고, 조명은 모두 북쪽에서 나오게 처리하였으며 거의 바닥에서 천정까지 닿는 큰 창문이 자리 잡고 있다. 총 건축 비용이 2천 달러 이상인 이 건물은 모든 면에서 아이들의 건강과 편의를 고려하였다. 그렇지만 교육감은 위스콘신에서 제안하는 것 외에도 다른 활동도 하였다. 예를 들어서, 학교 건물이 허름해지면 합당한 건물을 찾아줄 때까지 그것을 규탄하고, 지방교육에 대한 주 당국의 원조를 거부하기도 했다. 그리고 교육에 대한 인색한 재정운영을 제지하는 훌륭한 법령을 발효하게 만들었다.

일리노이 락포드의 컨 교육감은 학교를 아름답게 하려고 더 특별한 일을 했다. 학교의 내부를 페인트로 보기 좋게 칠하고 꾸몄다. 건물 외부에는 화단, 산울타리, 개인별로 할당된 정원, 잘 다듬어진 잔디, 그리고 잘 손질되어 있는 마당에 있을 법한 모든 것들이 있다. 방치되어 보기 흉했던 락포드 스쿨의 마당이 이웃의 누구라도 따라서 하고 싶을 정도의 모델이 되었다. 학교가 지역사회 생활의 중심지가 되어감에 따라서 지역의 자부심도 커지고 그에 따라 점점 더 많은 것을 요구하고 있다. 오하이오, 인디애나, 위스콘신, 그리고 일리노이에서 더 훌륭한 학교 건물을 찾아간다면, 사람들이 옥수수 수확량을 자랑할 때처럼 왜 자신들이 사용하는 '우리 학교'를 자랑하게 되는지 이해할 수 있을 것이다.

지방교육의 동화나라

요정을 믿지 않게 된 어른들은 아이오와 서부에 동화나라와도 같은 카운티가 있다는 것을 들으면 아마도 다소 의심스러워 할 것이다. 그렇지만 농촌지역을 여행하면서, 형편없는 학교 건물을 들러보고, 활기를 잃은 수업과 무관심한 학생들을 목격한 다음 위스콘신의 농촌지역 학교들에 대하여 막 조사를 마무리한 위원회의 보고서에서 돼지우리가 효율성의 측면에서는 학교 건물보다 더욱 우수하다는 내용을 읽었다면, 동서남북 사방에서 농촌지역 학교의 비참한 현실을 본 뒤 아이오와 페이지 카운티 학교 시스템의 한 가운데로 이동하였다면, 거울

너머 기묘한 세상을 지나왔음을 믿게 될 것이다. 그곳 페이지 카운티는 실제로 존재하는 진짜 동화의 나라이다.

아이오와 페이지 카운티는 아이오와에서 옥수수를 가장 많이 생산하는 곳 가운데 하나이며, 이 지역의 학교들은 아이들이 재미있게 놀고, 수업과 작업을 하며, 강하고 친절한 사람으로 커가는 작은 공화국이다. 학교마다 고유의 노래가 있고, 사교 모임, 클럽, 스포츠 활동을 하는 팀을 보유하고 있다. 홀리 스쿨을 차로 지나칠 때 〈Everybody's Doing It!〉의 멜로디에 맞추어 큰소리로 교가를 부르는 우렁찬 합창을 듣게 된다면, 얼마나 귀를 쫑긋 세우겠는가.

12월에는 페이지 카운티에서 각종 대회가 열린다. 각 학교가 제작한 드레스, 요리, 꼬아 이은 밧줄, 헛간 설계, 에세이 같은 전시품을 출품하고, 카운티 청사로 곡물 판정단이 모이고 그곳에서 카운티 박람회 때와 같이 전시된 농산물을 평가한다. 이때 최고의 알팔파, 옥수수, 감자밭을 일군 아이에게 시상한다.(색다르다. 그렇지 않나? 작년에는 최고의 감자를 수확한 여자아이가 일등상을 수상하였다.) 페이지 카운티에서 12월은 대단한 달이다. 올해에는 3천 개 이상의 전시품들을 카운티 청사가 있는 클라린다로 보냈다. 모든 아이들이 큰 기대를 하며 기다린다. 시상이 모두 끝나면 수상을 많이 한 학교들이 자랑하며 기뻐한다.

"이전까지만 해도 이곳에서는 이런 일들을 결코 진지하게 받아들이지 않았죠."

오후 3, 4시경에 일을 멈추고 아이들에게 종자용 옥수수를 판정하는 법을 가르치기 위해서 학교로 온 한 농부가 설명해주었다.

"우리들은 올해 클라린다에서 전 종목에 참가할 겁니다."

만약에 그가 진심이 아니었다면, 그는 결코 자신의 소중한 시간을 교실에서 보내지는 않았을 것이다. 또한 홀리빌 아이들이 진지하지 않았다면, 그 아이들이 학교수업이 끝난 후에 그곳에 모여서 옥수수 고르는 법을 배우고 있지도 않았을 것이다.

카운티 대회를 준비하고 있는 동안에 각 학교가 속한 지역사회는 흥분으로 들떠 있다. 마을 남자들이 아이들에게 옥수수 판정과 농기구와 농장건물 모형을 두고 조언을 하는가하면, 다른 한편에서는 여자들이 전원요리 비법의 모든 것을 전수받는데, 아이오와 페이지 카운티 최고의 14살 요리사로 불리며 왕관을 쓰는 것도 전혀 사소한 사건은 아니기 때문이다.

페이지 카운티의 한 교사는 저녁에 여자아이들의 가정에서 생활과학 수업을 한다. 매주 정해진 날에 학급 전체가 한 아이의 집을 방문하여 식사에 필요한 재료를 마련하고 요리하여 다함께 식사를 한다. 이 얼마나 직접적인 가정학 교육인가! 시대에 뒤쳐진 주부들—왜냐하면 페이지 카운티에도 그런 사람들이 있어서—에게 가정의 일을 어떻게 처리해야 좋은지를 보여줄 수 있는 절회의 기회!

페이지 카운티가 대단히 큰 옥수수 재배지역이기 때문에 학교에서도 많은 시간을 옥수수에 할애한다. 모든 학교에 아이들이 가을에 수확하고 겨울동안에 건조시켜서, 봄이 되면 수정이 가능한 종자인지 검정하는 종자용 옥수수가 줄지어 매달려 있다. 카운티가 소유한 배브콕 유지방 측정기(우유, 크림 속의 지방 함량을 측정하는 기구)를 학교마다 돌아가면서 사용하여, 아이들이 각 가정에서 키우는 젖소의 생산성을 측정할 수 있게 한다. 여러 팀을 이룬 남자아이들은 학교의 지도를 받아서 노면을 고르는 기계를 스스로 제작하고 1~5마일까지의 도로 구간을 고른다. 이들 가운데에서 가장 뛰어난 팀에게는 꽤 큰 상이 주어진다. 이즈음에서 페이지 카운티의 어른들이 아이들 일에 관심을 가지는 이유가 궁금해지기 시작하는가? 그것은 아이들이 지역사회에 필수적인 구성원인 학교에 다니기 때문이다.

1년에 세 차례 각 학교에는 아이들의 친구들과 부모들이 모두 모이는 행사가 있다. 어떨 때에는 다함께 추수감사절을 축하하고, 간혹 '부모님의 날' 행사를 갖기도 한다. 그때마다 아이들이 직접 학교를 꾸미고, 여자아이들은 케이크와 사탕을 준비하고, 저녁에 부모들을 초대하여 모두 함께 즐거운 시간을 보낸다. 아이들의 교가로 행사를 시작하는데, 어쩌면 이 카일 스쿨의 노래처럼 알려진 노래를 개사한 것일 수도 있다. 다음은 〈Home, Sweet Home〉에 맞춘 교가.

(1절)

어떤 학교가 제일 좋아,

가장 가까우면 최고지,

어떤 학교가 더 좋지,

다른 곳보다 더 사랑을 받으면,

날마다 묘미가 있는

크고 작은 길,

길과 알팔파,

그것들은 변하지 않아.

(코러스)

카일, 카일, 우리의 카일

우리는 카일을 사랑한다네, 우리는 카일을 찬미할 거라네

우리 모두 카일을 위하여

(2절)

몹시 달콤한 옥수수,

몹시 달콤한 사탕수수,

몹시 달콤한 감자,

깨지지 않는 단단한 석탄,

용감하고, 당당하고, 진실한

어머니와 할머니,

아이들을 향한 그들의 사랑

절대 후회할 일 없으리.

종종 부모들이 아이들과 함께 참여한다는 것을 제외하고는 다른 학교 행사의 저녁 프로그램과 같은 일정이 이어진다. 그런데 행사 내용들이 재미있다. 이 작은 듀엣 곡은 카일의 두 소녀가 추수감사절 행사

에서 부른 것이다.

(1절)

한 몸뚱이가 세금을 낸다면,

틀림없이 옳다 할 거예요,

그 몸뚱이는 선거권을 얻죠,

그것이 여자건 남자건.

(코러스)

지금 남자들은 모두 표를 가지고 있어요,

그런데, 알지? 우린 없어,

우리에게도 머리는 있어요, 우리도 머리를 쓸 줄 알죠,

남자들이 하는 것처럼.

(2절)

도시가 한 가정집이라면,

그렇다면 말이죠,

그러면 어느 도시나 집안청소가 필요해요,

바로 당장 해야 해요.

(3절)

모든 도시에는 아버지가 있어요,

아버지들을 존경하죠, 그렇게 생각해요,

그런데 모든 도시에는 어머니도 있어야 해요,

그래야 집을 청소하죠.

(4절)

지금 남자들이 여자들을 위해 법을 만들어요,

친절하게도, 역시 그럴 정도로,

그런데 그런 사람들이 가끔 웃겨 보여요,

사람이 만든 모자만큼.

이 동화나라에서 가장 큰 행사는 여름에 있다. 이때 모든 학교에서 온 남녀 아이들이 여름캠프를 하러 카운티 청사로 모인다. 그곳에서 수업과 강연에 참여하는 사이에 게임을 하고, 캠프 생활의 즐거움에 푹 빠지며, 아이들은 훨씬 더 폭넓은 세계관과 서로에 대한 더욱 큰 관심을 가지게 된다.

그들은 단지 페이지 카운티에 있는 원룸 스쿨일 뿐이다. 그러나 그들은 지역사회의 소리에 귀를 기울였다. 학교가 학부모와 아이들 모두를 전원생활의 더욱 큰 요소에 집중하게 하고 그것을 제대로 인식하고 즐길 수 있도록 스스로를 맞추었다. 그래서 페이지 카운티의 아이들은 그들의 동화나라를 가지고 있고 그 좋은 요정에게 헌신을 다한다. 너그럽고 친절한 카운티 교육감의 모습을 하고 있으면서 그 아이들이 그것을 즐기도록 도와주는 요정 말이다.

농촌 지방학교의 과제

버크 카운티에 있는 원룸 스쿨의 교사가 학생들에게 콜럼버스에 대하여 묻고 있었다.

"그는 어디에서 태어났지요?"

"제노바요."

"엘라, 그렇다면 제노바가 어디에 있나요?"

"지중해 바닷가에 있어요."

엘라가 바로 대답했다.

"그의 직업은 무엇이었죠?"

교사의 다음 질문이었다.

"그는 선원이었어요."

한 총명한 남자아이가 조심스럽게 말했다.

"선원이요."

아이들이 모두 이구동성으로 말했다.

"그는 왜 선원이었을까요, 에디스?"

에디스는 고개를 가로저었다.

"그래요, 조지."

"그가 바닷가에 살았기 때문입니다."

"맞았어요. 자, 여러분 잠시 생각해보세요. 이 지역에서 선원이 될 소년들이 많을까요?"

"아니요."

이어서 아이들이 합창을 한다.

"그럼, 여러분 같은 남자아이들은 자라서 무엇이 될까요?"

"농부요."

아이들이 또박또박 대답하면서 외쳤다. 물론 농장에서 자란 남자아이들은 자연스럽게 농부가 된다. 그렇지만 유아기와 농부의 생활 그 사이에 아이들은 학교에 다닌다. 학교가 해야 할 일이 얼마나 터무니없을 만큼 쉬운가. 그 아이들이 어떻게 하면 지적이고, 진취적이며, 열정적이고, 최고의 현대식 농부들이 되어야 할 것인가를 미리 결정하면 된다. 여자아이들 역시 농부와 결혼하고, 농부의 가정을 꾸리고, 농부의 아이들을 양육한다. 이 또한 얼마나 간단한가. 이 아이들이 그러한 일들을 잘 할 수 있도록 교육받고 있다는 것을 확인하기만 하면 될 일이다.

도시에서는 아이들이 진출할 직업의 영역과 종류가 엄청나게 다양하기 때문에 학교의 과제는 복잡할 수밖에 없다. 이와 비교하면 농촌 지역에 있는 학교는 간단하고 쉬운 일 가운데에서도 가장 쉬운 일만 가지고 있다. 성공적인 농부와 그 농부의 아내가 되려면 어떻게 해야 하는가? 미국 농장의 전통에 따라 살아갈 농부의 아들들과 딸들을 교육하는 데 체육교육, 정신훈련, 농업기술 교육, 효율적인 농장 일을 위한 제안, 옷 만들기, 바느질과 요리가 어떤 비율로 들어가게 되는가? 학교가 어느 정도로 사회활동과 사회적 관심의 중심이 되어야 하는가? 학교는 어떤 식으로 농장과 작은 농촌 마을을 내일의 성인 남녀들이 더욱 살기 좋은 곳으로 만들 것인가?

　농촌사회에 속한 학교의 의무는 간단명료하다. 그것은 지역 아이들을 전원생활에 맞추어 놓아야 한다는 것이다. 먼저 학교는 농촌지역이 필요로 하는 것을 파악해야 한다. 다음으로 이러한 지역의 문제를 잘 이해할 준비가 충분히 되어 있는 교사를 확보하면, 그것은 농촌지역 학교가 의식과 지역사회의 생활을 선도하는 데 마땅히 원동력이 될 것이다.

10. 어린 아이들의 입으로

벨 선생님

아직 1월 하순이었지만 태양이 가볍게 비쳤고, 바람이 담벼락 구석 어딘가에서 마른 나뭇잎을 이따금 바스락거렸지만, 그 부드러운 촉감에서 겨울의 기색은 거의 없었다. 초원 위를 가로질러 멀리 양쪽으로 늘어선 하얀 뾰족 산까지 갈색과 흰색의 울타리가 줄지은 듯한, 오래된 나무들이 점점이 찍혀있는 켄터키의 풍경이 펼쳐진다. 구렁말이 이끄는 마차가 그 자체로 자연스럽게 아름다운 장면을 만들어내면서 둔덕 앞으로 조심스럽게 들어왔다. 틀림없이 그것은 조와 벨 선생님일 것이다. 왜냐하면 그녀는 어느 곳에 가더라도 스스로 주위의 자연스러운 일부분이 되면서 항상 편안해보였기 때문이다. 다음 순간에 곧 그것이 확실해졌다. 벨 선생님과 마차 위 좁은 자리에서 그녀의 무릎과 옆에 딱 달라붙어 있는 세 아이들이 보였다. 그리고 뒤에서 달랑거리고 있는 다리가 차축에 앉아 있는 사람이 누구인지 넌지시 알려주고 있었다.

"워, 워."

벨 선생님이 다정하게 외치자, 더 이상 가지 않아도 되어 기뻐하는 듯한 조가 멈추었다. "어디로 가시는 길인가요? 여기 뒤에 함께 타시려고 먼 길을 오지 않으셨나요?"

"전혀 그렇지 않아요, 벨 선생님."

내가 웃으며 대답했다.

"학교가 이렇게 가까운데 선생님 마차에 함께 탈 사람이 있겠어요. 선생님이 아이들을 내려주실 때까지 저는 앞서서 걸어가겠습니다."

"그렇게 하세요, 지금 조를 모욕하시는 것이지요? 자, 조, 이 분께 본때를 보여드리자."

조는 평상시의 속도로 가다가 살짝 휘두른 채찍에 굴하여 걸음을 빨리 했다.

"함께 걷겠어요."

벨 선생님이 자리에서 미끄러지듯이 마차 옆으로 뛰어 내리면서 소리쳤다. 이렇게 해서 우리는 반 마일을 함께 걸었다. 마차 주인과 내가 나란히 산봉우리를 넘어가는 동안 말도 계속해서 보조를 맞주었다. 그러다가 벨 선생님이 자그마한 노란 집 앞에서 고삐를 끌어 당겼다.

"자, 다 왔다."

선생님이 어린 동승자들에게 외쳤다.

"한 사람 빼고 모두 여기서 내리지? 애들아 잘 가렴. 좋아, 이제 올라타세요."

그리고 잠시 후에 우리는 조가 끄는 마차에 자리를 잡고 30분 동안 아늑하게 타고 갔다.

"저기에서 내린 어린 두 여자아이들을 보셨죠."

벨 선생님이 우리가 막 떠나온 집을 가리키며 말했다.

"그 집에는 여섯 식구가 있어요. 그 아이들 아래로 두 동생들이 있지요. 어머니가 지난겨울에 돌아가셔서, 제가 그 아이들에게 관심을 가지게 되었어요. 아버지는 아이들에게 최선을 다하고 있지만, 남자가 혼자서 감당하기에는 너무 큰일이지요."

이때쯤 마지막으로 남은 아이를 내려주었다. 그리고 벨 선생님은 뒤로 편안하게 앉아서 목초지대인 켄터키의 원룸 스쿨에서 그녀가 하는 일에 대해서 이야기를 들려주었다.

아이들을 통하기

벨 선생님의 이야기가 시작되었다.

"제 학교가 마음을 얻어야 하는 가족이 서른다섯 가구 정도 될 겁니다. 6년 전 제가 이 학교를 처음 맡았을 당시에 어떤 분들은 정말로 도움이 필요했어요. 그분들은 평생 편안함과 품위라는 것은 알지 못했어요. 스타킹이 줄어들 때까지 신으시는 분들이었지요. 어떤 여자아이는 10월에 입은 스웨터를 크리스마스 때까지 줄곧 입었고, 세탁한

다음에는 이듬해 봄까지 다시 입었습니다. 당신은 그렇게까지 비참한 집을 본 적은 없을 거예요. 마을에 차양이 있는 집이 거의 없고, 커튼 역시 눈에 띄지 않았지요. 그건 여성들이 신경을 쓰지 않는 것이 아니라 그저 모르고 있었던 거예요. 제가 그 모든 걸 목격했답니다.”

벨 선생님이 생각에 잠겨 머리를 끄덕이며 말했다.

“그것이 처음에는 엄청난 걱정거리였습니다. 다만 저는 이곳 분들을 이해하고 도와야 했습니다. 저는 그렇게 결심했어요. 그렇지만 끈기가 필요했죠. 그래서 제 스스로에게 이렇게 말했어요, ‘자, 애야, 절대로 서두르지 마. 넌 어른들에게는 아무 것도 할 수 없어. 그 분들은 너무 도도하셔. 조금이라도 성공하려면, 아이들을 공략해야해.’ 그래서 저는 계속해서 아이들을 가르치면서 눈을 크게 뜬 채 마냥 기다렸어요. 제가 아는 그 첫 번째 일이 길을 열어 줄 때까지요. 아마 어떻게 그렇게 되었는지 짐작조차 못하실 거예요. 그것은 바로 비스킷을 통해서였답니다.”

머핀으로 시작하기

“이곳 분들은 흰 빵 이외의 다른 빵을 본 적이 없어요. 옥수수빵이나 통밀빵은 어느 곳에도 없었어요. 짐작하시겠지만, 그분들의 흰 빵이라는 것 역시 부담되고, 시며, 좋지 못한 방법으로 만들어진데다가 반만 익은 것이에요. 그래도 어른들은 만족해했으니 아이들을 통하지 않으면 그것을 공략해볼 어떤 방법도 없어 보이더군요. 저는 날마다 아이들이 설익은 비스킷을 먹거나 소금으로 부풀린 빵으로 만든 샌드위치를 바구니에서 꺼내는 것을 보았어요. 그러면서 생각했지요, 저걸 어떻게 먹고 있나. 그런데도 저는 아무 말도 하지 않았어요. 단, 점심때마다 옥수수 머핀이나 통밀 웨이퍼를 최대한 맛있게 먹었지요. 하루는 한 여자아이가 제게 다가와서 이렇게 묻는 겁니다.

'선생님, 지금 드시고 계신 것이 무엇인지 여쭤봐도 될까요?'

'옥수수 머핀이란다. 먹어 보겠니?'

제가 말했죠.

'아니에요.'

'그래? 맛을 보고 싶지 않니?'

'물론 그러고 싶어요.'

아이가 조금 맛을 보고는 큰 걸로 다시 먹어보더군요.

'음,' 아이가 입술을 우물거리며 말했어요, '음.'

'어떠니? 입에 맞니?'

제가 물었어요.

'음,'

아이가 완전히 배가 부른 아기처럼 다시 그러는 거예요.

'오, 선생님,'

애니가 큰 소리로 말하기 시작했어요.

'선생님, 이걸 어떻게 만드세요?'

바로 제가 기다렸던 그 기회가 온 겁니다.

‘그걸 알고 싶니?’라고 물은 뒤에, ‘물론이요,’ ‘그러고 싶어요,’ ‘오, 네,’ 하는 아이들 대답에 저는 칠판에 레시피를 적었습니다. 그리고 이틀도 지나지 않아서 여자아이 둘이 제가 먹어 본 것 중에서도 꽤 훌륭한 옥수수 머핀을 가지고 온 거예요. 꼬마숙녀 애니는 훌륭한 요리사입니다. 아직까지 그 아이보다 더 우수한 아이는 보질 못했어요. 그리고 그 주가 다 가기도 전에 그 아이가 제게 이렇게 말하더군요.

‘선생님, 우리 어머니가 선생님께 단단히 화가 나 계세요.’

‘그게 무슨 말이니?’

제가 물었죠.

‘어머니가 앞으로 집 안팎에서 드시게 될 옥수수 머핀 만드는 법을 선생님께서 우리들에게 가르쳐 주셨기 때문이라셨어요. 제가 그걸 처음 만들었던 날 밤에는 아버지가 11개나 드셨어요. 그리고 이후에도 식성이 조금도 바뀌지 않았어요. 이제 아버지는 그것들을 매일 드셔야 해요.’

그것으로 앞으로의 일이 상당히 쉬워졌습니다.”

벨 선생님이 이야기를 이어갔다.

“머핀의 활약은 대단했어요. 그것들이 새로이 등장하자 하얀 비스킷은 자취를 감추었으니까요. 그리고 오래지 않아 서는 마을 전체가 옥수수 머핀, 통밀 웨이퍼, 통밀빵을 만들게 하였습니다. 그분들은 그 의미를 확실하게 빨리 알아들으셨습니다. 저는 월요일마다 레시피를 칠판에 적었습니다. 이곳의 여성분들을 위한 레시피였죠. 그것은 그분들이 아셔야 할 쉽고, 간단하고, 유익한 것들이었습니다. 그러니 제 요리법은 그 분들을 위한 것이었죠. 주중에 모든 아이들이 그것을 요리해서 제게 가지고 오면 금요일에 가장 좋은 평가를 받은 아이가 칠판에 자신만의 요리법을 공개합니다.

아시다시피, 일단 시작되고 보니 제가 원하는 어느 분야를 계속해서 추진하더라도 어렵지 않았습니다. 그 무렵 저는 매주 하나씩 요리법을 칠판에 적고 있었고, 어머니들이 자연스럽게 흥미를 가지게 되어서 이런 저런 요리법을 물으러 학교에 오시곤 했어요. 그분들은 어떤 조언도 듣지 않으실 분들이에요. 이해하시겠지만, 절대 아니죠! 그분들은 요리에 관한 모든 것을 알고 있다고 생각했죠. 그런데 딸들의 요리가 대단히 자랑스러웠던 겁니다. 특히 아이들이 카운티 행사에서 상을 받았을 때 말이죠. 그로 인해서 집안에 무수히 많은 변화가 있었습니다. 그 분들이 요리한 것이 도움이 되었고 맛도 엄청나게 좋았기 때문이죠."

벨 선생님의 다음 시도는 케이크였다. 이 지역에서 매우 일반적으로 먹는 케이크는 질척하고, 끈적끈적한 질감에, 버터를 듬뿍 넣은 것이었다. 비싼데다가 소화도 잘 안되지만 빵과 함께 대부분의 점심 도시락을 채우는 내용물이었다.

벨 선생님이 이번에는 케이크 이야기를 들려주었다.

"저는 케이크 일을 어떻게 시작하면 좋을지 알 수 없었어요. 이 지역 분들은 케이크에 대한 자부심이 무척 높았거든요. 그러다가 마침내 한 가지 생각이 떠올랐어요. 이웃의 한 여자 분이 편찮으셨습니다. 그녀는 요리를 잘 하기로 유명했고 좋은 요리를 보면 바로 알아보았죠.

그래서 제가 여동생에게 부탁해서 엔젤 케이크(달걀흰자로 만드는 고리 모양의 케이크)를 만들어서 병문안을 갔습니다. 그분이 그런 가벼운 맛의 케이크를 본 것은 그때가 처음이었다고 확신합니다. 어쨌거나 그분이 굉장히 기뻐하셨어요. 머지않아서 마을에서 그럴 만한 시간과 체력과 여건이 되는 모든 분들이 엔젤 푸드를 만들고 계셨어요. 물론 케이크를 만드는 데는 돈이 조금 듭니다. 그러나 그들은 어떤 종류가 됐건 케이크는 반드시 만들 것이었기 때문에 나머지 다른 것들보다는 훨씬 더 나았습니다."

이와 비슷한 전략으로 튀긴 고기도 차츰차츰 로스트와 스튜로 바뀌어 갔다. 벨 선생님이 처음 왔을 때, 고기요리는 기름 속에서 헤엄을 치고 있었으며 기름에 담긴 채로 스토브에서 나왔다. 모두가 고기를 튀겼고 어쩌다가 우연히 로스트를 사면 고기를 오븐에 넣기 전에 끓여서 육즙을 모두 빼냈다. 그렇지만 벨 선생님의 스튜와 로스트는 먹기가 더 좋았다. 남자들도 그것들을 대단히 좋아했고 예의 그 튀기는 방식은 운이 다하였다.

"아니에요,"

벨 선생님이 웃으며 결론지었다.

"어른들에게는 어떤 일도 할 수 없어요. 제가 만약에 이 지역의 한 여성분 부엌에 들어가서 밀가루를 체로 치는 법을 설명했다면 전 당장에 쫓겨났을 겁니다. 그런데 애니가 집으로 돌아가서 그런 머핀을 구웠고, 가장이 처음에 11개를 먹었다면 말할 필요도 없어요. 머핀이 모든 것을 말해주고 있잖아요."

남자아이들 가르치기

벨 선생님은 여자아이들을 통해서 마을 전체의 식습관을 바꾸고 있었다면, 남자아이들을 통해서 농부들이 사용하는 옥수수의 품종, 발아법, 그리고 밭의 질을 개량하기 위해서 노력하는 중이었다. 몇 년 전 농부가 최신 아이디어를 멸시하며 퇴짜를 놓았을 때, 옥수수 알맹이를 심었을 때 싹이 날 수 있을지를 판정하기 위한 검정법을 집으로 가져간 것이 아이들이었다. 의견을 귀담아 듣지 않은 농부는 셋 중에 하나에서만 싹이 났을 때 옥수수 검사기를 두고 어떤 말도 할 수 없을 것이다. 어떤 원인에서인지 농부들의 옥수수 알맹이들은 제대로 싹을 틔우지 못했다. 싹을 낼 수 있는 씨로 빨리 교체해야만 수확량을 늘릴 수 있을 것이었다.

이러한 일을 해낸 벨 선생님의 학교가 하얀 석회석 봉우리 옆에 서 있다. 이 학교가 비슷비슷한 수천의 시골학교 외관과 전혀 다를 것이 없기 때문에 사람들이 이 학교를 보려고 멈추는 일은 거의 없을 것이다. 학교는 벨 선생님처럼 겸손하며 꾸밈없이, 그저 실제 관심사라는 단 하나의 특징만 잡고 있다. 영리하고, 성실하고, 열정적인 아이들은 그들의 '분주한 일'을 배우려고 진심으로 애를 쓰며, 쉬는 시간과 수업을 모두 마친 후에도 그들의 '분주한 일'에 대해서 장황하게 의논한다. 손에 쥐고 있는 그 일들이 금방이라도 손가락 사이로 빠져나갈 것 같기 때문이다. 이 역시 다른 모든 것들과 마찬가지로 벨 선생님만의 시스템이 있다. 아직 학습내용을 모두 소화하지 못한 아이들은 새로운 바느질법이나 설계를 배울 수 없다. 핑크색 드레스에 갈색머리를 땋은 작은 여자아이가 만들던 매트를 한쪽으로 치우고 앞으로 나가 7살이라고 말하고는 칠판에 "애나 벨 루이스"라고 적는다. 그러면 존 머피는 11살이지만 코바늘로 뜨고 있던 귀마개를 내려놓고 루이스의 설명을 듣기 시작한다.

자산이 되는 '분주한 일'

"'분주한 일'이 무슨 도움이 되는지 아마 짐작도 할 수 없을 거예요." 벨 선생님이 웃으며 말한다.

"아이들이 짜깁기를 잘 하면 산수에도 강해지는 거죠. 그러니까 저는 아이들에게 옷의 본과 바느질법처럼 간단한 것을 가르칠 때에도 '하나, 둘, 셋, 넷, 다섯, 그리고 한 코를 빼세요' 하는 식으로 숫자를 셉니다. 그러면 가장 빠른 시간 안에 아이들은 숫자를 배우게 됩니다. 아이들이 볼 수 있는 어떤 부분들과 연결해서 가르치는 것이 훨씬 더 빨리 익히게 하는 방법인 것 같아요. 그렇지만 바느질이 해놓은 최고의 일이 무엇인지는 상상도 못하실 거예요. 아이들이 더 이상 남의 험담을 하지 않게 된다는 겁니다! 알아요, 안 믿기시죠? 그렇지만 사실입니다. 이 마을에는 문제가 많았어요. 사람들이 남의 이야기를 하고, 좋지 않은 감정들이 있었지요. 그리고 어른들이 아주 자주 싸움을 했어요. 그런데 소문은 대부분 여자 아이들 사이에서 시작된다는 걸 곧 알게 되었답니다. 그도 그럴 것이 아이들이 학교에서 그다지 바쁘지 않았던 터라 듣고 말하는 것을 제외하면 집에서 할 만한 일이 많지 않았던 거죠. 실제로 아이들은 실생활에서 어떤 취미를 가지고 있지도 않았거든요. 물론 말로 하는 것은 아무 소용이 없었죠. 그러나 저는 아이들이 좋아하는 것 때문에 바빠진다면 그것이 멈출 거라고 생각했어요. 아이들에게 드레스를 만들게 하는 것만으로는 충분하지 않았습니다. 그런데 제가 그 일에 착수하면서 아이들에게 정교한 디자인을 나누어 주었어요. 아이들이 예쁜 옷을 짓고, 옷에 수를 놓고, 레이스와 도일리(접시 바닥에 까는 작은 깔개로 케이크나 샌드위치를 내어 놓을 때 깔거나, 가구 위에 덮는 작은 장식용 덮개)를 만들었어요. 여자아이들이라면 대부분은 패션 관련 책에서 새로운 아이리시 레이스 패턴을 보고 쉽게 따라할 수 있어요. 아이들은 새로운 패턴에 무척 광적이거든요. 소문의 근원지가 되었던 그 소녀들이 작업을 하느라 바빠졌고, 이제는 남의 얘기를 하지 않고 패턴과 요리법을 서로 교환합니다."

여자아이들이 바느질을 하고, 꿰매고, 코바늘 뜨기, 단 처리, 뜨개질을 하며, 바구니를 짜고, 옷을 만들며 여러 가지 '분주한 일'을 하는 동안에, 남자아이들은 학교 마당을 청소하고, 호두나무를 심는다.(펄 코너 교육감이 학교 아이들에게 산봉우리 전체를 따라 갖가지 견과류 나무를 심게 했다.)

"아이들에게는 작업대가 없어요."

벨 선생님이 몹시 안타까워했다.

"그것을 놓을 자리가 마땅치는 않지만, 아이들이 곧 그것을 가지게 되었으면 좋겠어요.”

정말로 작은 건물은 아이들과 교실 가구들로 가득 차서 공간이 매우 협소하다.

그렇지만 로커스트 그로브의 이 작은 원룸 학교건물이 지역사회에 강한 영향을 미친 일이 있었다. 카운티 교육위원회가 최근 벨 선생님을 더 큰 학교로 전근시키기로 결정하자, 해당 학군 대표위원이 즉시 사퇴하면서, 소속 위원들 전체가 그에게 사과하고 벨 선생님을 그의 학교에 그대로 남게 하겠다는 확답을 듣고 나서야 사퇴를 철회했다.

한 이웃이 이렇게 기억하고 있었다.

“우리들 모두 그 노신사께서 그렇게까지 화를 내신 모습을 전에는 본 적이 없어요. 그렇지만 당시에 그 분은 틀림없이 화가 났어요. 그 분은 벨 선생님이 하는 일이 성장하는 것을 목격해왔고, 그것이 아이들에게 어떤 의미인지를 알고 있었던 것이죠. 그래서 위원회가 그녀를 빼가려고 했을 때, 바로 이성을 잃은 것이었어요.”

마거리트

무엇이 이상하겠는가? 맥박을 짚고, 증상을 판정하였으며, 무지, 취기, 강한 증오, 끊임없는 분쟁이 가득한 농촌지역을 확실히 고칠 수 있는 처방을 내린 마법과 같은 효과를 그는 보았다. 그는 자신의 집 바로 근처에 사는 마거리트라는 작은 소녀의 삶에 일어난 변화도 목격하였다. 그 아이는 태어난 이후로 줄곧 어둠 속에서 살았다. 그러나 벨 선생님은 그 황량한 집안으로 빛을 끌어 들였다. 벨 선생님은 그에 대해서 이렇게 말했다.

"당신은 아마도 그 집보다 더 심한 집은 본 적이 없을 겁니다. 아이의 어머니는 한심하게도 집안일에 관한 한 모든 것에 무지한 상태였어요. 아이들의 차림새도 형편없었지요. 집은 척박함 그 자체였어요. 차양도, 커튼도, 어떤 장식도 전혀 없었으니까요. 애처롭기 그지없었죠. 아이가 처음 학교에 나왔을 때에는 아이도 그 어머니도 바느질조차 할 줄 몰랐어요."

손재주를 타고난 마거리트는 학교에서 바느질을 아주 열심히 배웠다. 그리고 집에 돌아가서 배운 그대로 어머니에게 전달하였고, 집안의 커튼을 직접 만들었다. 그것만으로도 낡고 오래된 집에 빛이 감돌았다.

또한 릴리라는 아이가 있는데, 바느질과 산수는 매우 서툴지만 가장 맛있고, 풍성한 요리를 배워서 가족들의 식습관을 유익하게 바꾸었다. 릴리가 만든 빵―페이예트 카운티에서 최고―은 깃털처럼 가볍다. 헤나는 학교에서 배워서 바느질이 아주 능숙하다. 1년 전까지만 해도 그 아이는 바느질을 할 줄 몰랐다. 그러나 지금은 바느질 솜씨가 매우 정교하고 깔끔해서 곁에서는 거의 표가 나지 않을 정도이다. 홀리 부인은 13살 된 딸이 학교에서 쉽고 예쁜 바느질을 배워 와서 자신의 것은 물론이며, 본인의 옷까지도 짓기 시작했다면서 잔뜩 흥분해서 소식을 전해주었다. 어딜 가든지 학생들과 그 가족들의 인생에 지워지지 않고 오래 남을 일을 한 교사의 흔적들이 보인다. 이렇다보니 위원회의 노신사께서 벨 선생님과 헤어지기 싫어하는 것도 놀랄 일이 아니다.

아버지들을 같은 편으로

벨 선생님이 매우 기뻐하며 학생들의 아버지들—그녀는 그 가족들이라고 했지만—을 사로잡은 이야기를 한다.

"아이들이 너무 보살핌을 받지 못하고 있었어요. 아버지들은 위스키에 돈을 썼고, 어머니들은 수입이 부족했으며, 아이들을 더 잘 입히기 위한 정보도 없었어요. 허름한 신발과 얇은 옷가지들을 걸치고 있는 아이들이 측은했습니다. 그런데 우리가 크리스마스 행사를 준비했던 때의 일이예요. 한둘을 제외하고는 아이들 모두가 겨울 내내 학교에 올 때 입었던 그 차림을 하고 왔어요. 그중에서도 어떤 아이들의 옷은 다 낡아서 해지고, 덧대서 꿰매고, 지저분하기까지 하더군요. 사정이 어찌됐든 간에 아이들이 무대에 올라 사람들 앞에서 준비한 대로 각자 이야기를 하도록 하는데, 아버지들이 무척 당황하는 듯 보였습니다. 그분들이 낡은 옷을 입은 자기 아이들을 보았고, 깨끗하게 단장한 이웃의 어떤 아이들도 보았던 것이지요. 그분들은 그것을 참을 수 없었던 겁니다."

"다음 해에는 확실히 달라졌어요."

벨 선생님의 얼굴에 흡족한 미소가 번졌다.

"아버지들은 한마디도 하지 않았어요. 아시잖아요, 남자들은 무언가 말을 많이 하는 사람들이 아니죠. 하지만 그들은 행사 전날에 직접 시내로 나가서 아이들에게 입힐 새 옷을 가지고 돌아왔죠. 물론 옷이 너무 작아서 아이들이 입을 수 없는 경우도 있었고, 반면에 너무 크기도 했지요. 그렇지만 아이들 모두에게 새 옷이 생겼고 비참한 기분이 든 아이는 한 사람도 없었어요."

그녀는 이렇게 마무리했다.

"이번 크리스마스 행사에 사람들이 학교를 빽빽이 채울 만큼 많이 왔고 어떤 분들은 돌아가야만 했어요. 얼마나 성황이었는지 갓난아기만 해도 24명이나 되었다니까요. 그런 상황에도 저는 대비를 해두었지요. 막대사탕을 2파운드나 준비했거든요. 그래서 아이들이 악을 쓰며 울 때마다 재빨리 하나씩 주었어요."

이상하지만 좋은 일들이 어머니들의 학교 방문에 뒤이어 일어났다. 자녀들이 그토록 뜻밖의 열정으로 배우는 놀라운 일들이 없었다면 그들은 결코 학교에 가지 않았을 것이다. 바느질을 특별히 잘 하는 한 여자아이가 어머니를 학교에 데려왔다. 그 어머니는 당시에 7명의 이웃 사람들과 지속적으로 싸움을 하고 있던 겁이 없는 사람이었다. 이것은 약간 눈치와 요령이 필요한 일이었는데 마침 알맞은 때가 왔다. 이웃에 아픈 사람이 있었는데 벨 선생님이 이 어머니에게 이웃의 병문안을 가서 도울 것이 있는지 알아보도록 제안했다. 결국 그녀가 그 조언에 따랐고, 친절해지는 것이 매우 즐거운 일임을 깨달았다. 그리고 그녀가 몸에 배었던 무례함을 친절함으로 바꾸자, 자신의 생활에 기쁜 소식이 찾아들었다. 놀랍게도 그녀의 적들이 모두 사라진 것이다.

자녀들이 하는 일에 대해서 이야기하려고 학교에 찾아오는 어머니들은 처음으로 서로 가장 좋은 모습을 보았다. 그들은 다정한 분위기에서 차를 마시며, 제인의 드레스나 윌리의 수업에 대해서 이야기를 나누면서 사교술을 배워갔다. 이 교훈이 천천히 전해져서 이제는 이웃에게 말을 건네지 않는 여성은 한 사람도 없다. 5년 전까지만 해도 꿈도 꿀 수 없었던 상황이다.

벨 선생님은 해마다 9개월 동안 켄터키 주 렉싱턴 외곽에서 7마일 떨어져 있는 밀리터리 파이크의 로커스트 그로브 스쿨에서 수업을 한다. 카운티 교육감인 펄코너가 이렇게 말한다.

"천사들이 저 학교를 지켜보고 있어요."

의심할 여지없이 이 천사들이란 지역사회의 착한 천사들이다. 인근 지역에서는 6년 만에 험담과 싸움이 사라지고 서로 도우려는 이웃 간의 친화정신이 그 자리에 대신 들어왔기 때문이다. '분주한 일'을 하는 남녀 아이들, 자녀들로부터 배우는 아버지와 어머니들이 다시 태어난 마을의 찬사를 벨 선생님에게 듬뿍 보냈다. 지역사회의 의식과 행동양식을 재건하고, 가엾고 황량한 과거를 밝고 안락한 미래로 바꾸어 놓은 그 선생님에게.

11. 완전히 잠이 깬 슬리피 아이

필요에 맞추는 학교

이것은 지역사회에 맞추기 위해 확립된 시내의 한 학교 이야기이다. 한 소도시의 중심지에 마을이 있는데 이곳에는 약 2,247명의 주민이 거주하고 있으며, 부유한 농촌지역의 한 가운데 자리 잡고 있는 부촌이다. 지역경제라면, 이곳에는 몇몇 산업과 일부 상점들이 있으며, 외곽은 일반적인 농업지역이다. 그러한 지역의 교육위원회가 당신에게 와서 이렇게 말한다.

"우리가 지금 교육감을 찾고 있는데, 혹시 당신이 그 적임자인가요?"

당신은 다음과 같이 대답한다.

"그렇습니다."

"그러면 당신은 어떻게 그 자질을 입증하겠습니까?"

미네소타 외곽에 슬리피 아이라는 곳이 있다. 이 마을이 위치한 곳은 부농지역의 중심지이다. 이 슬리피 아이에서 전체 학교를 관리 감독하는 수장의 자리에 세더스트롬이 있다. 세더스트롬은 자신이 '바로 그'라는 것을 매우 사실적으로 입증했다.

세더스트롬이 슬리피 아이의 학교들을 책임지게 되었을 때, 그는 훌륭한 학교시설, 지적 수준이 높은 지역사회, 그리고 현대화된 인구 2천 명 규모의 중서부지역 소도시들의 학교 시스템을 발견하였다. 세더스트롬에게는 선택권이 있었다. 그는 이곳에서 항상 해왔던 대로 일을 지속하여, 학교 기구, 체계, 조직을 향상시키고, 평가시기에 인정받을 만한 결과를 제시하기만 할 수도 있었다. 이렇게 하는 것이 거부감과 저항을 최소화하는 길인 것 같았다. 그렇지만 세더스트롬은 그 길을 선택하지 않았다. 대신 그는 지역사회와 아이들을 조사, 연구한 후에, '모든 것을 그들 개개인의 요구에 맞추기'로 결심하였다. 세더스트롬은 이에 대해서 다음과 같이 설명한다.

"당국에서 하달된 활동은 여러 가지로 다양했습니다. 하지만 저는 우리의 여건과 필요를 잘 알지 못하는 누군가가 수립한 교육과정이나 일의 개요를 그대로 따를 생각은 없었습니다."

새로운 교육의 기저가 되는 신조 가운데 이보다 더 감탄할 만한 설명이 어디에 또 있겠는가? 학교를 책임지는 역할이 주어지자 심사숙고한 끝에 학교가 그 지지와 동조를 의지하고 있는 지역사회의 요구에 스스로 맞추기로 결정하였다. 그는 전통을 의식하지 않고, 해당 지지층의 이해와 관심사에 따라 학교를 개조하는 데 착수하였다.

슬리피 아이는 농경지구에 위치해 있다. 이 학교에 오는 남자아이들 가운데 상당수가 성인이 되면 농장을 경영하게 된다. 그리고 슬리피 아이의 많은 여자아이들은 그 농부들과 결혼하여 가계를 관리할 것이다. 여기에서 농부와 그 아내들이 성장하고 있었다. 그렇다면 농업분과를 만드는 것은 지극히 자연스러운 일이 아니겠는가?

학교에 농업학과라니? 그렇다, 사실이다. 그리고 1년 내내 학교에 다닐 수 없었던 남녀 아이들을 위한 겨울 단기농업 교육과정과, 아이들을 위한 학교농장과 학교 시험장, 그리고 학교에서 모임을 갖고, 생활과학 분과에서 행사를 관리하는 왕성한 농민회, 아이들과 지역사회의 필요성과 요구를 모두 고려한 온갖 종류의 교육과정이 개발, 개설되었다.

학교 관리인을 강사로

이러한 교육과정 설계방식의 결과로 학교의 관리인이 어느 순간 강사가 되어 있기도 하였다. 어느 날 단기 교육과정의 남학생들 몇 명이 엔진 작업실에 있을 때 학교 관리인은 난방장치의 파이프를 수리하고 있었다. 그러던 중에 아이들이 그의 일을 도와주었는데, 그들 중 현실적인 생각을 해낸 어느 학생이 집에서 하고 있는 농장의 용수 설비공사를 떠올렸고 파이프 공사를 더 배우고 싶어 했다. 이에 관리인이 세더스트롬에게 그대로 전달하자, 세더스트롬은 아이들을 불러서 그 계획의 가능성에 대해 함께 이야기를 나누었다.

이 교육과정의 개요는 별로 희망적이지 않았다. 기술분과 강사들의 모든 수업일정이 꽉 차 있어서 어느 누구도 그럴 만한 여유가 없었다. 이에 대한 유일한 해결 방도가 학교 관리인이었다.

관리인은 낮 동안에는 바빠서 시간을 낼 수가 없었지만 저녁에는 비교적 여유가 있었다. 약간의 협상이 필요하였지만, 그는 배관작업과 증기관 수리공사에 대한 기초과정 교육을 맡아 매주 화요일과 목요일 저녁 7시 30분에 강의를 하기로 하였다. 이렇게 하여 아이들이 저녁에 학교에 와서 관리인의 지도 아래 각 가정에 용수시설을 설치하는 법을 배웠다. 이것의 1년 교육과정은 가정, 헛간, 그리고 기타 농장을 위한 용수시설의 모형을 만드는 것으로 구성되었다. 그리고 이 수업에 필요한 자재는 학교의 폐품 더미에서 구할 수 있었다.

어떤 사람들은 이것의 정신—쓰레기 더미에서 찾은 잡동사니들을 가지고 증기관 시설공사를 가르치는 데에 학교 관리인을 관련시키는 것—을 이해하지 못할 것이다. 하지만 한편으로는 학교에서 돌아가 자신들의 집을 개량하는 법을 알고 싶어 하는 아이들이 있었다. 어느 누가 그러한 교육이 참된 학교가 해야 할 일이 아니라고 말할 것인가?

농업과

잠시 농업분과의 체계성을 돌아보자. 슬리피 아이의 학교는 다른 모든 학교도 마땅히 보유해야 하는 5에이커의 경작지를 가지고 있다.

슬리피 아이에서 이 터는 시험과 실험, 화초 정원, 그리고 지원한 아이마다 한 구역씩 할당되는 개인 정원으로 사용된다.

실험과 시험은 주립 시험장과 동일한 조건에서 이루어진다. 슬리피 아이 인근의 주요 작물은 옥수수이다. 따라서 미네소타, 슬리피 아이의 독립학교(정부 보조를 받지 않는 사립학교) 24지구의 농업분과 시험장 여러 구역에 각각 다른 방법으로 심고, 발아, 재배하는 옥수수가 있어서, 아이들이 가장 우수한 품종의 옥수수와 자신들이 살고 있는 지역에서 최고의 옥수수 경작법을 알아내는 과학적인 방식을 직접 배울 수 있다.

학교에서 할당한 정원은 공학기술과 시민 윤리학, 가정과 학교 사이의 유대를 결속하는 교육을 수행하였다. 학교 정원으로 전용될 부지의 일부가 고학년 남자아이들에게 넘겨져서, 아이들은 그것을 미국정부가 정부공여 농지를 조사했던 것과 똑같은 방식으로 조사하였다. 정부공여 농지에는 마을과 농장이 들어섰다. 구획별로 말뚝을 세우고 번호를 매겼다. 그리고 그 구획의 땅을 갖고자 하는 아이들은 새로 조사하고 검토한 구역으로 가서 자신들의 터를 선택하고, 구획 관리인에게 구역, 마을, 목장을 기입한 지원서를 접수하였다. 이 모든 절차가 끝나면 선착순으로 20평방피트의 구획이 할당되었다. 부모나 보호자의 동의를 받지 못한 아이들은 농장을 할당받을 수 없게 되어 있었다. 이 동의서 서식은 다음과 같았다.

이름...반..
....구역....................마을...........................농장...................
학교 정원의 토지 공동 사용을 위한 지원서,
슬리피 아이 고등학교 농업과

이 지원서를 보증하는 부모나 보호자는 학교 당국과 협조하여 지원자가
앞서 언급된 토지를 생장기 동안에 관리하고 잡초를 제거해야 하며, 올해
하절기에 농업과의 과장님의 지도나 요청에 따라 주당 최소 2시간 30분씩
농경작에 전념해야 한다.

나는 슬리피 아이 고등학교 학교 공동 정원의 ....농장...............
.............마을...........................구역에 지원하며 해당 당국의 지도 아래 경
작하고 관리할 것이며, 그것에서 나온 결과를 꼼꼼하게 기록하여 그 내용을
1911년 10월 20일 혹은 그 이전에 보고할 것입니다. 나는 위에서 언급한 대
로 지도를 받은 추가적인 농경작도 수행할 것입니다.

보증인...지원자의 부모, 혹은, 보호자

이 지원서의 뒷면에는 작물의 특징과 가치, 종자 비용, 그리고 수확
별 명세서 등의 내역이 표시되었다. 학교 정원은 놀랄 만한 성공을 거
두었다. 아이들이 자신들만의 영지(무료로 하사 받은 땅)에서 위대한 역

사적 사건의 세부사항을 익혔으며, 축소판으로 측량을 실시하였으며, 전체 정원 내의 경쟁을 통해서 승부의식이 만들어졌다. 또한 나란히 배치된 정원들은 교육의 질적인 측면에서 탁월한 실물교육의 역할을 하였다. 어떤 아이들도 경작하지 않고, 잡초가 무성하도록 방치한 데 대한 교사의 처치에 대한 불공평성 문제를 제기할 수 없었다. 부모들은 학교가 자녀들을 위해서 어떤 실질적인 일을 하고 있다는 인상을 받았다. 아이들은 기초적인 회계와 비용관리를 배웠고, 무엇보다도 아이들이 학교에서 시민의식을 느낄 수 있게 되었다.

농업분과는 실험농장과 더불어서 우수한 장비를 갖춘 실험실을 보유하고 있어서 검사와 실험을 할 수 있다. 슬리피 아이는 낙농지구에 위치해 있어서 이 실험실의 주요한 기능 가운데 하나가 우유를 검사하는 것이었다. 어느 농부라도 실험실에 우유를 가지고 와서 배브콕Babcock 측정법으로 젖소가 생산하고 있는 우유의 유지방율을 알아낼 수 있다.

바쁜 사람들을 위한 단기과정

여타의 지역에서처럼 슬리피 아이 인근에도 1년 내내 학교에 다닐 수는 없는 아이들이 많이 있다. 농업대학은 이러한 수요를 인식해 동절기에 '단기과정'을 구성하였다. 하지만 대학에 갈 수 있는 아이들은 몇 명 되지 않는다. 준비와 자금 부족으로 아이들은 어쩔 수 없이 학교에 다니지 못한다. 슬리피 아이에서 학교가 농업대학에서 운영한 것과 같은 단기과정을 준비한 것은 그러한 아이들을 위해서였다. 이 과정은 11월말에서 3월 중순까지의 일정으로 실시된다. 이 교육을 받는 학생들은 최연소 여학생인 15세부터 37세인 남학생까지 다양한 연령대에 걸쳐 분포하지만, 모든 학생들이 한결같이 학교가 자신들에게 가르쳐야 하는 중요한 것들을 열렬히 찾고자 한다.

단기과정의 농업수업은 브라운 카운티 농장의 농경작 문제에 집중하였다. 작물 심기, 우유와 크림 측정하기, 종자검사와 발아, 그리고 균류 생장을 위한 종자관리, 옥수수 판정 등이 학기 전체의 교육과정을 구성하였다. 단기과정의 남자아이들은 학교 농장에서의 실물학습을 통해서 이미 많이 배운 상태였다. 게다가 슬리피 아이의 학교는 아이들에게 과학이 농경작과 관련하여 최근에 축적한 진실을 제공하였다.

성공적인 농부는 틀림없이 훈련받은 정비공이기도 해야 하므로, 단기과정에서는 기술훈련을 대단히 강조한다. 남자아이들은 기구를 다루고 관리하는 법, 건물의 틀을 잡는 법, 땅을 고르는 도구, 건초시렁, 배수구, 수레, 그리고 기타 농장에서 유용한 도구를 만드는 법을 배웠다. 대장일을 교육하는 작업장에서는 걸이, U자형 갈고리, 정, 기타 소도구 제작을 포함하여 금속을 벼릴 때의 요령을 가르쳤다.

남자아이들이 농업과 기술수업을 받았다면, 여자아이들은 생활과학 교육을 받았다. 요리와 바느질의 기초와 함께 드레스 디자인의 상급자 과정이 개설되어서 자기 자신의 패턴을 이해하고 스스로 자재를 구성하여 제작할 수 있도록 기획되었다.

하지만 단기과정이 앞서 언급한 실용교육에만 집중한 것은 아니다. 사실 애초에 단기과정은 지역학교를 다니기에는 너무 커버렸다고 생각하거나, 학교의 정규학기 전체를 이수할 시간이 없는 남녀 아이들이 일반학교의 교과목을 배우게 할 목적으로 계획되었다. 산업, 농업, 생활과학 교육과정은 이러한 정규학교 교육에 더하여 개설된 것이다.

'해보지 않고서는 모를 일이다.' 처음으로 단기과정을 이수한 학생들 가운데 상당수가 이듬해와 세 번째 겨울에도 수업에 참여하기 위해서 학교로 돌아온다. 단기과정은 참여하는 학생들에게 이 계기가 아니라면 획득하지 못할 지식과 실습교육을 제공하기 때문에 그 자체로 성공적이다.

아이들에게 맡기기

학구열이 높은 단기과정의 남자아이들과 고학년들을 위해 슬리피 아이의 학교는 농장시설을 만들어야 했다. 이에 학교가 제재목을 구매하고 아이들이 그 일을 진행해 나가는 것이 이제 매우 자연스러운 그림이 될 것이다. 바로 이대로 되어서 학생들이 학교에서 실용학습을 지속하기 위해 필요했던 시설을 스스로 짓게 되었다.

학교의 기계설비 공사실습은 놀랄 정도로 체계적이다. 먼저, 모든 아이들이 설비의 대부분을 스스로 제작하였다. 학생들이 송판과 콘크리트를 가지고 다섯 곳에 훌륭한 작업장인 대장간을 지어보았기 때문

에, 그들 각자의 농장에도 대장간을 쉽게 지을 수 있었다. 아이들이 제
작한 틀로 학교의 목재 선반을 가공한다. 작업장 실습 외에 기계제도
과정도 잘 짜여 있다. 전체 분과가 아이들, 특히 농장의 남자아이들에
게 장차 농장의 기술적인 일을 할 때 가장 긴요한 일을 가르치기 위해
서 마련되어 있다.

기계설비 교육과정은 초등과정 뿐만 아니라, 고등학교의 아이들과
단기과정의 학생들에게도 개방되어 있다. 수업은 학년에 따라 구분되
어 있으며, 고등학교 정규과정까지 이어진다.

생활과학과 들여다보기

남자아이들이 작업장에서 실습을 하는 동안 여자아이들은 생활과
학 교육으로 여념이 없다. 우수한 설비를 갖춘 실험실과 재봉실은 완
벽한 작업을 위한 기본을 갖추고 있다. 생활과학과는 세더스트롬이 긍
지를 가지고 언급하는 곳이다. 그에 따르면, "제가 이곳에 부임하여 진
행한 모든 건설적인 사업들 가운데에서 최고를 꼽으라면, 저는 아마
요리와 가계에 관한 기초에서부터 고급과정까지 마련하고 있는 우리
학교의 생활과학과를 들겠습니다."

공간은 협소한데 교육에 대한 수요는 너무 커서 세더스트롬이 생활
과학과의 목록을 작성하여 계획하였으며 직접 과정의 개설을 지휘하
였다. 한 번 더, 학교가 진행하는 일의 효율성이 그 결과에서 나타난다.

자금과 공간이 허락하는 정도의 설비를 가지고 생활과학과의 여자아이들은 해마다 2월에 학교에서 열리는 농민회 회의에 참가하는 농부들과 그 아내들에게 저녁을 제공한다. 한 행사를 예로 들자면, 아이들은 엄청난 양의 빵을 구웠고 140파운드의 쇠고기를 구워서 517인분의 저녁식사를 준비하였다.

바느질 실습에는 옷을 만드는 전체 과정이 모두 포함된다. 아이들은 패션 잡지에서 선별된 사진 속의 패턴을 직접 제작하여야 한다. 그런 다음에 아이들이 제작한 패턴으로 옷감을 재단하여 스스로 의상을 제작한다.

고등학교 여학생들은 요리와 바느질 과정을 각각 1년씩 최소한 배우고 익혀야 한다. 이 교육과정들은 주당 5시간에 걸쳐 진행된다. 그리고 각 과정의 추가 수강은 선택사항이지만 대부분의 아이들이 그 선택과정을 수강한다. 세더스트롬은 그러한 교육문제에 대해서 매우 현실적인 견해를 취한다.

"우리 여학생들은 생활과학 수업을 좋아합니다. 아이들은 뿌듯해하면서 잘 구운 빵을 제게 자랑삼아 내어 놓는다든지, 기하학 정리 또는 완벽한 동사 활용, 라틴어의 어형 변화를 완벽하게 설명할 때와 마찬가지로 훌륭하게 준비한 야채나 고기요리를 제 사무실로 가지고 오기도 합니다. 아마 10년 쯤 후에는 아이들이 제가 방금 언급한 다른 일들을 할 필요보다는 각자의 능력에 따라서 배고픈 인생의 반려자를 위한 제대로 된 식사를 마련하거나 아이들을 위한 옷이나 앞치마를 재단할 필요를 더욱 많이 느끼게 되지 않겠습니까."

슬리피 아이에서는 생활과학 그 자체만을 위해서 가르치지는 않는다. 그들은 보다 더 멀리 내다본다. 세더스트롬은 "우리는 이 학교의 여자아이들이 더욱 유능한 주부, 아내, 그리고 어머니가 되도록 교육하는데 있어서 우리가 할 수 있는 것을 다하지 못할까봐 전전긍긍하고 있습니다."라고 말하고 있다. 그는 그의 일을 실리적으로 하고 있는 것이다.

그것은 어떻게 진행되나

이제 자연스럽게 두 가지 의문이 생긴다. 첫째, 이러한 일이 아이들에게 어떤 영향을 미치는가? 둘째, 농부들에게 미치는 영향은 무엇인가? 이 두 질문에 대해서 구체적이고 세부적인 설명을 여러 페이지에 이어서 답할 수도 있겠지만 다음과 같이 간략하게 설명하려고 한다.

아이들은 슬리피 아이의 학교를 좋아한다. 남녀 아이들 모두 학교에 일찍 등교해서 늦게까지 머문다. 학교는 8시에 문을 열지만 어두워질 때까지 문을 닫지 않는다. 학생들은 수업시간에 빠지는 일 없이 늘 처음부터 마지막 수업까지 참여한다. 아이들이 실용교육 과정에만 관심을 두고 있는 것은 아니다. 실용학습에 흥미를 느낀 아이들의 상당수가 이전에는 관심도 없었던 일부 정규 교과 과정에도 관심을 보이게 되었다.

또한 슬리피 아이의 가정에서도 학교에 관심을 두고 있다. 한 여성은 이런 말을 하였다.

"지금은 우리 딸들이 집안일을 즐기고 있어요, 이전에는 결코 있을 수 없었던 일이죠."

집안일에 대해서 여자아이들에게 새로운 꿈과 시각을 주는 학교의 교육은 더욱 건강한 가정과 더욱 강력한 가족간 유대를 형성하기 위해 나아가는 하나의 장기적인 조치이다. 슬리피 아이에는 부모들이 학교의 작업장에 흥미를 가진 아이들을 위해서 집에서 사용할 벤치와 도구를 구입하는 가정들도 있다.

슬리피 아이의 학교는 농부들의 관심을 끌었다. 학교는 그들에게 우수한 종자가 잡종 씨앗보다 낫다고 설득하였다. 그리하여 농부들이 경작할 땅에 필요한 더 많은 양의 옥수수를 까고 있다. 학교는 종자가 우수한 소가 잡종 젖소보다 더 이득이 된다고도 설득하였다. 그 결과 농부들이 사육하는 가축들의 표준을 높이고 있다. 농부들은 슬리피 아이에 들르면 반드시 학교에 간다. 어쩌면 우유를 측정할 수도 있고, 토양이나 병충해와 관련하여 의견을 구하고 있을 수도 있으며, 세법이나 녹병에 대한 최신 동향에 대해 알고 싶거나, 농장설비에 대한 조언을 원할 수도 있겠다. 어떠한 경우가 됐건 간에 그들은 학교로 간다.

이 농부들은 자녀들을 통해서 학교로 발을 들이게 되었다. 아이들은 농장을 운영하는 데 있어서 더 없이 귀중한 가치가 있는 제안을 가지고 아버지들에게 돌아갔다. 여자아이들은 가정을 꾸리는 실질적인 발상과 방법을 집으로 돌아가 전파하였다. 학교의 효율성에 대한 이러한 실례가 학교가 얼마나 유용한 역할을 하는지 아버지들과 어머니들에게 확신시키기 위하여 논쟁과 설득을 벌이는 것보다는 훨씬 더 확실한 설명이 되었다.

이론과 실제

기계학 강의가 학교의 정규과목에 특별히 방해가 되는 것 같지는 않다. 남녀 학생들이 관심을 보이며 열정적이다. 그것은 매우 중요한 의미를 가진다. 그러니까 기계설비 교육과정이 없었다면 전혀 학교에 나올 생각이 없었을 남녀 학생들이 그 교육을 받기 위해서 학교에 온다. 그러한 아이들이 수강하는 정규 교육과정은 분명 도움을 받는 것이다. 기계설비 교육을 통해서 많은 학생들이 학교에 관심을 가지게 되며, 이때 학교는 전체 학생들에게 실용교육뿐만 아니라 정규교육도 함께 가르치는 것이다.

세더스트롬 씨는 이렇게 생각하고 있다.

"우리는 한때 모든 고등학교에서 교육활동의 전부였던 분야의 교육을 천대하지 않습니다. 모든 교과 과정이 아이들에게 제공되며 아이들은 그것을 학습합니다. 우리는 이러한 정규 분야와 함께 상식적으로 아이들의 관심을 끌 만한 종류의 교육을 제공하기 위해서 노력하고 있습니다."

고등학교에는 농업과 산업기술 과정과 더불어서 라틴어 과정과 과학 과정이 있다. 학생 모두가 이 정규강의를 들어야 한다. 많은 아이들이 정규과정에서 학점을 취득하지 않을 때에도 산업과 농업수업을 듣는다. 각각의 고등학생들은 강의시간표에서 하루 2시간 동안 실험실 수업, 작업장 교육, 또는 다른 실용교육을 받을 수 있다. 이 외에도 아이들이 원한다면 방과 후에 작업장이나 실험실에 남아 계속해서 학습할 수 있다. 많은 아이들이 그런 방식으로 실용학습을 한다.

작은 불씨로 지핀 불이 얼마나 커지던가! 나는 천 마일 이상이나 떨어진 곳에서 처음으로 슬리피 아이의 학교에 대해서 들었다. 그게 이렇게 된 것이었다. 시계가 정오가 되었음을 알리기가 무섭게 어떤 모임의 남자들이 우아하게 식사가 차려진 지방 호텔의 디너 테이블로 의자를 당겨 앉았다. 이 우연한 오찬에는 전문적인 말투의 학교 감독관 두 사람, 짐수레꾼, 외판원, 변호사, 농부 각 한 사람씩과 2명의 교사가 있었다. 외판원이 말 사이에 끼어들 틈을 찾으면서 쓸데없이 교육적인 말을 조바심을 내며 듣고 있었다. 마침내 기회가 보이자 그는 다음과 같은 이야기를 쏟아냈다.

"여러분, 학교에 관심이 있으십니까? 그렇다면 여러분은 진정한 학교를 보아야 합니다. 축음기를 들으려고 학교에 가본 적 있으신가요?"

그러고는 농부들에게로 몸을 돌리며 말을 이었다.

"여러분, 말에 편자를 박기 위해서 학교에 가보신 적은요? 미네소타 슬리피 아이에서는 그러한 일을 보러 학교에 간답니다. 그곳의 학교들은 내가 아는 가장 훌륭한 학교입니다. 학교는 아침 7시부터 저녁 8시까지 운영되며 교육을 원하는 모든 아이들을 받아들이지요. 여러분, 참학교를 보고 싶으시다면, 슬리피 아이로 가세요."

12. 남부와 새로운 교육

제국의 꿈

열정적인 애틀랜타 사업가가 의자에서 몸을 앞으로 구부리며 열변을 토했다.

"네, 선생님."

그가 외쳤다.

"세상은 우리의 것입니다. 지구상에는 개발되지 않은 양질의 자원이 무궁무진합니다. 우리의 산은 철, 석탄, 암석, 목재, 전력 등으로 가득한데, 너무 많아서 그 보물창고의 목록을 만들어 놓지도 않았지요. 우리의 잠재력은 말로 다할 수 없습니다. 그리고 우리는 그에 부응하여 살아야 합니다."

이 사람은 조지아와 남부를 알았다. 이 사람은 철, 석탄, 목재, 그리고 수자원을 남부의 부로 바꾸려고 노력해왔으며 여전히 노력 중이다.

그는 여전히 만족하지 못하고 있었다.

"우리에게 어려운 점은 만족스럽게 빨리 나아갈 수 없다는 것입니다."라고 그는 인정했다.

"왜 그런지 아십니까? 우리가 짊어지고 있는 가장 큰 부담을, 우리가 싸워야 하는 가장 견고한 적을 아십니까? 그것은 무지입니다. 자신의 농장이나 일에 대한 보통사람들의 무지, 외부 세계의 사정에 대한 사업가들의 무지, 우리를 가르쳐야 할 교사들의 무지."

그가 다시 몸을 앞으로 숙였다.

"제 말이 너무 지나치다 생각하십니까? 그렇지만 그건 절대적인 진리입니다."

나는 그에게 남부가 교육활동에 있어서 빠르게 앞으로 나아가고 있음을 알려주었다. 그가 자랑스러운 듯이 고개를 뒤로 젖히면서 말했다.

"물론 실험장, 대학, 고등학교, 클럽운동 모두가 전진하는 중이지요. 저는 그 점을 말하고 있는 것이 아닙니다. 내가 말하는 것은 우리가 두 가지 사실을 각성해야 한다는 것입니다. 무엇보다도 우리가 교육 시스템을 구축할 때, 북부에서 당신들이 했던 것과 같은 실수는 하지 말아야 한다는 것입니다. 전형적이거나 학자연한 속물근성은 안 된다는 겁니다. 우리는 그런 식으로는 하지 말아야 합니다. 우리의 방식은 단순합니다. 그 문제를 고민할 때마다 더욱 분명하게 깨닫습니다. 우리는 남부사람들의 지성을 양성해야 합니다."

그가 열변을 이어갔다.

"네, 남부에는 위대한 미래가 있지요. 남부의 자원이 유망한 미래를 가능케 합니다. 그런데 이러한 자원들을 현명하게 활용하지 못한다면, 우리의 번영은 오래도, 깊게도, 그다지 멀리도 가지 못할 것입니다. 우리는 사람들을 우리와 함께 이끌어야 합니다."

이 사람의 견해는 남부에서 지배적인 교육 비전의 전형을 보여준다.

"우리는 사람들을 우리와 함께 이끌어야 합니다."라고 그가 말했다. 이 말이 새롭거나 신기할 것은 전혀 없다. 그러나 대표적인 사업가의 발언이기 때문에 힘과 강한 영향력이 실려 있었다.

이에 대해서는 그의 다음 발언으로 더욱 분명해졌다.

"사람들은 남부의 인종문제를 이야기합니다. 그것은 기성세대 이야깁니다. 우리 젊은 사람들은 산업과 농업의 효율성에 대해서 관심을 가지는 것만큼 인종문제에 대해서는 그다지 크게 신경 쓰지 않습니다. 인종이 같지 않는 한 그 문제는 앞으로도 계속될 것이며, 우리가 신경을 쓴다고 해서 바꿀 수는 없습니다. 반면 우리 모두, 흑인뿐만 아니라 백인도 농경작이 형편없으며, 사업상 거래에 무관심하고, 우리의 일 처리 방식은 속수무책으로 후진적입니다. 아래에서부터 위까지 우리 모두 교육받은 전문가가 필요합니다. 다른 어떤 것보다도 그것이 남부의 문제를 해결할 수 있을 것입니다."

길 찾아가기

교육받은 지성이라는 비전으로부터 효과적인 교육에 대한 수요까지 그 과정은 길지 않다. 남부 도처에서 앞으로 나아가려는 의지가 두드러지게 보이며, 한 치의 오차도 없이 지역사회가 차례로 이 길로 들어서고 있다.

증가하는 교육활동에 대한 소동이 격렬하게 일어나고 있지 않은 남부 도시는 한 곳도 없다. 남부의 효율성을 유지하고 향상시킬 수 있는 유일한 수단은 교육기회의 증대에 있다는 신념의 결과가 모든 면에서 나타나는 것 같다. 그 위대한 확신을 실현하고자 한다면, 서부가 더 큰 서부의 관심사에 맞게 교육 시스템을 재구성한 것처럼 남부 역시 더 큰 남부의 관심과 필요에 따라 교육 시스템을 재구성해야 한다. 진보적이며 효율적인 서부 사람들 속에서 중부와 서부 해안 지역의 명문 주립대학들, 정규 학교들, 일반적인 교육 시스템은 깊이 느껴지는 바가 있었으며, 지금도 그러한 영향 아래에 있다. 다름 아닌 전반적으로 교육받은 대중이 그렇게도 짧은 시간 안에 황야였던 서부를 바꾸어 놓았던 것이다. 남부 자원의 가장 중요한 이점을 남부 사람들에게 넘겨주게 할 수 있는 것은 일반교육이며, 그 어떤 것도 그 일을 방해할 수는 없다.

전통적인 형식주의 시대는 다른 모든 진보적인 사회에서와 마찬가지로 남부에서도 저물었다. 지역사회가 필요로 하는 것이 무엇이건 간에, 그것은 어떤 공교육의 형식을 통해서 충족되어야 한다. 남부지방에서 가장 절박한 요구는 지적인 농업에 대한 수요에 있는 듯하다. 수십 년 동안 흑인 소작농들은 대부분 선조들의 방식 그대로 농사를 지었다. 면화를 재배하는 것이 저항을 최소화하는 길이었기 때문에 그들

은 면화를 경작하였다. 가축은 보기 드물었다. 그 이유는 농장에서 발
생하는 이익금으로 가축을 사육할 수 있고, 소작농들은 다가오는 면화
의 수확에서 예상되는 수익에 기대어 1년을 살아가야 하는 형편인데,
남는 현금은 거의 없었기 때문이다. 사람들은 옥수수를 재배할 필요성
을 깨닫지 못했으며, 남부 옥수수 작물의 경제적 잠재력을 자각하지도
못했기 때문에 옥수수는 거의 재배되지 않고 있었다. 요컨대 남부 농
업에는 현대 과학의 농업이 가져온 지식이 부족했다.

그런데 남부의 농업교육에서 일어났던 개혁 때문에 과거의 세대는
남부농업에서 변혁을 경험하였다. 남부는 시험장과 대학을 앞세워 대
지에서 살아가는 방식을 재편하는 일에 착수하였다.

애틀랜타의 한 은행가는 문화에 대한 필요성을 절감했다. 자신은
교양을 갖춘 사람이었고 남부 사람들도 역시 문화를 향유할 수 있다
고 보았다. 인생의 필수적인 요소를 제공하기 위해 충분한 지식으로
구축된 경제 시스템을 갖추어야 하는데, 그것은 문화의 잠재력이 실현
되기 이전에 우선되어야 한다는 것도 알게 되었다. 문화교육은 학구
적, 직접적인 직업활동에 대한 교육에 우선하는 것이 아니라 그 다음
이다.

과거 25년의 교육개혁에서 미국의 어느 지역에서도 남부에서 나타
난 것 이상으로 교육 발전에 더욱 열심히, 성의를 다하여, 그리고 열의
를 가지고 뛰어들지 않았다. 어느 특정 분야에서는 남부가 새로운 운
동의 개시와 운영의 리더임을 입증하였다.

새로운 남부를 여행하는 사람은 현대교육이 불가피하게 남부인의

생활에 미치고 있는 영향의 수많은 실례를 우연히 발견하게 된다. 개개인, 가족, 지역사회가 새로운 교육으로 새롭게 거듭나고 있다.

젬의 아버지

젬은 훌륭한 아이는 아니었다. 그러나 그 아이는 학교에 흥미를 가지고 있었다. 그는 운이 좋게도 전원에 살던 아이들 가운데 하나였으며, 콘 클럽에 대한 구상에 사로잡혀 있었다. 그리고 그 콘 클럽이 젬이 학교에 흥미를 가지게 된 요인이 되었다.

젬은 한 번도 공부를 하지 않았다. 해마다 그는 어머니에게 이렇게 말했다.

"그 학교로 다시 돌아가고 싶지 않아요."

어머니는 젬이 학교에 갈 이유를 찾은 1년 뒤까지도 끈질기게 아들의 등을 밀었다. 그러던 중에 젬의 학교에 새로운 교사가 부임하였다. 그는 갓 졸업한 사람으로 열정, 에너지, 그리고 새로운 아이디어로 가득했다. 아이들은 처음부터 그가 자신들의 친구임을 알아차렸고, 채 몇 주가 지나기도 전에 지역사회에서 그의 존재를 감지하기 시작했다. 이 새로 부임한 교사는 특별히 '클럽 아이디어'에 공을 들였다. "남녀학생들이 어떤 일을 함께 해야 합니다."라는 것을 학생들에게 계속해서 말했다.

한 해가 더디게 흘러갔다. 그렇지만 학교에 대한 흥미는 더 이상 나아지지 않았다. 왜냐하면 겨울 내내 오락 행사, 부모들의 모임, 문학 모임, 철자법 대회, 독서시간, 그리고 다른 저녁 활동이 있었기 때문이다. 사실 매주 3, 4회씩 밤마다 학교 건물에 불이 환했다.

봄이 다가오자 그 교사는 '클럽 아이디어'를 추진하기 시작했다. 그는 남자아이들과 먼저 작업에 착수하기로 결정했다.

"젬."

어느 날 그가 젬을 불러 이야기했다.

"잠시 할 얘기가 있으니 방과 후에 남아주면 좋겠구나."

젬은 어떤 일이 생기게 될지 전혀 알지 못한 채 선생님의 부탁대로 남았다. 나머지 아이들이 학교 문을 앞 다투어 빠져나가 진흙길을 따라 사라질 때쯤, 교사와 젬이 마주 앉았다.

"젬," 그가 말을 꺼냈다. "우리가 이 학교에 콘 클럽을 만들어야겠다."

젬이 고개를 들고 쳐다보았지만 호기심이나 열의 따위는 전혀 없었다. 교사가 말을 이었다.

"그건 이런 식으로 할 거야. 농사를 이 지역에서 하는 것처럼만 지을 수 있는 것은 아니란다. 사람들은 늘 해오던 대로 작물을 재배하고 있어. 이에 대해서 이곳의 교육감께서는 한 가지 계획을 구상하고 계시단다. 그분이 이 카운티 지역에서 농부들에게 옥수수를 재배하는 법을 가르쳐 보기를 제안하셨어."

젬은 다소 회의적인 듯 물었다.

"선생님이 가르치실 거예요?"

“아니, 네가 할 거야.”

“제가요?”

“그럼, 너와 학교의 다른 친구들이.”

선생님이 다시 분명히 했다. 젬이 머리를 긁적이며 말했다.

“저는 지금까지 단 한 번도 다른 사람을 가르쳐 본 적이 없는 걸요.”

“그건 말이다. 저 위 워싱턴에서, 그리고 주립대학에서 사람들이 옥수수에 대해서 많이 생각하고 연구해왔단다. 그러다가 그들은 종자용 옥수수를 주의해서 잘 고르면, 그렇게 하지 않을 때보다 더 나은 옥수수를 거둬들일 수 있다는 것을 발견했지. 또한 옥수수를 일정한 규칙에 따라서 심고 재배하면 더 나은 작물을 거둘 수 있게 된다는 것도 알게 되었어. 수년간 시험장과 워싱턴에서 이러한 사실들을 농민회보에 발표했어. 또한 그들은 실험농장과 시범농장도 만들었단다. 최근에 그들은 그 어떤 시도보다 더 나은 어떤 것을 하고 있단다. 그것은 바로 아이들이 아버지들에게 옥수수 재배법을 가르치게 하기로 결정한 거야.”

“그러니까 선생님 말씀은 제가 아버지에게 옥수수 재배에 관해서 가르칠 수 있다는 뜻인가요?”

“그럼, 넌 할 수 있고, 하게 될 거야, 그렇지?”

“글쎄요, 모르겠어요.”

교사가 말을 이었다.

“자 이것이 우리가 해야 할 일이야. 올해 카운티 교육감께서 최고의 옥수수 밭을 가꾼 아이에게 상을 주실 거야. 그 분이 규칙을 정했어. 너는 정해진 방식대로 경작해야 하고, 역시 규칙대로 심고, 규칙대로 재배해야 해. 만약 규칙을 어기면, 대회에 더 이상 참가할 수 없게 되는 거야. 자, 이제 네가 해주었으면 하는 일을 말해줄게. 이 학교의 아이들은 다른 학교의 아이들보다 더 뛰어나지는 않더라도 그들만큼은 똑똑하단다. 그러니 그 상들 가운데 몇 개라도 수상하는 건 우리한테 달린 것 같구나."

젬이 눈에 띄게 흥미를 보이기 시작하였다.

"상금이 있어요?"

"그래, 상금을 준다니까."

교사가 말했다.

"1등 상금이 50달러란다."

젬의 눈이 번쩍 뜨이더니 확신을 가지고 대답했다.

"저 할게요." 그날 밤, 젬이 가족들과 식탁에 앉았을 때, 아버지에게 그 옥수수 이야기를 힘들게 꺼냈다.

"이런!" 아버지가 소리쳤다. "네가 옥수수를 키운다고? 그래, 뭐 25부셸(곡물이나 과일의 중량 단위로 8갤런에 해당하는 양)정도는 수확하지 않겠냐?"

"100부셸을 목표로 할 거예요."

젬이 거만하게 말했다.

"100부셸이라. 아들아, 내가 이 땅에서 농사를 지은 지 올해로 삼십여 년이다. 그리고 내가 옥수수 밭에서 가장 많이 수확했던 것이 에이커 당 70부셸이었지. 그런데 여기 날 피곤하게 하는 콘 클럽이야기가 또 있구나. 너와 100부셸! 내가 오늘 낮에 온 신문을 넘겨보고 있었어.

그 신문에서 사우스포트의 한 녀석이 100부셸 이상을 수확했다는 기사를 보았지. 내가 오늘 밤에 무얼 할지 아니? 내가 그 편집자에게 편지를 써서, 버젓이 그런 거짓말을 싣는 신문을 더 이상 우리 가족이 보게 할 수 없다고 말해 줄 거야. 1년 치 구독료가 다 된 것은 아니지만 더 이상 신문을 보낼 필요는 없다고 말이지. 다른 신문을 구해 볼 거야."

아버지는 단호하게 말을 맺었다.

젬은 집안의 반대에도 불구하고 끈질기게 고집을 꺾지 않고 허락을 얻어냈다. 아버지는 마지못해 아들에게 1에이커의 밭을 주었는데, 그래도 비옥한 땅이었다. 그리고 대회에 참가하기로 합의한 젬과 친구들이 교사와 함께 검토한 규칙에 따라 고랑을 좁고, 깊게 갈았을 때, 그의 형이 이렇게 말했다.

"말해봐, 젬. 넌 이 카운티에서 옥수수를 재배하는 다른 사람들보다 3배나 많은 시간을 밭에 쏟아 부었어. 너 지금 주머니쥐 무덤을 파고 있는 거야?"

나중에 생장기가 되어서도 젬은 규칙적으로 관리하였고, 역시 비슷한 얘기를 들어야 했다. 젬은 말재주가 없어서 아무런 대꾸도 하지 않았다. 한편 교사는 계속해서 격려를 아끼지 않았다. 그는 매주 젬의 밭을 보러 갔으며 젬은 규칙을 엄수하였다.

마침내 수확기가 되어 젬에게 보상이 주어졌다. 옥수수 알이 처음 나왔을 때 이미 젬의 수확은 예견되었다. 그리고 옥수수가 자라면서 그 작물의 우수성이 더욱 확실해졌다. 옥수수를 수확하고, 껍질을 까는 기계에 넣고 포장까지 마치고 나자, 젬은 "1에이커에 96부셸"이라는 증명서를 받아들게 되었다. 이제 어떤 설명이라도 있어야 할 때였다.

"젬," 아들이 수확한 옥수수가 포장까지 마무리되고 96부셸을 나타내는 증명서를 받은 역사적인 날 저녁 테이블에서 아버지가 말을 꺼냈다.

"내가 전의 그 편집자에게 편지를 써서 신문을 다시 보내달라고 했다."

활기 넘치는 클럽

젬의 아버지가 겪은 것과 비슷한 일은 남부에서 지난 10년간 클럽이 성장하는 동안 여러 차례 부모들과 지역사회에서 반복되었다. 학교는 아이들을 통해서 아버지, 어머니, 마을, 그리고 카운티 전체를 교육시켰다.

지방, 주, 그리고 연방정부 등 모든 정부기관들이 지역을 막론하고 번영을 위해 매우 중요한 자산인 전문가들을 개발하기 위한 목적에 있어서 아이들의 클럽을 주도적인 단체로 활용하기 위해서 적극적으로 유도하였다. 윌리엄 스미스와 같은 사람들의 지칠 줄 모르는 노력 덕택에, 아이들의 클럽이 농촌 지역사회의 효율성을 더욱 높은 수준으로 끌어올리기 위한 교육활동에서 가장 공격적인 인자 가운데 하나가 되었다. 콘 클럽, 감자 클럽, 토마토 클럽, 돼지 클럽 등 아이들이 활동하는 클럽의 종류도 다양했다. 아이들이 재배하거나 사육할 수 있는 모든 것이 클럽활동의 타당한 목표가 된다. 남부에서 이 운동은 옥수수, 즉 콘 클럽에서 시작되었다.

미시시피에서 콘 클럽에 대한 발상은 윌리엄 스미스 교수의 교육경험에서 나온 것이다. 스미스 교수는 오랫동안 농촌 지역학교의 교육과정에 포함된 전통적인 주제들을 약간 진보적으로 가르쳤다. 그러던 중에 스미스 교수의 학생들 가운데 20살 청년과 17살의 여학생이 학교를 그만두었다. 스미스 교수에게 솔직하게 털어놓은 이야기에 따르면 그들은 학교가 장차 하게 될 일에서 유용할 것들을 아주 조금밖에 가르치지 않았기 때문에 떠났다고 한다. 이 청년은 면화를 재배하고, 함께 그만 둔 소녀는 그 청년과 결혼하여 그와 집안일을 관리하며, 농장의 많은 여성들에게 돌아가는 여러 가지 직무를 처리할 생각을 가지고 있었다. 청년이 학교를 떠나면서 스미스 교수에게 이렇게 말하였다.

"저는 농부가 될 겁니다. 다른 일에는 맞지 않아요. 그래서 책으로 배우는 것은 제게 전혀 도움이 되지 못합니다. 그저 시간 낭비일 뿐이지요. 저는 땅을 일구어 농장으로 가꾸어야 합니다. 제가 만약 회계사나 엔지니어, 또는 다른 직업인이 될 것이었다면 선생님이 여기서 가르치고 있는 것들이 도움이 될 겁니다. 그러나 대출금 이자를 계산하는 방법을 배운 이후로 저는 배운 걸 하나도 기억할 수 없어요. 그것은 농장에 있는 제게 중요한 게 아닙니다. 거의 모든 남자아이들은 저처럼 농부가 될 거예요. 선생님, 제가 생각하기로는 사람들을 위한 이러한 학교에서는 그 사람들의 자녀들에게 농장에서 생계를 꾸려가는 법—우리 스스로를 초라하다고 느끼게 만드는 대신에 인생을 더 발전적으로, 더 원활하게 살아가는 법을 가르쳐야 합니다.”

스미스 교수는 그런 비슷한 경험 가운데에서도 유독 두드러지는 이일로 인하여 농장의 아이들 생활에 도움이 될 만한 교육활동에 관심을 가지게 되었다. 유능한 교육 지도자들의 많은 아이디어와 실험을 결합한 그의 연구와 실험 결과가 남녀 아이들 모두를 위한 클럽에 대한 구상이었다.

콘 클럽에 대한 현실적인 요구도 있었다. 1899년 앨라배마의 총 옥수수 재배면적은 2,743,060에이커였다. 농부들은 여기에서 에이커 당 평균 12.7부셸의 옥수수를 수확하였다. 10년 뒤인 1909년에는 총 면적은 2,572,092에이커로 감소하였으며, 에이커 당 생산량은 11.9부셸로 줄어들었다. 즉, 옥수수 재배면적은 총 170,968에이커 감소하였고, 총 생산량은 4,367,310부셸, 그리고 에이커 당 평균 생산량은 0.8부셸이 줄었다. 남자아이들의 옥수수 클럽 움직임이 바로 이 앨라배마에서 1909년에 시작된 것이다. 그 해에만 총 265명의 아이들이 등록하였다. 앨라배마 전체의 에이커 당 평균 옥수수 생산량은 11.9부셸이었다. 이듬해 클럽에 등록한 아이들이 총 2,100명으로 증가하였으며, 총 수확량은 60퍼센트 이상 증가하여 에이커 당 평균도 18부셸이나 되었다. 1911년과 1912년 각각의 총 옥수수 재배면적과 총 생산량 역시 비록 아주 크지는 않더라도 증가세를 나타내었다.

남부는 옥수수를 재배한다. 제대로 경작할 수 있다면, 에이커 당 12부셸 이상, 다섯 배, 열 배, 심지어 열다섯 배의 수확을 기대할 수도 있을 것이다. 남부 농업교육 지도자들도 이 사실을 알고 있었다. 나아가 그들은 농부가 그 가능성에 대한 확신을 가져야 이러한 발전이 실현된다는 것도 알고 있었다. 그렇다면 어떻게 그 확신을 심어 줄 것인가? 농민회보를 활용할 수도, 실험농장을 통할 수도 있었다. 그런데 만약 모든 농장이 실험농장이 될 수 있다면!

아이들을 통하는 방법이 있었다! 아이들을 설득하여 카운티 전체의 많은 농장에서 작은 규모의 실험을 하면 농부들이 그것을 보게 될 것 아닌가!

당국은 담당 기구를 신중하게 구성하고 지원하여 농부의 아들을 통해서 농부를 교육시키기 위한 의도적인 목표에 착수하였다. 농부의 옥수수 수확량이 저조하면 더 많이 수확할 수 있는 방법을 배울 것이며, 옥수수를 재배하지 않는다면 그는 옥수수의 실물 가치를 알게 될 것이다. 남자아이들을 클럽으로 편성하고, 지도하고, 상을 주었다. 그리고 아이들은 동기를 가지고 일을 하였다. 아이들 대부분이 1에이커의 밭을 경작하였다.

주변의 옥수수 밭에서 나온 생산량과 비교하면 아이들이 수확한 양은 거의 경이적이었다. 콘 클럽 대회에 참가 중인 아이들의 수가 1910년 1명에서 1912년 270명으로 증가한 앨라배마 주 파이크 카운티에서는 동일한 기간 동안에 그들이 재배한 옥수수 밭의 생산량이 에이커 당 평균 50.5부셸에서 85.3부셸로 증가하였다. 1911년 주 전체를 통틀어 137명의 아이들이 각각 에이커 당 100부셸 이상을 수확하였다. 이 아이들의 기록은 에이커 당 평균 127부셸이었으며, 옥수수 수확에 따른 그들의 총 소득은 12,500달러였다.

남부지방 전역에서 아이들 개개인의 기록은 고공행진 중이었다. 사우스 캐롤라이나 해머의 클로드 맥도널드는 1부셸당 33.3센트의 비용으로 210과 4/7부셸을 수확하였다. 앨라배마 아탈라의 주니어스 힐은 212와 1/2부셸, 조지아 켄싱턴의 벤 리스는 214와 5/7부셸, 미시시피 그레나다의 존 보언은 221과 1/5부셸, 앨라배마 알렉산더 시티의 에버 킴브로는 224와 3/4부셸, 그리고 미시시피 몬티셀로의 베비 비슨은 227과 1/16부셸을 거두어 들였다. 이 소년들은 모두 주 지역 대회 수상자들이었다.

이 기록적인 수확량에 대해서 주목할 만한 몇 가지가 있다. 실제로 수확량이 높았던 밭은 모두 고랑을 깊게 갈고, 줄 사이의 간격은 넓게 하였다. 비니 비슨(부셸 당 14센트의 비용으로 227과 1/16부셸 수확)의 기록은 하층토가 점토인 어두운 밭 토양에서 10번을 경작하며 10인치의 깊이로 갈고, 줄 사이의 간격을 3피트로, 두둑은 6인치 간격으로 하였다. 비슨은 5와 1/2톤의 거름과 8달러어치의 비료를 사용하였다. 종자용 옥수수는 신기원이었다. 바니 토머스는 비옥한 사양토에서 225부셸을 수확하였는데, 9인치 깊이로 파서 고랑을 만들었고, 열을 3과 1/2피트 간격으로 심었으며, 두둑은 10인치 떨어지게 하였다. 그 아이는 6번 경작하여 자신이 사용할 종자를 골라냈다. 수확량 기록이 우수한 아이들의 대다수가 자신만의 옥수수 씨를 개발하여 선별하였다. 에이커 당 124.9부셸을 수확한 한 아이는 상금을 포함하여 695달러의 수익을 올렸다. 97과 4/5부셸을 생산한 아이의 경우 그 아버지는 30부셸의 수확을 냈다고 한다. 221과 1/5부셸을 수확한 존 부셸의 이웃 옥수수 밭에서는 40부셸을 거두어 들였다고 한다. 또한 180과 3/5부셸의 아서 힐의 인근 밭에서는 겨우 20부셸의 생산에 그쳤다.

특별한 지식이 없으면 보증되지 않은 이런 숫자들을 쉽게 믿기는 어려울 것이다. 이런 기록적인 수확을 올린 땅에서 이전까지만해도 20, 40, 그리고 50부셸의 옥수수를 거두었다. 더 넓은 지역에서는 에이커 당 평균이 20부셸에도 미치지 못하였다. 이렇게 황량한 농업의 비효율성 속으로 수천 명의 아이들이 뛰어든 것이었다. 아이들은 세심한 관리와 제대로 된 지도를 받고, 추가 비용이나 시간을 들이지 않고도 농부들인 아버지들이 믿기 힘든 결과를 이루어냈다. 그 농부들은 그 수확물의 껍질이 벗겨지는 과정을 모두 목격하였다. 마법도 교묘한 속임수도 없었음을 인정하지 않을 수 없었다. 아버지들은 이렇게 배워갔다.

앞서 언급했던 기록들은 예외적으로 높은 것들이다. 그렇지만 다른 수백 명의 아이들도 거의 비슷한 성과를 거두었다.

"7번 선거구의 조지아 클럽 멤버 21명이 부셸 당 23센트의 평균 비용으로 2,641부셸을 생산하였으며, 조지아 고든 카운티 19명의 아이들은 평균 90부셸을, 그리고 그들 가운데 10명의 아이들은 1,058부셸을 수확하였다. 조지아에서 상위 10명의 평균은 169.9부셸로 순이익만 각각 100달러가 넘었으며 상금은 별도였다. 앨라배마에서는 100명의 아이들이 평균 27센트로 에이커 당 평균 97부셸을 생산하였다. 앨라배마 먼로 카운티 25명의 아이들의 기록은 평균 78부셸이다. 미시시피 야주에서는 21명의 아이들이 평균 19.7센트의 비용으로 에이커 당 평균 111.6부셸의 수확을 올렸다. 미시시피 리 카운티에서는 17명의 아이들이 평균 21센트로 평균 82부셸을, 미시시피 65명의 아이들이 평균 25센트의 비용으로 평균 109.9부셸을 생산하였다. 또 다른 20명의 미시시피 소년들은 평균 23센트의 비용으로 평균 140.6부셸을 수확하였다. 루이지애나에서는 기후 여건이 옥수수 재배에 매우 부적합하였음에도 불구하고, 92명의 아이들이 전체 면적 92에이커에서 총 5,791부셸을 생산하였는데, 이 가운데 10명의 아이들이 각각 100부셸을 넘어서는 기록을 올렸다. 100명의 노스캐롤라이나 아이들은 평균 99부셸을, 같은 주의 또 다른 432명의 아이들이 평균 63부셸을 거두어 들였다. 노스캐롤라이나 번컴 카운티의 아이들 10명이 평균 88부셸, 버지니아 서섹스 카운티의 16명의 아이들이 평균 62부셸을 생산하였다. 또한 한 사업가가 이 클럽활동에 약 3천 달러를 기부한 테네시 멤피스 인근에서 15명의 소년들이 부셸 당 평균 28센트의 비용으로 127.4부셸을 수확하였다. 1911년에 남부 전역이 가뭄의 영향을 받았던 것에 비하면 다른 주의 많은 성과도 모두 훌륭하였다.

이런 결과는 가장 완고한 사람들의 관심까지 북돋운다. 이 클럽활동을 한 아이들은 자신들이 속한 지역사회에서 들어본 일이 없는 결과를 스스로 일구어냈다. 한 손에 실용적인 정보를 든 아이들이 각각 속한 지역사회에 배운 것 가운데 최고의 교훈을 주는 동안, 처음에 비웃었던 어른들, 누구의 조언도 마다하고 아는 체하던 사람들, 그리고 섣불리 예측을 내놓았던 "그러게 내가 뭐랬어"류의 농부들까지 모두 한쪽으로 비켜섰다.

캐닝 클럽

남자아이들에게 콘 클럽이 있다면, 여자아이들에게는 캐닝 클럽이 있다. 남자아이들이 옥수수를 재배할 수 있다면—이 콘 클럽 대회에서 수상한 여자아이들도 많았지만—여자아이들도 그와 같은 어떤 일을 하는 것이 가능하지 않겠는가? 이런 발상은 소녀들의 토마토 클럽과 기타 유사한 조직에서 비롯되었다. 1910년 한 해 동안, 버지니아와 사우스캐롤라이나 지역에서 이런 클럽에 가입한 여자아이들이 325명이었다. 냅 박사와 동료들은 1/10에이커 정도면 손색이 없는 정원을 충분히 가꿀 수 있을 것이라고 생각했다. 아이들에게 그 정원에 토마토 외에도 여러 종류의 채소를 심게 하고, 수확하여 남는 것들은 통조림으로 만들게 하였다. 1911년에는 8개 주에서 3천 명 이상의 아이들이 클럽에 가입하였으며 정원을 가꾸었다. 1912년에는 참가 인원이 12개 주에 걸쳐 23,000명까지 증가하였다. 상당수의 아이들이 자신들이 가꾸는 부지에서 500쿼트(액량의 단위로 영국, 캐나다에서는 2파인트, 또는 약 1.14리터, 미국에서는 0.94리터에 해당) 이상의 토마토 캔을 만들어냈고, 또한 케첩, 피클, 중국 김치인 차우차우, 절임 등을 내놓았다. 또한 1,000쿼트 이상의 캔을 내놓은 아이들도 꽤 많았으며, 한 아이는 1,500쿼트의 캔을 만들었다. 일부 아이들은 상금과 함께 각각의 정원에서 100달러의 순수익을 올리기도 하였다.

미국 식물산업국은 소녀들의 실연 학습의 목표를 다음과 같이 제시한다.

(1) 농촌지역의 각 가정이 더 깨끗하고 더 좋은 음식을 더 낮은 비용에 조달하고, 과수원과 텃밭에서 나온 잉여 농산물이나 버려지는 생산물을 활용하며, 가축사육을 농촌 가정경제에 효율적으로 이용할 수 있도록 장려한다.

(2) 각 가정에서 가족들의 호기심을 자극하고 그들이 서로 유익하게 협력할 수 있도록 유도한다.

(3) 여학생들이 가정에서도 수입을 올릴 수 있는 수단을 알려주는 것과 동시에 이상적인 전원생활을 위해서 반드시 필요한 교육과 시각을 갖출 수 있도록 한다.

(4) 가정관리학에서 실생활에 도움이 되는 실습의 길을 제시한다.

(5) 교사들에게 학생들과 그들이 속해 있는 지역사회를 도울 수 있는 방안을 마련해 준다.

(미국 농무성, 식물산업국, Girls' Demonstration Work, 워싱턴, 1913년 1월, pp. 1-2)

아이들이 받는 보상

클럽활동에서 가장 놀라운 일은 그것이 진행되었던 곳이라면 어디에서나 광범위하게 인정을 받았다는 점이다. 이 원인은 매우 분명하며 그 효과 역시 매우 고무적이다.

정부 관리들과 사업가들이 서로 앞 다투어 카운티와 주 클럽대회의 수상자들에게 사례를 하기 위해서 경쟁하고 있다. 옥수수 수확량의 놀라운 결과를 기록하는 소식지에는 옥수수 클럽의 회원들이었던 56,840명의 아이들이 해낸 성과도 역시 알리고 있다. 조지아 소년들 52명은 부셸 당 30센트에도 미치지 않는 평균비용으로 각각 에이커 당 100부셸 이상을 생산한 데 대하여 주지사와 관리들이 서명한 상장을 수여하였다. 지역의 사업가들을 포함하여 대부분의 시민들이 돈, 철도 무료승차권, 여행권 등을 기부하였다. 1911년에는 남부지역에서 아이들의 콘 클럽에 수여된 부상의 총 가치가 대략 5만 달러에 달하였다. 오클라호마에서는 천 달러 상당의 금화가 최고의 기록을 낸 120명의 소년들에게 수여되었다. 이들 수상자들은 일주일간 워싱턴을 방문하여, 백악관에서는 대통령으로부터, 그리고 의회의 하원의장에게서 상을 받았다. 이 아이들이 의회를 방문할 때에는 상원과 하원에 대한 특별 출입 허가증을 발급 받았으며, 각 해당 선거구의 상원의원과 하원의원을 만나기도 하였다. 하원 소속의 농업위원회가 이들 유명한 방문객들을 특별히 초청하여 이야기를 나누었다. 아이들은 또한 농무부 장관의 집무실을 방문하였다. 그들은 다함께 기념사진을 촬영하였고, 농무부 인장과 장관의 서명이 되어 있는 커다란 상장도 받았다.

　누구도 이들 소년들이 이렇게 전국적으로 인정을 받는 것에 대해서 의문을 제기하지 않는다. 그것은 아이들의 노력이 그들이 속한 지역의 경제적 번영에 실제로 기여한 것으로 인정하고 있기 때문이다. 다시 한 번 더, 교육자들은 아이들을 교육하여 그들의 부모를 가르치는 것이 가능하다는 점을 실증한 셈이다.

어른들을 가르치기

남부 고지대에서 이루어지고 있는 교육활동은 이미 널리 인정을 받았다. "아랫동네 술 증류기, 올라가면 야간학교"라는 구호가 바로 이 지역사회의 정신을 그대로 말해준다.

지금까지 전국을 여행하면서 남부 고지대의 교사들과 학생들보다 더욱 열정적인 사람들을 보기는 어려웠을 것이다. 끔찍한 정도로 무지한 사람들이 어떤 형태의 교육이라도 갈망할 때 여기에서 어떤 유사점을 발견할 수 있을 것 같다.

남부지방의 백인들은 오래 된 것들을 아끼며 새로운 것을 두려워한다. 전통적으로 그들은 과거 세대에 해당한다. 그러나 실제로 그들은 새로운 세대가 줄 수 있는 더 나은 것들에 접근하고 있다. 이러한 깨우침을 주는 학교에 나이든 사람들과 어린 학생들이 모두 나가고 있다. 궁핍함 속에서 살아남기 위해 발버둥치고 있는 대학들, 산업학교 그리고 기술학교들이라면 최근 몇 년 동안에 고지대 사람들이 교육적으로 깨우치고 있는 진심어린 노력에 대한 설득력 있는 증언에 귀를 기울여야 한다.

고지대 백인주민들의 진지한 노력이 곳곳에서 즉각적으로 나타난다. 대체적으로 사람들이 자기 아이들을 학교에 보내기 위해서 생활에 필수적인 것들도 아끼고 있다. 남자아이들은 인색할 정도로 절약하고 있으며, 여자아이들은 산길을 따라서 수 마일을 걸어 다닌다. 지역사회 역시 학교를 짓고 유지하기 위해서 얼마 되지는 않더라도 보유하고 있는 가능한 한 온갖 수단을 쏟아 붓고 있다. 남부 고지대 지역사회 곳곳에 새로운 교육의 정신이 스며들고 있는 것이다.

조지 워싱턴 주니어

한 교사가 피드먼트에서 수년간 노력하여 지역사회의 협조를 얻어 내고 자신감을 가지게 되었던 경험을 들려준다. 그녀가 제일 처음으로 시도했던 모험 가운데 13살이었던 아이를 통해서 성공을 거두었던 이 야기였다.

아이의 아버지는 그냥 나빴고, 어머니는 부주의하고 무관심한 사람 이었다. 아이만 총명하고 활기에 차 있었다.

그 아이가 면화공장에 갈 때가 되자, 교사가 그 부모에게 맞섰지만 성공하지 못했다. 그러나 아직 교사가 아이를 위해서 할 수 있는 일이 있었으며, 그녀는 여전히 그 기회를 감지하고 있었다. 그래서 그녀는 그 아이를 그의 친구들과 함께 자신의 집에 초대하였다. 매주 2~3일 밤마다 그들은 다 같이 둘러앉아서 책을 읽거나 게임을 했다.

처음에 그 아이는 처음에는 침울해 보였지만 학기가 끝날 때가 다 가오자 적극적인 호기심을 나타냈다. 그 아이는 특히 언어에 재능이 있었다. 소년은 막힘없이 언어를 익혔으며, 교사의 도움으로 이탈리아 어도 곧잘 배웠다. 저녁마다 친구들이 게임을 하거나 이야기를 나눌 때에도 그 아이는 왕성한 호기심으로 이탈리아어 문장에 몰두하고 있었다.

그 첫 해 크리스마스 직전에 이 아이는 공장에서 일을 하고 있었고, 교사의 집에는 친구가 찾아왔다. 그 친구는 교사가 하고 있는 일에 관심을 보이면서 도움을 자청하였다.

"있고말고."

교사가 말했다.

"앤디에게 옷 한 벌을 사줄 수 있겠니?"

그 친구는 사야할 물건들의 목록을 주머니에 넣고 도시로 나가 모자, 수트 등 완벽한 새 옷 한 벌을 앤디의 크리스마스 선물로 샀다.

크리스마스이브에 앤디는 혼자 교사의 집을 방문하였다. 그 교사는 다른 아이들을 초청하지는 않았는데, 아이들이 크리스마스이브를 집에서 보내고 싶어 했기 때문이기도 했지만 앤디를 위해서 좋은 선물을 준비했기 때문이었다. 교사는 다음과 같이 말했다.

"나는 한 번도 앤디의 깨끗한 모습을 본 적이 없었습니다. 그 아이가 한 번쯤은 깨끗한 옷을 입고 몸을 깨끗이 해야 한다고 생각했던 것이지요."

앤디가 크리스마스이브에 그 집을 방문하였을 때 교사는 아이를 수건, 비누, 욕조, 그리고 새로 산 옷이 준비되어 있는 방으로 들여보냈다.

"앤디, 이건 내 친구가 너를 위해서 준비한 크리스마스 선물이란다. 이제는 네가 나에게 크리스마스 선물을 할 거야. 깨끗이 씻고 새 옷으로 갈아입는 것이지."

앤디가 시키는 대로 말쑥한 옷차림, 잘 빗은 젖은 머리에 모자를 비스듬하게 쓰고 방에서 나왔다. 그는 똑바로 서서 머리끝부터 발끝까지 꼼꼼하게 살펴보고는 이렇게 외쳤다.

"맙소사! 저 조지 워싱턴이 된 것 같아요."

목욕과 새 옷은 그 아이의 가장 큰 꿈이 실현된 것이었다.

"그 이후로 앤디와 저는 항상 친구였습니다. 그리고 앤디가 마을 아이들 가운데 주도적인 인물이었기 때문에, 아이들과 제가 잘 어울릴 수 있게 되었습니다. 앤디가 오랫동안 소중히 간직했던 꿈을 이루어주었기 때문에 저는 마을의 중심으로 들어가게 되었던 겁니다."

건강을 향한 한 걸음

앤디를 통해서 모험에 성공한 교사는 지역사회와 문명사회 사이에 놓여 있는 어떤 편견의 장벽을 깰 준비를 하였다. 이번에는 여자아이들과 함께 그 작업에 착수하였다. 교사가 당시의 정황을 설명했다.

"이 지역의 가정들은 비참했어요. 사람들이 가장 간단한 건강관리 수칙조차 알지 못하고 있었어요. 그들에게 위생과 청결은 다른 나라 이야기였지요. 그들의 살림은 원시적이었고 요리는 보잘 것 없더군요. 저는 클럽처럼 아이들을 한데 모아 어울리게 하면서 남학생들의 신뢰를 얻었어요. 이번에 저는 여자아이들을 통해서 그들로부터 지역사회로 가 닿는 최고의 길은 '살림'이라는 것을 직감했습니다."

그 추측은 최소한 시도할 만한 가치는 있었다. 교사는 가장 정평이나 있는 방식 즉, 자신의 집안일을 처리하는 것으로 시작하였다. 그러면서 여자아이들에게 집으로 와서 그녀가 하는 일을 도와달라고 부탁했다. 교사는 쉬는 시간에 모여 있는 여자아이들에게 가서 이렇게 말했다.

"오늘 저녁에 나와 함께 식사하지 않겠니? 이따가 오후에 집으로 돌아가면 어머니께 말씀드리고 오렴. 그리고 새디, 애니, 너희들은 자고 가려무나."

처음에는 아이들이 머뭇거렸다. 경계하는 오랜 습관이 밴 터라 이런 때에는 아이들이 교사의 의도를 의심하기 마련이었다. 그러나 처음 몇몇 아이들이 교사의 집에서 묵고 집으로 돌아가서는 교사의 놀라운 살림 솜씨를 늘어놓은 이후에, 나머지 아이들도 친구들과 같은 경험을 할 기회를 애타게 기다리고 있었다.

"다음은 저예요?"

어느 날 예의 그 파티 초대가 있은 후에 작은 여자아이가 걱정스러운 듯이 물었다. 이에 교사의 얼굴은 남은 오후 내내 자신감으로 빛났다.

"여학생들이 모두 기꺼이 와주었어요. 아이들이 우리 집에 오는 것을 매우 흥미로워 하게 된 이후에 공장에 다니는 젊은 여성이 찾아 왔어요. 어느 토요일 저녁에 그녀가 문을 톡톡 두드리고는 마치 겁을 먹은 것처럼 주저하며 들어왔어요. 그녀는 맞은편에 앉아서 옷을 문지르고 있었는데, 편해 보이지 않았어요."

"선생님은 이해하지 못하실 거예요. 메임이라는 아이가 제 동생이에요. 지난주에 선생님이 제 동생을 초대하셔서 그 아이가 하루를 묵었어요. 기억하세요?"

교사는 고개를 끄덕였다.

"걔가 돌아와서는 줄곧 선생님이 어떤 식으로 살림을 하시는지 우리에게 얘기를 하고 있어요. 그래서 제가 생각을 해보았지요."

그녀는 말을 멈추고 의심 반, 애원 반으로 교사를 바라보았다.

"제가 만약 선생님이 하시는 대로 집안일을 할 수 있다면 얼마나 좋을까 생각했어요."

그러고는 재빨리 말을 이었다.

"제가 곧 결혼을 하거든요. 메임이 와서 그 이야기를 했을 때에도 우리 집은 늘 그랬던 것처럼 아기가 울고 있고 어머니는 고함을 치고 계셨어요. 그것 외에는 아무 것도 되어 있지 않은 상태였어요. 그래서 저는 제 자신에게 말했어요. 내가 만약에 그 선생님이 하듯이 할 수 있다면, 나는 엄마처럼 그런 실수는 하지 않을 테다, 라고요."

그녀가 기대에 차서 바라보며 잠시 숨을 골랐다. 이때, 교사가 물었다.

"그러니까 여기에 와서 내가 어떻게 하는지 직접 보고 싶다고요?"

그녀는 고개를 힘차게 끄덕였다.

"그럼 월요일에 일을 마치고 오세요, 그리고 여기서 자고 가요."

교사가 말을 이었다.

"그 후에는 일이 훨씬 더 순조로워졌어요. 다음으로 내가 하고 싶었던 일이 아이들의 시력과 목 상태를 점검하는 것이었어요. 그 지역에는 현대의학이라곤 거의 아니, 아무것도 모르는 자격 없는 의사 두 사람만 있었어요. 그나마 믿을 만한 의사는 40마일이나 떨어진 곳에 있었지요. 그는 전문가여서 진료비도 비쌌습니다. 그럼에도 저는 그분에게 우리의 사정과 예산이 얼마나 빠듯한 지를 설명하는 편지를 썼습니다. 그분은 답장을 보내와서 특별히 책정한 진료비와 함께 날짜를 정해주었어요. 저는 아이들 12명을 데리고 가고 싶었지만, 다섯 사람의 승차비가 모자랐어요. 하지만 그때 뜻밖의 횡재를 했답니다. 혹시나 하는 마음으로 역에 가서 제가 하려는 일과 사정을 설명했더니 역무원들이 아이들을 위한 특별요금을 책정해주었습니다. 그래서 아이들은 절반도 안 되는 요금을 내고 다녀올 수 있었지요. 그리고 남은 돈으로는 탄산음료를 사고 영화를 볼 수 있었답니다."

아이들은 각자 집으로 돌아가서 기차여행, 선생님, 의사선생님 이야기를 노래하듯이 늘어놓았다. 그리고 전문가의 조언과 원조를 전해주었는데, 좋은 소식은 곧 나머지 아이들이 갈 차례가 된다는 것이었다.

보살핌이 필요한 아이들이 여러 명씩 도시의 전문가를 만나게 되었다. 심지어 출발할 때는 예상하지도 못했던 수술을 받게 되는 아이들도 있었다. 결국에는 아이들의 믿음을 얻었다. 교사와 의사의 열정이 성공을 거둔 것이다.

"그것은 더디게 왔답니다. 그렇지만 결국에는 사람들이 더 잘 보고, 더 잘 들으며, 더 유익하고 영양이 풍부한 음식을 먹으며, 더 잘 생활하고, 스스로를 더 잘 이해하게 되었습니다. 전반적으로 큰 보람을 느꼈다."

이론과 실제

남부 농촌지역의 학교만 진보적인 교육의 기회를 독점하라는 법은 없다. 남부의 많은 도시들도 교육 발전의 선두에 있다. 이들 가운데 주목할 만한 곳이 조지아 주 콜럼버스이다. 이 인구 20,554명의 도시에서 교육감인 롤런드 대니얼이 지역사회의 관심과 요구에 따라 학교를 만들어가는 활발한 정책을 실시해오고 있다. 1913년 당시 콜럼버스에서 학령기 아이들이 모두 5,356명이었고, 이 가운데 4,089명이 실제로 재학 중이었다. 아이들 전체를 보면 3,348명이 백인, 1,198명이 흑인이다. 그리고 백인들 가운데 4분의 1가량의 아이들이 공장에서 일을 하고 있다. 콜럼버스는 농업지역으로 둘러싸여 있는데, 그 주변지역에서 많은 아이들이 고등학교 교육을 받기 위해서 도시로 오고 있다. 이 콜럼버스 시에는 대단히 복합적인 산업문제가 있는데 이 문제를 나서서 처리하는 학교의 방침이 최고의 찬사를 받을 만한 가치가 있는 것이다. 대니얼 교육감은 콜럼버스 시를 위한 교육공약에서 세 가지 뚜렷한 강령을 정하였다. 먼저, 그는 각 지역사회마다 각기 요구에 적합한 학교시설을 마련할 것을 목표로 한다. 둘째, 그는 아이들이 속한 지역적 환경을 고려하여 콜럼버스의 학교 시스템을 조성하도록 한다. 셋째, 그는 고등학교 정책의 개시를 알렸으며, 그것은 고등학교 교육이 이론과 실습을 겸비하도록 한다는 것이다.

대니얼 교육감은 콜럼버스 전역에 있는 공장 직공들 가운데 8백여 명이 학령기의 아이들인 것으로 추정하고 있다. 그리고 이 아이들이 처해 있는 상황은 극단적으로 위태로웠다. 법으로 강제하는 의무교육 조항도 없었다. 학교에 나가고 있는 아이들은 거의 없었으며, 설사 학교에 다닌다 하더라도 뚜렷한 교육적 혜택을 받을 수 있을 만큼 충분한 기간 동안 재학하는 경우가 거의 없었다. 아이들이 면직공장에서 일할 정도의 나이가 된 이후에도 학교 교육을 병행하는 경우가 채 5퍼센트에도 미치지 못하였다.

학교가 콜럼버스 아이들 전체의 필요를 해결하게 하려는 목적에 따라서 대니얼 교육감은 공장지대에 노스 하이랜즈 스쿨을 설립하였다. 이 학교에 대해서 그는 다음과 같이 말하였다.

"이 학교는 교육과정이나 시수를 지키기 위해서 만들어진 것이 아닙니다. 비슷한 시스템에 기반을 두고 있는 다른 학교들처럼 학교 설립의 근거가 되는 사람들의 여건과 편익을 충족시키려는 바람에서 출발하였습니다. 수업은 아침 8시에 시작되어 11시까지 계속되며 그 사이 9시 30분에 10분의 휴식이 있습니다. 오후 수업은 1시부터이며, 3시 30분에 모두 끝납니다."

중간에 휴식시간이 긴 것은 아이들이 공장에서 일하고 있는 부모, 형제, 자매들에게 따뜻한 점심을 가져다 줄 수 있도록 하기 위해서이다. 많은 공장들이 학교에서 다소 떨어져 있기 때문이다. 어떤 아이들은 정오에 2마일을 걸어야 한다. 가족이 아닌 사람의 점심 도시락을 나르면 이 '식사 나르는 아이들'은 도시락 하나 당 일주일에 25센트를 받을 수 있다. 경우에 따라서는 여러 개의 도시락을 운반하기 때문에 상당한 수입을 올릴 가능성도 있다.

이와 같이 현지 사정에 기초하여 설립된 학교는 나아가 공장 직공들의 관심을 끌 수 있는 방식으로 전문화되었다. 정규과정은 다른 학교에서 개설하고 있는 것과 비슷한 구성이다. 단, '3R'을 특히 더 강조한다는 특징이 있다. 대니얼 교육감에 따르면 이 아이들이 학교에 다닐 시간이 매우 제한적이기 때문에 기초교육에 더 많이 관심을 가져야한다고 한다.

"기존의 교육과정은 7년의 기간을 상정하고 있지만 이곳에서는 5, 6년 후에도 학업을 지속할 수 있는 아이들은 매우 드물고 공장의 손짓은 너무도 강력합니다. 약 1퍼센트에 해당하는 아이들만이 이 학교를 졸업하고 학업을 위해 진학하고 있습니다."

오전 3시간과 오후 첫 시간에는 일반교과 교육을 실시하며, 마지막 시간과 남은 오후 동안에는 실용적인 활동을 한다. 남자아이들은 매일 교대로 목공일과 정원 가꾸기의 기초과정을 배워야 한다. 반면, 여자아이들은 바구니 세공, 바느질, 요리, 가축 사육, 그리고 정원 가꾸기를 배운다.

대니얼 교육감은 이 실용교육을 도입한 결과를 이렇게 설명한다.

"교육활동이 이루어지는 모든 분야에서 학교가 애초에 의도했던 것은 사람들이 더 나은 삶을 영위할 수 있도록 하는 것이었습니다. 그 변화는 어쩔 수 없이 더디게 진행되었습니다. 처음에는 이런 학교를 지지하는 사람들이 의심없이 생각하기를, 많은 아이들이 학교에 계속 남게 될 것이며 고급과정의 직업교육을 더 많이 하게 될 것 같았습니다. 이 점에서는 학교가 실망스러웠을 분도 있을 겁니다. 우리는 심지

어 아이들이 이 학교에서 마련하고 있는 제한적인 교육과정조차 마치
도록 유도하지도 못하고 있습니다.”

노스 하이랜즈 스쿨은 아이들을 위한 그 노력과 함께, 지역사회의
표준을 끌어올리기 위한 조직적인 시도에 착수하였다. 날마다 교장과
교사들이 몇몇 가정을 방문하여 유용한 정보를 주고, 아픈 사람들을
간호하며, 여타 가능한 방식으로 가정생활에 기여하고 있다. 대니얼
교육감은 이러한 활동의 경과를 다음과 같이 보고한다.

“교사들 중 한 사람은 매주 토요일 아침에 몸이 불편한 사람들을 모
아서 그들이 수술이나 치료를 받을 수 있도록 무료 진료소에 데리고 갑
니다. 그럴 정도로 우리 모두는 이 일에 강한 확신을 가지고 있습니다.
처음에는 부모님들이 죽어가고 있는 자녀들을 쳐다만 볼 뿐 수술은 허
락하지 않았지만, 이제는 교사가 반드시 필요하다고 하면 아이들을 무
료 진료소에 데리고 가는 것을 거부하는 사람은 거의 없습니다.”

학교는 지역사회의 기성세대가 움직이도록 하기 위하여 노력하고
있다. 어른들과 아이들이 모두 참여하는 오락행사와 학교 모임이 있
다. 공장에서 일을 해야 하는 부모들을 돕기 위해서 충분한 놀이시설
을 갖춘 학교 운동장을 일주일 내내 모든 아이들에게 개방하고 있다.
내니얼이 말한다.

“어머니가 아침 6시에 일터로 나갈 때, 아이들을 학교에 보내 8시
수업이 시작되기 전까지 운동장의 혜택을 만끽하게 하는 것은 드문
일이 아닙니다.”

흑인학교의 교육활동도 흑인 아이들의 산업적 요구에 비슷하게 부

합하고 있다. 남녀 아이들 모두 상당한 시간을 산업과 관련된 활동에 할애하고 있다. 흑인들을 위한 이 일의 주목적은 아이들을 가르쳐서 그들에게 열린 산업의 기회에 대비시키는 것이다. 학교는 우수한 대장장이, 목수, 요리사, 재봉사, 세탁부 등 많은 인력을 개발하였다고 보고하고 있다. 학교에 남아 교육과정을 완전히 이수하는 학생들은 학교를 그만두고 그런 교육을 전혀 받지 못했을 경우에 비해 거의 두 배의 수입을 올릴 수 있다.

명료성과 유효성을 도모할 목적으로, 평가방식을 개편하기 위해서 적극적으로 노력하였다. 대니얼 교육감은 이 문제를 이렇게 정리한다.

"교사들 앞에 이 명확한 문제를 놓고, 그것을 해결하기 위한 의견들을 개진하는 일에 착수하였습니다. 우리는 모든 교과를 가르칠 때 목적에 대한 길잡이와 수단으로서만 책을 이용할 수 있음을 분명히 하였습니다. 그리고 나아가 책과 주제에 대한 실용지식을 쌓는 것이 인쇄된 페이지를 암기하는 것보다 훨씬 더 바람직하다는 우리의 원칙을 확인하였습니다."

대니얼 교육감이 교육이론에 대한 이 발언으로부터 전개한 원칙에 많은 교사들이 놀랄 것이다.

"교사들에게 암기하는 일이나 책을 덮고 필기시험을 치르는 일은 필요치 않다고 이야기했습니다. 어른들이 참고적으로 책을 활용하듯이 아이들도 교과서를 그런 식으로 사용하도록 했습니다. 수업 뿐만 아니라 모든 활동에서 아이들이 그렇게 할 수 있도록 해달라고 요청했습니다. 또한 아이들의 사고력을 키우기 위한 방향으로 지도를 해줄 것을 당부했죠."

중학교 교육을 더욱 자연스럽게 진행하고 그 교육의 모든 것을 실생활에 더욱 밀접하게 연결 짓기 위한 대니얼 교육감의 이 노력이 흥미로운 결과를 낳았다. 학교 교육에서 교과서를 부수적인 것으로, 그리고 사고하는 것이 중심이 되도록 하는 지침을 따른 한 교사가 출제한 시험문제를 다음과 같이 옮겨 보았다.

연산, 3학년 B

로이는 어머니의 심부름으로 커븐에서 물건을 삽니다. 그는 머리 핀 두 상자를 각각 0.05달러에, 수건 6장을 각각 0.10달러, 그리고 손수건 5장을 0.25달러에 삽니다. 그가 내야 할 돈은 얼마입니까? 그가 점원에게 1달러를 주면, 거스름돈으로 얼마를 받게 되나요?

3학년 A

이사벨의 신발 두 켤레가 4달러라면, 이 학급의 모든 여학생들의 신발은 모두 얼마의 가치가 될까요?

지리, 3학년 B

지도책 65쪽을 보세요. 그리고 각기 다른 7개의 해변 유형을 찾아서 써 보세요.

연산, 4학년 B

이 학급에는 46명의 학생들이 있습니다. 학급 전체가 한 학기 동안 사용할 230권의 노트와 138자루의 연필이 주어졌습니다. 그렇다면 아이들은 각자 얼마만큼의 노트와 연필을 받게 될까요?

지리, 4학년 B

뉴잉글랜드에서 우리에게 오는 생산품에는 어떤 것이 있을까요? 그것들이 뉴햄프셔 포츠머스에서 선적된다면, 어느 수역을 지나오게 될까요?

지리, 4학년 A

미국이 독일보다 영국과 무역거래를 더 많이 하는 이유가 무엇일까요? 우리의 선박들은 영국의 어느 항구에 정박할까요? 그 배에 싣고 가는 것들은 어떤 것들이며, 무엇을 가지고 돌아올까요?

지리, 5학년 A

샌프란시스코에서 오렌지를 싣고 파나마 운하를 경유하여 조지아 주 콜럼버스로 갈 때 어떤 무역로가 사용될까요? 그 거리는 대략 몇 마일이나 될까요? (지도책 65쪽과 자를 이용하세요.)

지리, 5학년 B

콜럼버스 사람들의 주요 산업은 무엇입니까, 그리고 그 이유는? 우리 도시의 기후를 설명하고, 이곳에서 어떤 과일, 채소와 농작물이 시장성이 있는지 말해 보세요. 강을 따라 콜럼버스로 오는 배에는 무엇이 실려 있을까요? 그리고 그 배는 이곳에서 무엇을 가지고 돌아갈까요?

대니얼 교육감의 견해는 분명하고 타당하다.

"초등학생을 위한 생활과학과 기술교육 과정을 병행하면서 일반교과목들을 가르칠 때에는 그것들이 마치 전혀 다른 영역인 것처럼 하는 것은 올바르지 않습니다."

결과적으로 그는 지역사회와 학교의 세력을 지역 교육활동이 집중되어야 하는 하나의 공감대로 모으기 위해서 모든 노력을 다하였다.

산업고등학교는 콜럼버스 학교제도에서 필수적이면서 매우 중요한 부분이다. 산업고등학교는 일반 정규 고등학교와 함께 고등학교 이상의 학습활동을 지속할 의도가 없는 아이들에게 세상살이를 위한 교육의 방향에서 중요한 기회를 제공한다. 처음에는 도시의 산업현장에 조성되어 있는 여건과 시간을 다소 재연하도록 의도되었다. 이전에 학교는 11개월 동안 개방되었지만, 현재는 6주간의 방학이 허용되어 있다. 수업은 매주 5일간, 아침 8시부터 오후 4시까지이다. 주중에 일정 수준 이상을 유지하지 못한 학생들은 토요일에 등교해야 한다.

산업고등학교의 모든 학생들은 수학, 역사, 영어, 과학 등 일반 고등학교의 정규과정을 반드시 이수해야 한다.

콜럼버스의 모든 학교에서 기술과 생활과학 교육을 도입함으로써 많은 아이들이 산업고등학교를 지향하게 되었다. 산업고등학교의 교육을 최종적인 것으로 만드는 것이 학교 당국의 애초의 의도는 아니지만, 교육활동을 지속할 수 있게 된 아이들이 이 전문화된 교육과정에서 현저하게 혜택을 입은 것은 사실이다.

학교를 지역사회의 필요에 맞게 만들기 위한 콜럼버스 학교운영의 이러한 진지한 시도들은 누구나 동의할 만한 과학적인 분석에 근거한 것이었다. 먼저 지역사회의 교육적 요구를 파악하였다. 그리고 학교의 교육활동을 지역사회의 교육적 요구에 따라 구성하였다. 만약 최초의 노력으로 만족스러운 성공을 거두지 못한다면, 계속적으로 시도를 해서 성공을 확인할 때까지 노력을 지속했다. 학교 당국은 그들의 견해와 시스템을 바꾸는 것을 두려워하지 않았다. 심지어 주어진 실험에서 실패하는 것에도 겁을 내지 않았다. 그들이 유일하게 두려워한 것은 지역사회의 교육적 수요를 충족시키지 못하지 않을까 하는 것이었다.

깨어나는 사람들

남부에서 교육적 깨우침을 얻기 위해서 중요했던 첫 번째 전투는 승리로 끝났다. 사람들은 지적 활동을 활발하게 하는 사람들을 필요로 하였던 것이다.

두 번째 전쟁은 진행 중이다. 남부사람들은 현재 남부의 경제적, 사회적인 문제가 묘사하는 특유의 교육적 수요를 충족시키기 위하여 학교를 조직하고 있다. 구호가 남부 전역에 울리고 있다.

"사람들을 위한 학교, 학교를 위한 사람들, 그리고 지역사회를 위한 더 수준 높은 교육과 생활."

남부는 새로운 교육을 해낼 공산이 크다. 학교 관리들도 노력중이다. 대니얼 교육감은 다음과 같이 쓰고 있다.

이 시스템에 관련된 모든 사람들이 자신의 일을 잘 해내고, 시스템의 이상을 확고하게 다지고 유지하는 데 너무 전념하여 어떠한 방해도 받지 않았다. 교사들은 자신이 가르치는 학생들을 세상살이에 대비시킴으로써 콜럼버스의 시스템을 효율적으로 만드는 데 참여하는 것이 부담이 아니라 특권이라고 생각하는 것으로 보인다.

(콜럼버스 공립학교 연례 보고서, Annual report of the Columbus Public Schools, 1913, p. 18)

학생들은 학교와 실생활의 상호 관련성을 요구하고 있으며 학교는 아이들을 통해서 남부를 교육시키는 중이다.

13. 새로운 교육의 정신

교육의 평준화

지금까지 묘사한 교육적 시도는 '새 교육'의 정신으로 가득하다. 힘이 넘치는 지방의 교육 시스템으로부터 전통적인 형식주의에 대한 저항이 울려 퍼지고 있다. 교사들은 반드시 옳지만은 않은 그런 것들을 배웠다. 각각의 발상, 방식은 비판적인 분석의 과정을 집중적으로 거쳐야 한다. 과거에 만족스러웠던 교육의 원칙을 옹호하는 것만으로는 충분치 않다. "오늘날의 문제에 대한 그 영향은 무엇인가"라는 의문은 끈질기게 반복해야 한다.

서구의 진보정신에 교육계의 조상 숭배는 더 이상 받아들여지지 않는다. 과거가 이바지한 바는 명확하지만 수명을 다했다. 현재는 그 공로에 감사한다. 그러나 미래의 이름 아래 현재 주어진 과제의 엄밀한 검증을 감당하지 못할 과거의 그 어떤 판결에 묶이는 것도 단호하게 거부해야 한다.

옛날식 교육은 전통주의에 괴롭힘을 당하고 있었다. 그 권세아래 확정적으로 영원히 정의되어 버린 교육이 사람들이 도달해야 하는 표준으로 확립되었다. 이런 이유로 자신의 어린 제자들을 지식습득을 위한 지름길을 따라 지도하는 교육자들은 자신만만하게 그들을 비난했을지도 모르겠다. 그가 받은 3R이나 그리스어 교육에 준하여 이렇게 말할지도 모르겠다.

"자, 여기 3R이 교육이지."

"그리스어와 고급수학이 교육이야."

어떠한 경우에도 그는 절대적인 원칙을 의식하였다. 교육의 표준이 완전히 정해져 있었다. 그 기준에 의거하여 새로운 발상을 판정하고, 정당화하거나 혹은 그 반대였다.

이렇게 미리 결정된 체계 아래 교육을 위한 공식이 있었다. 빵을 굽거나 돼지고기를 젤 때처럼 아주 틀림없는 공식 말이다. 이 공식이 학교 교육의 대상이 되는 아이들에게 적용되었다. 공식이 성공적으로 나타났다면 그 아이는 돼지고기가 레시피에 따라 정확하게 처리되어 제대로 절여졌다고 판정되는 것처럼 '교육받았다'고 공표되었다. 바대로 공식이 제대로 작용하지 않았다면 아이는 교육받지 못한 것이었다. 그러면 그 아이는 머리에 던스 캡(과거에 학교에서 공부에 뒤쳐지거나 게으른 아이에게 벌로 씌운 원추형의 종이 모자)을 쓰고 학교에 앉아 있거나, 그렇지 않으면 수업을 빼먹고 낚시, 수영을 하거나 특별히 하는 일이 없이 시간을 보냈다.

현대 과학의 관점에서 말하자면, 옛날식 교육이 아이에게 미리 결정된 교육 바이러스를 주사했다고 말하는 것이 훨씬 더 이해하기 쉬울 것이다. 만약 항체가 형성되었으면 아이는 무지, 문맹, 어리석은 짓, 그리고 여타 사회적으로 만연한 병폐라는 박테리아에 면역이 되어 있는 것으로 판정되었다. 그렇지 않았다면 교장은 그 비겁한 손을 과시적으로 씻어 버렸다.

실패한 평준화

교육의 문제를 공격하는 이러한 방식에 대해서 단 하나의 쟁점만은 촉구할 필요가 있다. 그것이 효과가 없었다는 것이다. 때때로 가장 성공적인 학교생활을 한 사람이 인생에서는 완전히 실패하기도 하는 반면, 학교에서 낙오된 자가 인생에서는 대단히 크게 성공하게 되는 경우를 자주 볼 수 있었다. 조금이라도 분별력이 있다면, 그것을 간단하게 추론해 볼 수 있다. 공식이 완전무결하게 성공적이지는 않았던 것이다. 이것은 학교를 무난하게 다녔던 아이들뿐만이 아니라, 학교에는 조금도 흥미가 없었던 아이들에게도 해당되었다. 그 아이들은 몇몇 수업에 얼굴을 내비쳤지만, 학구적으로는 전혀 에너지를 쓰지 않다가 결국 '학습'에서 어떠한 성과를 만들어 낼 가망 없이 학교를 그만두었다.

전통적인 교육은 학교의 가르침으로 이득을 볼 수 없는 아이들을 학교에서 제명하였다. 진보적인 현대 교육가들의 마음을 끌었던 개념과는 얼마나 다른가! 교육은 그들의 지도 아래 허버트 스펜서가 '완전한 삶을 위한 준비'라고 했던 것이 되었다. 확고한 객관적 기준은 더 이상 존재하지 않으며, 교육이 지역사회에 속한 아이들 개개인의 삶의 한계를 확장하는 것으로 인정되었다. 진보주의 교육자들은 이렇게 주장한다.

"우리에게 각각의 교육적 요구를 알려주면, 우리가 그 교육의 성격이 어떠해야 하는지를 말해 주겠다."

따라서 교육이 한 시대에 만들어져서 융통성 없이 그대로 다음 세대에 계승되어 객관적인 기준이 되는 일은 사라졌다. 그 대신 아이들의 요구를 해소, 보완하는 것으로서 받아들여지고 있다. 교육은 항상 인생과 인성을 형성해가는 과정으로 간주되어 왔다. 옛날식 교육과 새로운 교육의 가장 주요한 차이점은 전자가 틀을 만들고, 그런 다음에 아이들을 강제로 그 틀에 맞추었다면, 오늘날의 새로운 교육은 아이들의 교육적 요구를 파악하는 것으로 시작하여 그 다음에 그 요구에 맞게 틀을 맞춘다. 옛날식 교육은 옥수수 껍질을 까는 기계를 만든 농부가 그 기계에 들어맞는 옥수수자루를 찾으려고 애쓰는 것과 같다면, 새 교육은 옥수수를 먼저 재보고 나서 그 옥수수에 맞는 기계를 만드는 것이라 할 수 있겠다. 옛날식 교육은 그 요건에 순응할 수 있었던 학생들을 선별하였던 반면, 새 교육은 모든 학생들을 위해서 노력한다.

성장의 길잡이로서의 교육

현대 사상가들의 영향으로 교육은 공식의 적용이라기보다는 성장의 길잡이가 되었다. 아이는 발전하고 있는 인격체이다. 그 발전을 지키고 이끌어주는 것이 교육의 기능이 되었다. 현대 학교들이 결코 정신적인 성장을 교육적 시도의 유일한 목표로 여기는 것은 아니다. 신체적인 성장은 아이들의 인생에 있어서 똑같이 중요한 일부분이다. 그러므로 신체 발달의 동향이 교육 체계의 중요한 요소가 되었다. 심미적이고 정신적인 성장 모두 동일하게 강조되어야 한다. 아이들 인생의 모든 방면이 각각 고려되어야 한다.

정신적인 감화 효과를 이용한 옛날식 교육은 신체적, 지적, 정신적 표현을 통한 새 교육으로 대체되고 있다. 변화하는 양상이 드러나는 것이 성장의 본질이다. 그리고 학교는 아이들의 성장을 북돋아주어야 하기 때문에 아이들이 의식적, 무의식적으로 표현하는 것을 매우 중요하게 여겨야 한다.

따라서 아이들이 필요로 하는 것—추상적인 표준이 아니라—이 학교활동의 기본이 되어야 한다. 옛날식 교육은 어른들의 기호를 검토하고 일견 가장 간단해 보이면서, 아이들에게 적당한 것들 가운데에서 골라서 교육과정을 개발하였다. 새 교육은 실험실 체계—아이들과 그들의 관심사를 연구하기—를 적용한다. 또한 새 교육은 아이들이 어른들만큼 진지하게 인생에 적극적으로 임한다는 것, 아이들의 관심사가 어른들이 어린 시절에 해결하지 못하고 지나온 문제에 있지 않고 자신들의 문제와 성장의 영역에 있다는 것, 그리고 교육자들이 아이들과 그 아이들의 필요성을 이해하는 데 있어서 자신의 철학과 실천의 기반을 세워야 한다는 아주 분명한 사실을 알린다.

세상에는 나름의 단계, 문제, 그리고 이상이 있는 어른들의 인생이 있다. 마찬가지로 고유의 단계, 문제, 그리고 이상을 가진 아이의 인생이라고 불리는 환경도 있다. 다른 사람에 대한 연구를 통해서 둘 중 어느 하나라도 완전히 이해하게 될 수는 없다. 아이들의 필요는 어른들의 그것과는 분리되어 다르게 존재한다. 아이들을 이해하고 그들의 요구를 채워주는 것이 새 교육의 임무이다.

두 가지가 현대 교육자들의 귀에 다가가 울리고 있다. 그 하나는 아이들의 애원이며, 다른 하나는 지역사회의 호소이다. 아이들은 자신들이 모든 재능을 개발할 수 있는 기회를 구하고 있다. 신체적으로 아이들은 성장한다. 이 사실을 인지하고 있는 학교는 자신의 활동을 오로지 지적인 추구에만 국한시키는 관습의 벽을 허물기 위해서 열심히 노력하고 있다. 그리하여 학생들을 정신적으로는 물론 신체적으로도 완벽하게 성장할 수 있도록 이끌어 줄 체육교육을 실시한다. 지적인 활동에 있어서도 학교는 아이들의 정신을 수동적인 정보의 창고가 아니라 적극적으로 사고하는 개체로 만드는 것의 중요성을 인식하고 있다. 여전히 덜 강조되는 육체적 성장이 새 교육에서 점차적으로 그 중요성이 확대되고 있다. 무엇보다도 아이들을 흠 잡을 데 없는 성인으로 만들기 위한 노력으로 그들의 인생에서 심미적인 측면이 확대되고 있다.

아이들의 요구와 지역사회의 요구

아이들의 요구를 인식하는 것은 새 교육에서 매우 필수적인 요소이자, 지역사회의 요구를 인식하는 것과 유사한 양상을 띤다. 진보적인 교육가라면 잠시 그의 세세한 임무를 제쳐두고 다음과 같은 적절한 질문을 스스로에게 던지고 있을 것이다.

"지역사회는 1년간 공교육에 지출되는 10억 달러에 대한 대가로 무엇을 기대해야 하는가?"

남녀 성인들을 위한 요구가 아니라면, 지역사회의 요구에는 어떤 것들이 있는가? 그것들은 다음 세 마디로 요약될 수 있겠다. 에너지, 효율성, 시민권. 그러한 자질을 가진 개인들이 모인 단체는 자생적으로 활기차고 진보적인 공동체가 된다. 그것의 사회적인 기준이 지속된다면 그것은 사람들이 반드시 요구해야하는 정상적인 속성들이다. 또한 그것이 사회생활에서 매우 긴요한 요소라고 여겨지므로, 학교에 아주 많은 경비를 쓰고 있는 지역사회라면 분명히 그 학교가 강하고, 효율적이며, 귀중한 시민을 배출할 것이라고 기대할 것이다. 이러한 요구의 정당성을 인식하고 있는 새 교육이 개인과 사회에 대한 학교 교육을 끈질기게 부르짖고 있다.

새로운 교육기관들은 아이들과 지역사회의 요구를 충족시키도록 스스로를 설정했다. 그 기관들의 성공은 이러한 요구를 파악하고 그것에 채비를 하는 능력에 따라 좌우된다. 전통적인 사고방식을 지닌 교장이 이렇게 물었다.

"내가 어떻게 강제할 수 있나?"

그의 대답은 회초리였다. 오늘날의 교장은 이렇게 묻는다.

"내가 어떻게 길을 알려줄 수 있나?"

그의 대답은 실험실, 편견이 없는 과학적 방식, 그리고 아이들 개개인과 지역사회의 요구를 충족시키기 위해 설계된 다양한 교육과정이다.

지역사회는 아이들만큼이나 그 특질이 대단히 다채롭다. 이제는 확실히 모든 아이들에게 맞는 교육을 제공할 공식은 존재하지 않는다. 지역사회의 요구에 대한 새로운 연구가 나올 때마다 어떠한 시스템도 모든 지역사회를 위한 교육을 제공하지 못한다는 것을 더욱 더 분명히 한다. 아이들 개개인과 각각의 지역사회를 연구하는 일과 두 주체 모두 정상적이면서 건강하게 성장하게 할 수 있는 교육을 제공하는 것은 교육가들이 해야 할 일이다.

교육의 마지막 테스트

학교는 주인이 아니라 공복公僕이다. 학교의 중요성—기회와 책임의 중대함—은 바로 이 사실에 있다. 교육기관으로서 학교의 목적은 공공 서비스—성장과 발전에 대한 지원—이다. 에너지, 효율성, 시민권, 남자다움, 여자다움과 같은 것들이 그 진정한 결과물이다. 그것의 도구와 공식이 이러한 목표를 위하여 가장 효과적으로 기여할 것이다. 지식의 발달로 인하여 새로운 방식과 공식이 기존의 것들보다 더욱 효과적이라고 입증되면, 기존의 것들은 겸허하면서도 단호히 포기되어야 하며 새로운 것들이 채택되어야 한다. 물론 변화가 심사숙고를 하지 않고 이루어져서는 안 된다. 그러나 새로운 체계가 교육의 대상을 발전시키는 데 오래되고 유효성이 증명된 공식보다 더욱 이롭다는 것이 실험으로 드러났을 때 변화는 불가피하다. 이 주제에 대해서는 다음과 같은 질문과 답이 주어질 때 그 안에 모두 함축된다.

"교육이 아이들을 위해서 존재하는가 아니면 아이들이 교육을 위해 존재하는가?"

아이들이 교육을 위해서 존재한다면 객관적인 교육적 기준이 있고, 그 기준에 따라서 어떤 경우에도 변치 않는 교육과정이 준비되어야 마땅하다. 학교 시스템을 따르지 않는 아이가 생기면 이 아이는 자동적으로 학교에서 퇴출시켜야 옳을 것이다. 만약에 아이들이 교육을 위해서 존재하는 것이라면 그들이 그 요구에 순응해야 하며, 그렇게 하지 않거나 그럴 수 없다면 가차 없이 아이들을 몰아 세워서 순응하도록 만들어야 한다.

하지만 교육이 아이들을 위해서 존재하는 것이라면 가장 우선적으로 고려해야 할 것은 아이들이 필요로 하는 것이 무엇이냐는 것이다. 어느 개인이나 단체의 아이들이 현재의 교육제도에서 충족되지 않는 요구를 가지고 있다면 그 제도는 고쳐져야 마땅하다. 충분하고 적절한 교육이 미국 모든 아이들의 타고난 권리라면, 교육제도는 최대한 가능한 범위 내에서 그 권리를 보장할 때까지 재편성되고 재형성되어야 한다.

이미 그 해답이 체계적으로 계발되었다. 교육가들이 이미 그 말의 힘을 깨달았다.

"학교가 아이들을 위한 것이지, 아이들이 학교를 위해 있는 것은 아니다."

따라서 결론적으로는 매우 신성시되는 학교 시스템, 매우 공경할 만한 교육방식, 너무 확실해서 결코 틀리지 않는 교과서, 영구불변의 운영체계라는 것은 없으며, 교육적 요구에 질려 아이들이 도망가지 않도록 해야 한다는 것이다.

오늘날의 교육문제와 관련하여 과거의 말에는 권위가 있을 수 없다. 각 시대마다 고유의 문제가 있다. 당대에 해결되거나 미결된 채 미래로 넘겨지는 문제들이다. 과거는 저물었다. 그 조언과 제안의 목소리만이 길잡이 또는 경고의 기능을 한다.

오늘날 교육의 기회는 비길 데가 없다. 바로 활용할 수 있도록 준비가 되어 있는 교육 체계도 새로이 인지하게 된 아이들과 지역사회의 요구를 충족시킬 수 있도록 변화하고 있는 중이다. 새 교육의 정신은 서비스정신이며, 공정한 처사의 정신이요, 개개인의 성장과 사회발전의 정신이다. 개별적인 요구가 있다. 당대의 사회적 의무와 요구가 나란히 있다. 그것이 학교의 영향력 안에 놓여있는 한, 집을 나서는 아이들은 자신의 요구를 충족하게 될 것이며, 더 큰 지역사회에서 활기차고 효율적인 시민으로서 그들의 역할을 할 채비를 갖추게 될 것이다. 새 교육의 정신은 그러한 것이다.

니어링과 그 교육론

한국인의 별난 니어링 사랑

니어링의 집을 찾아가다가 낭패를 보았다는 이야기가 있다. 누구에게 물어보아도 그곳을 알기는커녕 니어링의 이름조차 아는 사람이 없어서 결국은 찾지 못하고 돌아왔다고도 하고, 사유지에 들어가 범죄자 취급을 당하면서 어렵게 찾아갔는데 '굿 라이프 센터'라는 간판이 붙은 곳에는 아무도 없었다고도 한다. 니어링은 그곳이 연중 내내 개방되어 있다고 자서전에서 언급했다. 하지만 그 책이 출간된 지가 벌써 40년이 넘었다. 미국이란 곳이 워낙 넓어서 대도시에서도 집들 사이의 거리가 수십 미터나 되는데 하물며 황야와 같은 곳에 살았던 니어링을 이웃이 알 리 없다. 게다가 니어링은 평생 이웃과 등지고 살았다. 그는 공동체를 만들려고 시도한 적이 있지만 곧 실패했고 평생을 고독하게 살았다. 아마 어떤 방문객과도, 특히 정이 흘러 넘쳐 그곳까지 찾아온 한국인과는 친하지 못했으리라.

어디 니어링뿐인가? 나는 몇 년 전 프랑스 보르도에서 몽테뉴의 집을 찾아가다가 정말 황당한 경험을 했다. 프랑스인 누구도 집은커녕 몽테뉴라는 이름조차 알지 못했다. 니어링도 한국에서나 유명하지 미국에는 아는 사람이 거의 없다. 교양 있는 한국인 중에는 프랑스인은 몽테뉴, 영국인은 셰익스피어, 독일인은 괴테의 문학작품들을 줄줄 왼다고 하는 이들도 있지만 사실은 전혀 그렇지 않다. 그것은 한국식 사대주의가 빚어낸 착각일 뿐이다. 대부분의 서양인은 그런 걸 모르고 산다. 바쁜 생활인이 굳이 셰익스피어나 괴테를 알 필요도, 알 이유도 없다. 따라서 교양을 팔아 먹고사는 지식상인들에게 주눅들 필요는 전혀 없다.

우리나라에는 니어링의 책과 글이 넘치지만 일본 등 다른 나라에는 그런 책이 거의 없다. 그러니 그의 집을 물어물어 찾아가는 사람들은 한국인뿐이다. 한국인이 니어링을 특별히 좋아한다고 해서 나쁠 것은 없다. 그런 한국인 특유의 현상은 니어링말고도 많다. 독서의 차원에서는 드 보통이나 베르나르,《정의란 무엇인가》등의 열풍도 그렇다. 고전이라는 이름으로 여전히 많이 읽히는《삼국지》나《수호지》도 그렇다. 한국 특유의 소위 쏠림 탓인지 전통 탓인지 알 수 없지만 비정상적인 것만은 분명하다.

니어링은 더욱 특이하다. 고작 10년 전후에 그와 그의 아내가 만년 생활에 대해 쓴 수필류가 베스트셀러가 되었고, 그 뒤 그런 책들이 우후죽순처럼 계속 나왔기 때문이다. 도대체 니어링이 왜 그렇게도 갑자기 인기를 끌었을까? 니어링은 1920년대부터 중국과 일본 등 아시아를 자주 방문했지만 1983년까지 100년을 살면서 한반도를 찾은 적은 한 번도 없었다. 그의 수많은 책에서도 한반도를 언급한 적은 한국전쟁에 대한 비판적인 주장 외에 거의 없었다. 유럽과 미국의 제국주의를 비판하고 식민지 독립을 옹호했지만, 중국이나 일본의 제국주의나 한반도의 독립에 대해 언급한 적도 없었다. 그런데도 왜 그렇게 한국인은 니어링을 좋아할까?

니어링 다시 보기

한국에서 니어링이 대단한 인기를 얻은 때는 10여 년 전 유기농, 건강식 바람이 불 때와 거의 겹친다. 남편을 100살까지 장수하게 한, 너무나도 몸에 좋은 음식의 레시피를 제공한 90세 아내가 남편이 죽고 10년 뒤에 쓴 《아름다운 삶, 사랑 그리고 마무리》를 비롯한 책들이 주부들 중심으로 많이 읽혔다. TV나 신문 등에서도 열심히 선전했다. 미국에서는 니어링 바람이 1970년대에 잠깐 불었다가 사라졌지만 이유는 전혀 달랐다. 그때 니어링의 집에는 많은 반체제 청년들이 찾아왔다. 그러나 니어링이 보기에 요가 따위에 열중하는 그들은 자본주의의 부산물일 뿐이었다.

니어링은 전처 사이에서 난 두 아들 중 1912년생인 장남 존이 성을 떼어버릴 정도로 갈등을 겪었다. 존은 러시아에서 결혼해 10년간 살다가 1941년 소련 외교정책을 비판했다는 이유로 미국으로 추방되어 〈타임〉 지에서 일했다. 그러나 니어링에게 〈타임〉은 '인류의 평화와 행복에 가장 큰 위협인 거대 반사회 세력'인 미국 최악의 회사였다.

1973년 존이 〈타임〉을 퇴사하고 동유럽 대상의 선전방송사의 부회장이 되자 니어링은 부자관계를 완전히 끝냈다.

〈타임〉을 이렇게 말하는 니어링은 한때 소련과 중국 및 쿠바 등에 동의한 공산주의자였으나 1930년대 초 모든 좌파 조직과 인연을 끊고 단순한 생활, 자족하는 삶이라는 사상을 실천에 옮기고자 산골 농부가 되었다. 그러나 그의 귀농은 당시의 자본주의 사회와 완전히 등진다는 의미에서 철저히 반사회적인 것이었다.

니어링은 주류 경제학을 싫어했고 존 듀이를 비롯한 실용주의 교육학자 등의 사상과도 거리가 멀었다. 1952년 듀이가 죽었을 때 니어링은 "1870년에 태어나 탐욕스럽고 경쟁적으로 살면서 1910년에 이미 크게 인정을 받았으나, 겉만 번지르르하고 속은 황폐한 기회주의를 정당화하기 위해 그에게는 실용주의 철학이 필요했다."고 말했다.

이처럼 니어링을 읽어보면 미국이 다시 보인다. 나는 니어링이 대단한 학자라고는 생각하지 않는다. 객관적으로 보면 듀이가 더 위대한 학자이고 〈타임〉은 여전히 세계적인 언론이다. 그밖에도 니어링이 20세기를 살면서 비판한 것이 미국의 주류 지배자들의 가치관이기 때문에 듀이나 〈타임〉에 대한 비판처럼 편견으로 보일지도 모른다. 여하튼 니어링은 현대 미국에 대해 매우 비판적인 사람이었다. 그리고 그 비판의 극적인 실천이 바로 자본주의적 삶에서 해방된 철저한 자급자족의 농촌생활이었다.

그 점에서 그는 또한 이론과 실천을 철저히 겸비한 사람이었다. 가령 서울의 고급 아파트나 사무실에 살면서, 자가용을 굴리고 비행기를 타면서 생명, 생태 운운하는 글쟁이들이 얼마나 많은가? 니어링은 그런 주류 자본주의 생활 자체를 거부했다. 특히 그 거대한 냉장고를 가득 채운 각종 유기물 건강식품을 비싸게 사먹는 것을 경멸했다. 그는 손수 만든 나무그릇 하나에 음식을 모두 담아서 먹었다.

니어링은 34세가 되던 1917년 해직될 때까지 대학 교수였지만 그 뒤에는 일정한 직업이 없었고 50세가 된 1933년부터 죽을 때까지 50년 동안 농부로 살았다. 농부로서도 평생 돈 벌 생각은 하지 않았다. 그런 그의 산골 농부 사회주의를 어떻게 보아야 할지는 모르겠지만 이웃 농민과 사회주의적 공동체 운동 같은 것을 했다는 이야기는 없다. 이웃 농민들은 너무나도 자본주의적이었고 보수주의적이었다. 따라서 니어링을 공동체운동과 연관 짓기에는 문제가 많다.

니어링 부부의 삶

헬렌 니어링은 25세 나이에 45세의 별거남인 스콧 니어링을 만났고 그 5년 뒤부터 산골에 들어가 남편이 죽을 때까지 50년간 농사를 지었다. 한국에서야 대단한 일로 보일지 모르지만 미국에는 그들처럼 사는 사람들이 많다. 전국이 서울처럼 변하고 있는 우리와 달리 미국에는 아직도 시골, 아니 황야라고 해야 할 곳이 많고 그런 곳에서 농사를 지으며 사는 사람들도 많다. 니어링이 살았던 곳도 그런 곳이었다. 월든에서 살았던 소로도 그러했다. 아직도 농촌에 살고 있는 웬델 베리도 그렇다.

반면 우리 땅에는 그런 황무지 같은 자연이 없다. 그래서 그런 땅이 그립기도 하지만 반대로 그런 곳에 살 수 있을지 겁도 난다. 왜냐하면

굿 라이프라는 니어링의 집 주위에는 미국이라는 나라가 대부분 그렇듯이 그를 모르는 사람들의 광활한 사유지만이 펼쳐져 있을 뿐이기 때문이다. 그런 곳에서 황야의 무법자처럼 산다는 것이 한국인에게는 여간 힘든 일이 아니다. 니어링은 그런 산속에서 고독하게 살다가 죽었다.

그게 굿 라이프인가? 사실 그 거대한 미국의 자연에서 기계가 아닌 손으로 농사를 지어 자급자족하는 것을 생태주의라고 한다면 우리와는 뭔가 좀 다르다는 느낌이 들 수밖에 없다. 니어링의 책을 처음 소개한 사람들은 그 농사가 흥미로웠다는 이야기를 했지만 나에게는 도대체 이해되지 않는 이야기였다. 미국의 농사와 우리의 농사는 규모부터 엄청 다르다. 니어링의 소규모 농사를 우리와 같다고 해도 굳이 그것을 참조할 필요까지는 없다. 수천 년 농사를 지어온 우리가 미국 농사에서 배울 것이 무엇인가? 농사를 위해 그 책을 읽을 필요는 없다.

그런데 왜 니어링이었는가? 솔직히 말해 나는 그 책을 농민들보다도 '별장민'들의 화려한 거실이나 서재에서 많이 보았다. 각종 정신수양서나 여행안내서와 함께 말이다. 그런 사람들이 읽는다고 나쁠 것은 없다. 그래서 미국 여행 시에 굿 라이프 센터를 찾아간다고 해서 나쁠 것도 없다. 엄청난 비용과 기름을 들여 다녀온다고 해도 말이다.

쇠고기 파동이 있었을 때 전원에 사는 미국 소나 호주 소가 우리 땅에 사는 우리 소보다 더 생태적이지 않나 하는 생각이 들었다. 물론 한국에 오는 외국 쇠고기는 전원 소의 고기가 아니라는 이야기도 있지만 말이다. 여하튼 이 좁은 나라에서 생태적 삶이 과연 가능한가? 미국 같은 나라에서나 가능한 게 아닐까?

나는 600평 땅에 유기농사를 지어 먹거리의 대부분을 자급자족하자는 니어링의 이상에 충실하게 살고 있다. 그러나 나처럼 농사만 짓다가는 굶어죽는다. 상당한 월급이 있기에 나는 살 수 있다. 농민에게 니어링 이야기를 하면 모두 콧방귀를 낀다. 생태 관련 책에 대해서도 마찬가지다. 미국에서도 마찬가지다. 나는 자가용 없이 수십 년 자전거를 탔지만 자전거 길은커녕 인도도 없는 좁은 길에서 언제나 생명의 위협을 느끼며 산다.

내가 아는 한국의 니어링 독자들은 농민이 아니다. 나처럼 교수 같은 자들이 대부분인데 손수 농사짓는 사람들은 없고 대부분 비싼 값으로 유기농산물을 사먹고 자가용을 탄다. 시골에 살면 자가용은 더욱 늘어난다. 그들이 사먹는 비싼 유기농산물은 거대한 공장 같은 곳에서 대량 생산되는데 그 생산자는 연소득 1억 이상의 부자들이고 공장 사장 이상의 자본가로 살고 있다. 그런 귀농 자본가가 자기 책을 읽는 것을 보면 니어링은 분명 분노하리라.

톨스토이

니어링 독자들과 달리 니어링 자신은 사회주의자다. 부유한 집에서 1883년에 태어난 그가 언제부터 사회주의자였는지는 정확하게 알 수 없지만 적어도 1902년 대학에서 경제학을 공부한 뒤에는 사회주의자가 된 듯하다.(그가 사회주의에 흥미를 느껴 경제학을 공부한 것은 아니다. 당시나 지금이나 미국의 경제학은 마르크스경제학과는 전혀 이질적이다.) 세상을 제대로 바라보는 청년이 사회주의자가 되는 것은 이상할 것이 없지만 그 후 100살에 죽기까지도 사회주의자였다는 것은 이상할 수 있다. 그러나 그의 사회주의는 조직을 갖춘 공산당과는 무관한 것이었고 혁명에 의해 이루어야 할 것도 아니었다.

니어링은 마르크스주의를 일찍부터 알았지만 그 이론에는 거의 주의하지 않았고, 도리어 마르크스 이론에는 전술이나 경제구조와 관련된 구체적인 계획이 없다고 비판했다. 또 마르크스는 경제환경이 유사하면 누구나 똑같이 행동한다고 보았지만 실제의 환경은 너무나도 다르고, 특히 오늘날 경험하는 조직화된 산업사회를 마르크스가 본 적이 없으므로 당연히 그의 이론이 현대에 먹힐 수 없다고 니어링은 비판했다. 그러나 니어링은 마르크스가 인간은 사회권력의 희생자가 아니라 자신의 삶을 지배해야 하는 존재로 본 점이 인류에게 준 가장 위대한 선물이라고 평가하면서 자신의 스승으로 삼았다. 니어링은 마르크스를 크로포트킨이나 톨스토이처럼 중간 계급 이상에 속하는 부르주아적 지성이면서 기존 체제에 영합하지 않고 혁명운동에 뛰어든 점에서 위대하다고 평가했다.

니어링의 사회주의는 톨스토이의 사회주의, 즉 채식주의와 평화주의가 함께 하는 사회주의였다. 할아버지와 어머니, 대학 시절 스승 패튼(1852~1922)과 함께 가장 영향을 많이 끼친 스승으로 톨스토이를 들고 있으니 독서를 통한 유일한 멘토가 톨스토이라고 보아도 무방하겠다. 그가 다른 여러 스승들, 가령 살생하지 말라고 한 부처, 비폭력을 가르친 노자와 간디, 사회봉사의 본보기인 예수, 중용의 공자, 소박한 삶의 소로, 즐거운 노동의 러스킨, 아름다운 삶의 모리스, 휘트먼과 자연주의자들, 마르크스와 엥겔스와 레닌의 착취와 혁명의 사상, 위고와 인도주의, 벨라미와 공상적 이상주의자들, 로맹 롤랑의 장 크리스토프, 베블런의 부르주아 비판, 토지 공유의 헨리 조지, 사회모순 폭로의 싱클레어 등은 모두 톨스토이에 통한다.

니어링이 톨스토이의 무엇을 언제 읽었는지는 정확하게 알 수 없으나 꽤 이른 시기였을 것으로 짐작된다. 니어링이 태어났을 무렵부터 톨스토이는 이미 세계적으로 유명했고 미국에서도 널리 알려졌다. 특히 1차 대전으로 자신의 꿈이 깨어지자 톨스토이의 비폭력주의와 문명 비판에 깊이 공감한 것으로 짐작된다. 니어링은 1926년 톨스토이의 글을 모아 《전쟁, 애국심, 평화》라는 제목으로 간행했다. 톨스토이에 의하면 애국심은 인간을 국가와 정부의 노예로 만들어, 이성에 따라 행동하는 자유로운 인간이 되지 못하게 하는 비도덕적인 것이라고 비판했다. 특히 전쟁에 반대하지 못하게 한다고 비판했다.

그러나 톨스토이에 대한 니어링의 관심은 전쟁과 평화를 당연히 넘어서는 것이었다. 톨스토이가 제도화된 종교를 배척하고 채식과 육체노동을 하면서 단순한 절제의 시골생활을 한 것이 니어링의 새로운 삶의 지침이 되었다. 이는 1차대전 후 미국이 더욱 자본주의의 소비문화가 심화되어 간 것과도 관련되었다. 노동자들은 물건을 얻기 위한 경쟁에 뛰어들었고, 하류층은 상류층을 모방하고자 했다. 산업자본주의는 사람들을 피상적인 삶, 의미 없는 삶, 황폐한 삶을 결과했다. 경제발전은 권태, 퇴폐, 기생하는 삶의 원인이 되었고 그로 인해 사람들은 활력을 잃었다.

특히 자본주의의 확대는 지루하고 단조로운 노동을 낳았고 이는 노동자에게 여가에만 관심을 갖고 어떻게든 노동을 잊어버리게 노력하도록 하여 3S 등의 비천한 대중문화가 성행했다. 그 결과 똑같은 습관을 대중적 인간, 무산자 계급, 짓눌리고 치우치고 틀에 박히고 불만에 가득 차 있고, 영성이 바닥나고 무지하고 지나치게 자극적인 것을 추구하는 산업노동자라는 인간형을 낳았다. 그리고 그들의 대중사회는 편견, 고집, 정신의 위축과 타락을 초래하고 순종을 강요하며 지식을 포기하라고 억지로 요구했다. 이러한 대세에 맞서는 반역의 지식인상을 니어링은 톨스토이에서 찾았다.

패튼, 베블런, 듀이, 소로 등

앞에서 니어링이 자신에게 가장 큰 영향을 준 네 사람 중 한 사람으로 대학 시절의 은사 패튼을 들었다고 했다. 우리나라에는 전혀 알려지지 않은 사람이지만 20세기 초에는 미국경제학회 회장을 역임하기도 한 중요한 학자로서, 우리나라에도 《유한계급론》으로 유명한 베블런(1867 – 1929)과 함께 당대에 쌍벽을 이루던 진보학자였다. 과시적 소비라는 개념으로 유명한 《유한계급론》은 세 차례나 번역되고 연구서도 나올 정도로 인기가 높지만 패튼은 전혀 알려진 바 없다. '풍요의 경제학'을 세운 패튼의 책을 읽어보아도 니어링이 특별히 감동받았다고 볼 부분이 거의 없어서 니어링이 그에게서 큰 영향을 받았다는 말이 의심스럽다.

도리어 베블런이 더 가깝게 보인다. 즉 베블런이 유한계급 대 노동계급이라고 구분한 것보다 니어링이 '노동'과 '불로'를 소득 연구의 중요 범주로 삼은 최초의 학자였다. 나아가 불로 소득을 없애고 약탈을 불가능하게 해서 좀 더 평등하고 건전한 사회를 만들어야 한다고 주장했다. 이는 고전경제학을 비판한 러스킨, 마르크스, 그리고 헨리 조지를 잇는 것이었다. 니어링이 그 해결책으로 제시한《생활비 줄이기》는 그가 1914년에 쓴 책이었다. 이어 그는 그것이 자급자족하는 농촌의 삶에서 가능하다고 보았다.

그에 의하면 도시생활은 사람의 정신을 짓누르며 구속하기 때문에 어쩔 수 없이 전망이 부족하게 되고, 강한 압박감을 주고 항상 긴장해 신경질적으로 반응하게 해 힘과 정력이라는 대가를 요구하는 반면, 농촌생활은 그 반대로 활기찬 삶을 가능하게 하고 적극적으로 행동하는 사람에게 발전을 위한 모든 기회를 준다. 농촌에는 그 자체로 완벽하고 아름다운 자연이 있고, 그곳의 삶은 총체적으로 머리와 손, 정신과 육체, 생활과 일을 하나의 유기체 안에 통합하게 한다.

니어링이 불로소득의 도덕문제를 공격하자 대학 안팎에서 커다란 불만이 생겨나 1906년부터 가졌던 교수직이 위험하게 되어 결국 쫓겨났다. 그래서 급진적인 신념과 활동 때문에 대학에서 해고된 미국 최초의 교수가 되었다. 그 뒤 제1차 세계대전이 터지자 니어링은 반전활동에 뛰어들었다. 반면 우리나라에서도 유명한 존 듀이는 실용주의에 근거해 참전을 지지했다. 그러나 앞에서 말했듯이 그는 듀이와 실용주의를 지배계급의 비위를 맞춘 어용이론에 불과했다고 비판한 것이었다. 그가 반전운동의 근거로 삼은 멘토는 소로와 톨스토이였다.

1930년 니어링은 사적인 자유를 추구하기 위해 좌파는 물론 자본주의 문화와도 모든 관계를 끊고 살기 시작했다. 그 직접적인 계기는 헬렌 니어링과의 만남이었다. 처음 만났을 때 두 사람은 너무나 달랐다. 헬렌은 정치와는 무관하게 신지학에 빠져 있었다. 니어링은 헬렌에게 정치 공부와 노동을 권했고 헬렌은 니어링에게 영성을 가르쳤다. 1932년 대공황이 터지고 노동자들이 대량 실업하자 니어링은 자신의 이상주의에 한계가 있음을 깨달았다. 그리고 가지고 있는 것을 모두 털어 산골의 황폐한 농가를 한 채 사서 자유를 위한 자급자족의 농경 생활로 들어갔다. 그는 자유를 다음과 같이 말했다.

자유는 제한이나 강제 없이 독립적, 주체적으로 선택하고 결심하는 기회, 이를 행동으로 옮길 수 있는 기회이다. 자유는 개인에 속하든, 사회집단에 속하든 스스로 결정하는 것을 말한다. 자유는 개인이나 사회집단이 육체적, 정신적, 영적으로 자기표현을 할 수 있는 기회에 제한을 받지 않아야 존재한다.

1954년《조화로운 삶》이 출간되자 꼭 100년 전인 1854년에 나온 소로의《월든》에 견주어졌다. 두 책은 자본주의 시장경제에서 벗어나 자유롭고 자율적으로 소박하게 사는 삶을 보여주었다. 두 책은 자본주의의 원리인 이익을 축적하는 것과, 생산자가 아닌 계급이 불로소득을 얻는 것에 철지히 만내하고 자본주의를 받아들이면 비인격적이고 무자비하며 맹혹한 기계의 톱니바퀴가 된다고 경고했다. 그리고 일과 여가의 유기적 관계에 관심을 가지고 창의성, 자발성, 지성, 판단력, 영성을 요구하는 즐겁고 축복받은 일을 옹호했다. 즉 돈벌이 경쟁에서 벗어나 재산보다 표현의 기회를 늘리기 위해 여가를 효율적으로 사용할 수 있는 것을 뜻했다.

그러나 니어링은 개인과 사회의 조화에 실패했고 특히 이웃과의 협력은 없었다. 요컨대 소로처럼 개인적인 실험에 그쳤지 간디나 킹처럼 사회화하지 못했다. 그것이 기존 체제에 대해 의문을 제기하기는 것이기는 했으나 그 영향력은 그다지 크지 않고 도리어 사치스럽게 왜곡될 위험성까지 있었다.

니어링의 교육론

한국에 니어링이 소개된 지 20년 정도 지났는데 그의 만년 시골생활과 죽음에 대한 이야기만 소개되고 그의 사상을 보여주는 책은 나온 적이 없어 유감이었는데 이 책은 그 공백을 메워주는 첫 책이다. 니어링은 경제학을 공부하고 경제학자로 출발했지만 처음부터 그의 저술은 다양했다. 교육에 대해서도 이 책을 필두로《선전이 교육에 어떤 가치를 갖는가》(1925),《소비에트의 교육》(1926),《소비에트 교육; 그것은 미국에 무엇을 제안하는가》(1958) 등을 썼다. 그의 저술을 보통 초기(1908~1915), 사회당원 시절(1916~1923), 공산당원 시절(1924~1929), 독립적 급진주의 시절(1930~1979)의 것으로 나누는데《새 교육》은 초기에 속한다고 할 수 있다.

니어링은 1972년에 쓴《자서전》(한글역, 355쪽)에서 이 책을 1917년 이후의 책이라고 했지만 사실은 그 2년 전인 1915년에 간행되었다.[1] 《자서전》에는 책 제목 말고는 달리 언급된 바가 없지만 100권이 넘는

---

1 1915년은 니어링이 해직된 해였다. 이에 대해서는 그의 자사전과 평전 외에 클라이드 W. 바로우, 박거용 옮김,《대학과 자본주의 국가, 기업자유주의와 미국 고등교육의 개조 1894-1928》, 문화과학사, 2011, 329-339쪽 참조.

저서 낱낱에 대해 언급한다는 것 자체가 무리일지 모른다. 100권이 넘는 책들의 주제도 다양하다. 그 자신이 1917년부터 1937년까지의 저서들의 주제가 다섯 가지, 즉 특수 상황, 전쟁, 제국주의, 문명, 건설적 제안이라고 하며 이 책을 특수 상황에 포함시키고 있다.

이 책의 서문에서 보듯이 니어링은 1910년부터 이 책을 준비하면서 교육에 관한 고전들을 숙독했다. 그 고전들에 존 듀이의 저술이 포함되는지에 대해서는 정확하게 알 수 없지만 니어링보다 한 세대 앞인 듀이가 니어링과 유사한 진보주의자였다는 점에서 두 사람의 공통성은 충분히 인정될 수 있다. 적어도 교육을 사회진보와 개혁의 근본 수단으로 본 점에서 두 사람은 일치했고, 당시의 진보적 교육개혁을 주장한 점에서도 일치했다.[2]

나아가 교육은 국민생활에 필요한 것으로 인식하고 아동은 사회와 교육을 통하여 변천하는 시대에 적응해 나갈 것을 강조한 점에서도 일치했다.

듀이보다 더욱 고전적인 저자인 스펜서도 니어링 교육관의 기초를 형성했다. 스펜서처럼 교육의 목적을 완전한 삶이라고 보면서 니어링은 완벽한 교육은 삶의 모든 단계를 살아가도록 준비하고 삶에서 얻을 수 있는 이익을 모두 끌어내도록 하는 것이 교육이라고 주장했다. 그러나 니어링은 스펜서의 진화결정론을 따르지는 않고 인간의 보편적인 지적 능력에 의한 사회개혁을 믿었다. 니어링에게 개혁의 출발점은 교육개혁이었다. 즉 3H, 머리Head, 손Hand, 마음Heart의 결합을 이상으

2　니어링의 책이 나온 1915년에 듀이가 낸 《내일의 학교》는 니어링이 개혁학교의 모델로 삼은 인디애나 주 개리의 학교를 모델로 삼았다. 이는 1916년에 나온 보른의 《개리 학교The Gary Schools》에서도 마찬 가지였다. 랜돌프 보른(Randolph Bourne, 1886~1918)은 미국의 아나키스트였다.

로 하는 전인교육이었다.

그 이상을 실현하는 학교로 니어링은 본문에서 많은 장을 할애하고 있는 개리 학교를 꼽았다. 그곳에서 손과 머리, 즉 정신과 육체를 결합시키는 교육이 이루어지고 종래의 개인윤리만이 아니라 사회윤리를 가르쳐 민주주의를 위한 실험실이 된다고 보았기 때문이다. 나아가 이러한 공교육으로 인해 공공의식이 각성되고 사회문제가 없어질 수 있다고 생각했다. 그리고 사회적 책임감을 구체화하는 법률의 제정에 의해 다수의 건전한 감정이 표현된다고 보았다.

이 책《새 교육》은 거의 100년 전, 미국에서 나온 책인데도 지금 한국의 교육에 대한 책이라는 느낌을 버릴 수 없다. 물론 100년 전 미국의 교육현실이 지금 우리의 교육현실과 같을 수 없고 같지도 않다. 그러나 산업화에 따른 교육의 문제는 두 나라 모두에 공통된 것으로 니어링이 추구한 새 교육은 현재 새로운 교육에 갈망하고 있는 교사, 교육행정가, 학부모, 지역사회 모두에게 시사하는 바가 적지 않다.

2013.5

영남대학교 교수 박홍규

옮긴이: 이달와

왕성한 호기심의 그녀, 영어로 글을 써오다 더 큰 도전을 감사하게 즐기는 중.

새교육 The New Education

초판 1쇄 | 2013년 6월3일

지은이 | 스콧 니어링
옮긴이 | 이달와
편　집 | 김재범
디자인 | 임예진
펴낸이 | 강완구
펴낸곳 | 써네스트
출판등록 | 2005년 7월 13일 제313-2005-000149호
주　소 | 서울시 마포구 동교동 165-8 엘지팰리스 빌딩 925호
전　화 | 02-332-9384　　　　**팩　스** | 0303-0006-9384
이메일 | sunestbooks@yahoo.co.kr
ISBN 978-89-91958-74-6 (04370)　　　값 15,000원

〈우물이 있는 집〉은 써네스트의 인문 브랜드입니다.

정성을 다해 만들었습니다만, 간혹 잘못된 책이 있습니다. 연락주시면 바꾸어 드리겠습니다.

이 도서의 국립중앙도서관 출판사도서목록(CIP)은 e-CIP 홈페이지 (http://www.nl.go.kr/ecip)에서 이용하실 수 있습니다. (CIP제어번호 : CIP2013006759)